現代会社法
用語辞典

宮島　司 編著

税務経理協会

まえがき

　平成17年改正は，わが国会社法にとって，アメリカ法を大幅に導入した第二次世界大戦後の昭和25年改正以来の大改正ともいいうるものである。法典のあり方という形式から法律の内容に至るまで，改正というよりはむしろ新法の制定といってよいほどの大変革がなされたといえる。形式面に関していえば，民法等その他の法律と同様にひらがな口語体への変換がなされ，また他の多くの諸外国の立法例と同様に一個の独立した会社法典とされたことである。これらは，企業をめぐる複雑な法環境を整備し実務に対応するためには，従前からの旧態依然とした表現と内容をもつ商法中でまかなうことは不可能となってしまったことを意味する。また，内容的にも，今回の改正法は，「改正」と言い表すことを憚るほどの基本原理からの大変革であり，そもそも会社の概念や株式会社の意義にさえも変容がもたらされている。このような大変革の中にあっては，日々実務に携わる方々が現実に多くの困難な問題に直面するであろうことは想像に難くないし，またわれわれ研究者にとっても基本理念の転換等もあり日々模索の連続であるというのが現実といってよい。はたしてこれから，いかに実務的に企業法務が展開していくこととなるのか，また会社法研究がどのように発展していくのか，しっかりと注目する必要がでてきている。

　その意味で，この時期に本書の出版が企画されたのは，単に時宜を得たというよりも，ひとつの必然であったといってよかろう。本書は，会社法の学習者や会社法用語を簡便に理解したい社会人・実務家が，動きつつある最新の情報を，正確・適切に得られることを目的に編纂された用語辞典である。そのような目論見が達成されているならば，編者としてはこの上ない喜びである。

　本書は，第一線の多数の若手商法研究者の協力により，これらすべての改革・変化に対応した，文字通り『現代』の『会社法用語辞典』として誕生した。本書が企画され，執筆者に執筆を依頼した後も，頻繁に法務省令の改正がなされたり，またそれまでとは異なる新たな実務や裁判例の登場があり，執筆者の中には一度脱稿しながらこれらを補足するためにほぼ全面的に原稿を書き直された方もある。編者としては，会社法の用語辞典という性格からして，最新の実務にも意識して説明を願いたいと執筆を依頼したため，現実

2 まえがき

には大変な無理をお願いしたこととなってしまった。すべての執筆者に対し深く感謝している。そして，今後も実務の展開などに対応して不十分なところが出てくるであろうから，その際には適宜補足・改訂していきたいと考えている。

いずれにしても，「今だからこそ必要な用語辞典」をここに誕生させることができた。本書が読者の便宜にかない，大いに活用されることを願ってやまない。なお，本書には，姉妹書として，池田真朗教授監修『現代民法用語辞典』がある。民法もまた周辺法領域を含め，大変革の時代に応じて大きな改正がなされているため，会社法の勉強・調査に際しても民事の基本法である最新の民法を知る必要があり，その意味でもこの両書を座右において利用していただければ幸いである。

最後に，本書がなるに当たって，企画の段階から原稿の取りまとめに至るまで大変にお世話をいただいた，税務経理協会出版部長峯村英治氏に厚く御礼を申し上げたい。

2008年4月

宮島　司

編著者

慶應義塾大学法学部・法科大学院教授　宮島　司

編集委員

早稲田大学法学部教授　鳥山　恭一
中央大学法学部・法科大学院教授　野村　修也
慶應義塾大学法学部教授　鈴木　千佳子

執筆者一覧（五十音順）

池島　真策	（いけしま　しんさく）	大阪経済大学 教授
今泉　邦子	（いまいずみ　くにこ）	南山大学 教授
上田　廣美	（うえだ　ひろみ）	亜細亜大学 教授
内田　千秋	（うちだ　ちあき）	二松学舎大学 非常勤講師
江口　眞樹子	（えぐち　まきこ）	桐蔭横浜大学 教授
王子田　誠	（おうしだ　まこと）	姫路獨協大学 教授
岡本　智英子	（おかもと　ちえこ）	関西学院大学 教授
柿崎　環	（かきざき　たまき）	跡見学園女子大学 准教授
金尾　悠香	（かなお　ゆか）	慶應義塾大学 大学院生
川島　いづみ	（かわしま　いづみ）	早稲田大学 教授
河村　賢治	（かわむら　けんじ）	関東学院大学 准教授
菊田　秀雄	（きくた　ひでお）	駿河台大学 専任講師
来住野　究	（きしの　きわむ）	信州大学 准教授
久保　大作	（くぼ　だいさく）	中央大学 准教授
黒石　英毅	（くろいし　ひでき）	立正大学 准教授
黒野　葉子	（くろの　ようこ）	東北学院大学 専任講師
桑原　茂樹	（くわばら　しげき）	岐阜経済大学 専任講師
肥塚　肇雄	（こえづか　ただお）	香川大学 教授
齋藤　雅代	（さいとう　まさよ）	山梨学院大学 専任講師
笹岡　愛美	（ささおか　まなみ）	慶應義塾大学 大学院生
四竃　丈夫	（しかま　たけお）	埼玉大学 非常勤講師
重田　麻紀子	（しげた　まきこ）	横浜市立大学 准教授

4 編著者・執筆者一覧

柴崎　暁（しばざき　さとる）	早稲田大学 教授
渋谷　光義（しぶや　みつよし）	愛媛大学 准教授
島田　志帆（しまだ　しほ）	京都学園大学 准教授
白石　智則（しらいし　とものり）	白鷗大学 准教授
杉田　貴洋（すぎた　たかひろ）	尚美学園大学 准教授
鈴木　達次（すずき　たつじ）	桐蔭横浜大学 教授
鈴木　千佳子（すずき　ちかこ）	慶應義塾大学 教授
諏訪野　大（すわの　おおき）	近畿大学 准教授
髙橋　聖子（たかはし　さとこ）	跡見学園女子大学 専任講師
鳥山　恭一（とりやま　きょういち）	早稲田大学 教授
中曽根　玲子（なかそね　れいこ）	國學院大学 教授
長畑　周史（ながはた　しゅうし）	青森中央学院大学 専任講師
中濱　義章（なかはま　よしあき）	駒澤大学 准教授
南隅　基秀（なんぐう　もとひで）	東海大学 教授
新里　慶一（にいさと　けいいち）	中京大学 教授
西原　慎治（にしはら　しんじ）	神戸学院大学 准教授
野村　修也（のむら　しゅうや）	中央大学 教授
藤田　祥子（ふじた　さちこ）	拓殖大学 准教授
古川　朋子（ふるかわ　ともこ）	京都学園大学 准教授
堀井　智明（ほりい　ともあき）	高知大学 准教授
前原　信夫（まえはら　のぶお）	香川大学 准教授
松井　英樹（まつい　ひでき）	中央学院大学 准教授
松岡　啓祐（まつおか　けいすけ）	専修大学 教授
松田　和久（まつだ　かずひさ）	千葉商科大学 准教授
三浦　治（みうら　おさむ）	岡山大学 教授
三原　園子（みはら　そのこ）	関東学院大学 教授
宮島　司（みやじま　つかさ）	慶應義塾大学 教授
森川　隆（もりかわ　たかし）	香川大学 准教授
森脇　祥弘（もりわき　よしひろ）	高岡法科大学 准教授
山本　真知子（やまもと　まちこ）	甲南大学 教授
横尾　亘（よこお　わたる）	西南学院大学 准教授
米山　毅一郎（よねやま　きいちろう）	岡山大学 教授
若林　泰伸（わかばやし　やすのぶ）	國學院大学 准教授

目　次

まえがき
編著者・執筆者一覧
凡例

（あ）

預合い……………………………… 1
預合罪……………………………… 1

（い）

ESOP ……………………………… 1
委員会……………………………… 2
委員会（等）設置会社…………… 2
委員会設置会社の取締役………… 2
委員会設置会社の取締役会……… 3
一人会社（潜在的社団性）……… 3
違法な剰余金分配………………… 3

（う）

打切り発行………………………… 4

（え）

M&A ……………………………… 4
MBO（マネジメント・バイアウト）… 5
LLC（Limited Liability Company）… 5
LLP
　（Limited Liability Partnership）… 5

（お）

黄金株……………………………… 6
親会社・子会社…………………… 6

（か）

開業準備行為……………………… 7
会計監査…………………………… 7
会計監査人………………………… 7
会計監査人の権限………………… 7
会計監査人の責任………………… 8
会計監査人の選任・退任………… 8
会計監査報告……………………… 8
会計参与…………………………… 9
会計参与報告……………………… 9
会計帳簿…………………………… 9
会計帳簿閲覧・謄写請求権……… 9
外国会社……………………………10
解散…………………………………10
解散の訴え（解散請求権）………10
解散判決……………………………11
解散命令……………………………11
会社財産危殆罪……………………11
会社の意義…………………………11
会社の営利性………………………12
会社の機会
　（corporate opportunity）………12
会社の寄附（会社の政治献金）…12
会社の継続…………………………13
会社の権利能力……………………13
会社の公告…………………………14
会社の支配人………………………14
会社の社会的責任（CSR）………14
会社の社団性（株式会社財団説）……14
会社の住所…………………………15
会社の種類…………………………15
会社の商号…………………………16
会社の使用人………………………16
会社の商人性………………………16
会社の整理…………………………17

目次

会社の代理商……………………17
会社の登記………………………17
会社の不法行為能力……………17
会社の法人性……………………18
会社の本店・支店………………18
会社不成立の場合の責任………18
会社分割…………………………19
会社法……………………………19
会社法施行規則…………………19
会社法上の訴え（会社訴訟）…19
会社法の施行に伴う関係法律の
　整備等に関する法律（整備法）……20
買取引受…………………………20
介入権……………………………20
額面株式・無額面株式…………20
仮装払込み（払込みの仮装）…21
合併………………………………21
合併覚書（合併仮契約）………21
合併期日…………………………21
合併契約（吸収合併契約・新設合併契約）
　……………………………………22
合併交付金………………………22
合併条件算定理由書……………23
合併対価…………………………23
合併貸借対照表…………………23
合併比率（割当比率）…………23
合併報告書………………………23
合併本質論（人格合一説・現物出資説）
　……………………………………24
加入者保護信託…………………24
株券………………………………25
株券喪失登録制度（株券失効制度・
　株券の再発行）…………………25
株券の提出………………………25
株券の発行………………………26
株券の分割・併合………………26
株券廃止会社・準株券廃止会社………26
株券発行前の株式譲渡…………27

株券不所持制度…………………27
株券保管振替制度………………27
株式………………………………27
株式移転…………………………28
株式移転計画……………………28
株式移転交付金…………………28
株式移転条件算定理由書………29
株式移転の効果…………………29
株式移転の手続…………………29
株式移転報告書…………………30
株式移転無効の訴え……………30
株式会社の監査等に関する商法の
　特例に関する法律（商法特例法・
　監査特例法）……………………30
株式買取請求権
　（反対株主の株式買取請求権）………31
株式交換…………………………31
株式交換契約……………………31
株式交換交付金…………………31
株式交換条件算定理由書………32
株式交換の効果…………………32
株式交換の手続…………………32
株式交換報告書…………………33
株式交換無効の訴え……………33
株式譲渡自由の原則……………33
株式大量保有報告制度（５％ルール）…33
株式担保（株式の担保化）……34
株式超過発行の罪………………34
株式等評価差額金………………34
株式と資本の関係………………35
株式の共有………………………35
株式の公開………………………35
株式の質入れ……………………35
株式の消却………………………36
株式の上場………………………36
株式の譲渡………………………36
株式の譲渡担保…………………36
株式の相互保有（相互保有株式）…37

目 次 3

株式の相続……………………………37
株式の引受け（株式の申込み・株式の
　割当て・引受けの無効・取消し）…37
株式の分割……………………………38
株式の併合……………………………38
株式の本質（社員権論・社員権否認論・
　株式債権論・株式会社財団論）……38
株式の無償割当て……………………39
株式配当………………………………39
株式払込責任免脱罪…………………39
株式不可分の原則……………………40
株式振替制度…………………………40
株式申込証……………………………40
株主間契約……………………………40
株主間接有限責任の原則……………41
株主権（社員権）……………………41
株主資本等変動計算書（持分会社では
　社員資本等変動計算書）……………41
株主総会………………………………42
株主総会議事録………………………42
株主総会決議取消の訴え……………42
株主総会決議の瑕疵…………………43
株主総会決議不存在確認の訴え………43
株主総会決議無効確認の訴え…………44
株主総会参考書類……………………44
株主総会招集請求権…………………44
株主総会の延期・続行………………45
株主総会の議事………………………45
株主総会の議長………………………45
株主総会の決議………………………45
株主総会の権限………………………46
株主総会の招集………………………46
株主代表訴訟…………………………47
株主代表訴訟と和解…………………47
株主提案権……………………………47
株主の権利濫用………………………48
株主の誠実義務………………………48
株主平等の原則………………………48

株主名簿………………………………48
株主名簿管理人（名義書換代理人）…49
株主名簿の閉鎖………………………49
株主優待制度…………………………49
株主割当………………………………49
仮役員（仮取締役・仮監査役等）……50
簡易合併………………………………50
簡易株式交換…………………………50
簡易組織再編行為（20％基準）………51
簡易分割………………………………51
監査委員………………………………51
監査委員会……………………………52
監査費用………………………………52
監査報告………………………………52
監査役…………………………………52
監査役会………………………………53
監査役の義務…………………………53
監査役の権限…………………………53
監査役の責任…………………………54
監査役の選任・退任…………………54
監査役の報酬…………………………54
完全親会社・完全子会社……………54
監督委員………………………………55

(き)

機関……………………………………55
機関設計の柔軟化
　（必要機関・任意機関）……………56
企業会計原則…………………………56
企業価値………………………………56
企業（個人企業・共同企業）………57
企業買収………………………………57
企業防衛………………………………57
議決権…………………………………58
議決権拘束契約………………………58
議決権信託……………………………58
議決権制限株式
　（完全無議決権株式）………………58

4　目　次

議決権代理行使（委任状）の勧誘……59
議決権の代理行使………………………59
議決権の不統一行使……………………59
擬似外国会社……………………………60
擬似発起人の責任………………………60
基準日……………………………………60
期末填補責任……………………………60
記名式新株予約権付社債・
　無記名式新株予約権付社債…………61
記名社債・無記名社債…………………61
キャッシュ・アウトマージャー
　（交付金合併・現金合併）……………61
吸収合併…………………………………62
吸収合併の効果…………………………62
吸収合併の手続…………………………62
吸収合併無効の訴え……………………63
吸収分割…………………………………63
吸収分割契約……………………………63
吸収分割の効果…………………………63
吸収分割の手続…………………………63
吸収分割無効の訴え……………………63
休眠会社（みなし解散）………………64
強制転換条項付株式※…………………64
協定………………………………………64
共同支配人………………………………64
共同代表取締役…………………………65
共同分割…………………………………65
業務監査…………………………………65
業務執行（権）…………………………65
業務執行権または代表権の消滅の
　訴え……………………………………66
業務執行社員……………………………66
業務執行取締役…………………………66
業務執行に関する検査役………………66
虚偽文書行使等の罪……………………67
拒否権付株式（種類株主の拒否権）…67
金庫株……………………………………67
金銭配当…………………………………67

（く）

クラウン・ジュエル……………………68
グリーンメール（green mail）………68
繰延資産…………………………………68

（け）

経営委任…………………………………69
経営者支配………………………………69
経営判断の原則（ビジネス・
　ジャッジメント・ルール）…………69
計算書類…………………………………70
継続性の原則……………………………70
契約による株式譲渡の制限……………70
決算公告…………………………………71
欠損………………………………………71
原価主義（原価法）……………………71
検査役……………………………………72
建設利息の配当…………………………72
減損会計…………………………………72
現物出資…………………………………72
現物配当…………………………………72
権利株……………………………………73

（こ）

公開会社・閉鎖会社……………………73
公開買付け（TOB−Take Over Bit）…73
口座管理機関……………………………74
合資会社…………………………………74
公示催告・除権決定……………………74
公正な会計慣行…………………………75
合同会社…………………………………75
合同行為…………………………………75
合弁企業…………………………………75
公募………………………………………76
合名会社…………………………………76
ゴーイング・コンサーン
　（継続企業の前提）……………………76

コーポレート・ガバナンス	時価主義（時価法）……………………85
（企業統治）……………………76	事業（営業）……………………………86
ゴールデン・パラシュート……………77	事業譲渡会社の競業避止………………86
子会社調査権……………………………77	事業の譲渡（営業の譲渡）……………86
子会社による親会社株式の取得………77	事業の賃貸借（営業の賃貸借）………86
顧客口座簿………………………………78	事業報告…………………………………87
国外犯……………………………………78	自己株式処分不存在確認の訴え………87
固定資産…………………………………78	自己株式処分無効の訴え………………87
固定負債…………………………………78	自己株式の質受け………………………88
誤認行為の責任…………………………79	自己株式の取得…………………………88
個別株主通知……………………………79	自己株式の処分…………………………88
個別注記表………………………………79	自己株式の保有…………………………88
固有権……………………………………79	自己資本・他人資本……………………89
混合株……………………………………80	事後設立…………………………………89
コンプライアンス（法令遵守）体制…80	資産………………………………………89
コンメンダ（commenda）……………80	事実上の取締役…………………………90
（さ）	失権手続（失権予告付催告）…………90
	執行役……………………………………90
債権者集会………………………………81	執行役員…………………………………90
債権者保護手続…………………………81	執行役の権限……………………………91
財産引受…………………………………81	執行役の責任……………………………91
財産法……………………………………82	執行役の選任・退任……………………91
財産目録…………………………………82	実質株主名簿……………………………91
最低資本金制度…………………………82	失念株……………………………………92
財務諸表…………………………………82	シナジー…………………………………92
財務制限条項（財務上の特約）………82	資本（金）………………………………92
裁量棄却…………………………………83	資本確定の原則（総額引受主義・
先買権者（指定買取人）………………83	総数引受主義）…………………93
三角合併…………………………………83	資本金（の額）の減少…………………93
三角株式交換……………………………83	資本金（の額）の増加…………………93
参加者……………………………………84	資本（金額）減少無効の訴え…………94
参加者口座簿……………………………84	資本充実・維持の原則…………………94
参加的優先株・非参加的優先株………84	資本充実責任※…………………………94
残余財産の分配…………………………84	資本準備金………………………………95
残余財産分配請求権……………………85	資本剰余金………………………………95
（し）	資本多数決………………………………95
	資本不変の原則…………………………96
自益権・共益権…………………………85	指名委員会………………………………96

6　目　次

シャーク・リペラント……………96
社員…………………………………96
社員の加入…………………………97
社員の責任…………………………97
社員の退社…………………………97
社外監査役…………………………97
社外取締役…………………………98
社債…………………………………98
社債，株式等の振替に関する法律
　（社債等振替法・
　株式等決済合理化法）…………98
社債管理者（社債管理会社）……98
社債契約……………………………99
社債券（債券）……………………99
社債権者集会………………………99
社債原簿……………………………100
社債原簿管理人……………………100
社債の売出発行……………………100
社債の合同発行……………………101
社債の質入れ………………………101
社債の種類…………………………101
社債の償還…………………………101
社債の譲渡…………………………102
社債のシリーズ発行………………102
社債の振替（振替社債）…………102
社債の募集…………………………102
社債の銘柄統合……………………103
社債の利払い………………………103
社債発行会社の弁済等の取消しの訴え
　……………………………………103
社債申込証…………………………103
シャンシャン総会…………………103
従業員持株制度……………………104
授権資本制度………………………104
出資（財産出資・労務出資・信用出資）
　……………………………………104
出資の払戻し………………………105
出資の履行…………………………105

取得条項付株式……………………105
取得条項付新株予約権
　（新株予約権の取得）…………105
取得請求権付株式…………………106
主要目的ルール……………………106
種類株式（数種の株式）…………106
種類株主総会………………………107
種類株主総会の運営（招集・議事）…107
種類株主総会の決議………………107
種類株主総会の権限………………107
種類創立総会………………………108
純資産額……………………………108
準則主義……………………………108
準備金………………………………109
準備金（の額）の減少……………109
準備金（の額）の増加……………109
償還株式（義務償還株式・随意償還株式）
　……………………………………110
消却義務……………………………110
償却原価法…………………………110
常勤監査役…………………………110
商号権（商号使用権・商号専用権）…111
商事会社・民事会社………………111
譲渡制限株式………………………111
使用人兼務執行役…………………111
使用人兼務取締役…………………112
常務会………………………………112
剰余金………………………………112
剰余金の資本（準備金）組入れ……113
剰余金の処分
　（利益処分・損失処理）………113
剰余金の配当（利益配当）………113
剰余金配当請求権（利益配当請求権・
　配当金支払請求権）……………114
職務代行者…………………………114
所在不明株主の株式売却制度
　（株式の競売）…………………114
除名の訴え…………………………115

書面投票制度（書面による議決権行使，議決権行使書面）……………115
所有と経営の一致（自己機関制）……115
所有と経営の分離（第三者機関制）…115
新株発行 ……………………………116
新株発行不存在確認の訴え …………116
新株発行無効の訴え …………………116
新株引受権（募集株式の割当てを受ける権利）…117
新株引受権の譲渡 ……………………117
新株引受権の振替（振替新株引受権）…………………117
新株予約権 ……………………………118
新株予約権買取請求権 ………………118
新株予約権原簿 ………………………118
新株予約権証券 ………………………119
新株予約権付社債 ……………………119
新株予約権付社債券 …………………119
新株予約権付社債の譲渡 ……………120
新株予約権付社債の振替（振替新株予約権付社債）…………120
新株予約権の行使 ……………………120
新株予約権の質入れ …………………120
新株予約権の消却 ……………………121
新株予約権の承継 ……………………121
新株予約権の譲渡 ……………………121
新株予約権の譲渡制限 ………………121
新株予約権の発行 ……………………122
新株予約権の振替（振替新株予約権）…………………122
新株予約権発行の差止 ………………122
新株予約権発行不存在確認の訴え …122
新株予約権発行無効の訴え …………123
新株予約権無償割当て ………………123
新事業創出促進法（確認株式会社・確認有限会社）…124
真実性の原則 …………………………124
新設合併 ………………………………124

新設合併の効果 ………………………124
新設合併の手続 ………………………125
新設合併無効の訴え …………………125
新設分割 ………………………………125
新設分割計画 …………………………125
新設分割の効果 ………………………126
新設分割の手続 ………………………126
新設分割無効の訴え …………………126
人的会社・物的会社 …………………126
人的分割・物的分割 …………………126

（す）

スクイーズ・アウト（squeeze out）…127
ステークホルダー ……………………127
ストック・オプション ………………127
スピンオフ（spin-off）………………128

（せ）

清算 ……………………………………128
清算会社 ………………………………128
清算人 …………………………………128
清算人会 ………………………………129
清算人代理 ……………………………129
清算持分会社の財産処分の取消の訴え ……………………………………129
責任限定契約（事前免責契約）………129
設立行為（入社契約）…………………130
設立時取締役 …………………………130
設立時発行株式 ………………………130
設立時募集株式 ………………………130
設立時役員等の選任・解任 …………131
設立中の会社 …………………………131
設立登記 ………………………………131
設立取消の訴え ………………………131
設立に関する調査 ……………………132
設立費用 ………………………………132
設立無効の訴え ………………………132
善意取得 ………………………………132

8 目次

全員出席総会 …………………………133
全額払込制（全額払込主義）…………133
全部取得条項付種類株式 ……………133

（そ）

総会検査役 ……………………………134
総会参与権 ……………………………134
総会屋 …………………………………134
総額引受け ……………………………134
総株主通知 ……………………………135
贈収賄罪 ………………………………135
相場操縦（株価操作）…………………135
創立総会 ………………………………135
遡及的効力（遡及効）…………………136
組織再編行為 …………………………136
組織再編行為に関する会計処理 ……136
組織変更 ………………………………136
組織変更計画 …………………………137
組織変更無効の訴え …………………137
訴訟参加 ………………………………137
損益共通契約 …………………………138
損益計算書（P／L＝profit and
　loss statement）……………………138
損益分配 ………………………………138
損益法 …………………………………138

（た）

大会社 …………………………………139
大会社（みなし大会社）・中会社・
　小会社 ………………………………139
対価の柔軟化 …………………………140
第三者割当 ……………………………140
貸借対照表
　（B／S＝balance sheet）……………140
退職慰労金 ……………………………140
対世的効力（対世効）…………………141
代表（権）………………………………141
代表権の濫用 …………………………141

代表執行役 ……………………………141
代表清算人 ……………………………142
代表取締役 ……………………………142
代用自己株式 …………………………142
単位株 …………………………………142
短期社債
　（コマーシャル・ペーパー）………143
単元株
　（単元株式数・単元未満株式）……143
単独株主権・少数株主権 ……………143
担保付社債・無担保社債 ……………144
担保提供命令 …………………………144

（ち）

中間配当 ………………………………144
調査委員 ………………………………144
直接金融・間接金融 …………………145
直接責任・間接責任 …………………145
直接無限責任 …………………………145
直接有限責任 …………………………146

（つ）

通常の新株発行 ………………………146

（て）

低価主義（低価法）……………………147
定款 ……………………………………147
定款自治 ………………………………147
定款による株式譲渡の制限 …………148
定款の記載事項（絶対的記載事項・相
　対的記載事項・任意的記載事項）…148
定款の作成 ……………………………149
定款の認証（公証人の認証）…………149
定款の変更 ……………………………149
定時株主総会・臨時株主総会 ………149
ディスクロージャー（開示制度）……150
適法性監査・妥当性監査 ……………150
デット・エクイティ・スワップ

（債務の株式化） ……………150
転換予約権付株式※ ………………151
電子公告制度 ………………………151
電子公告制度調査機関 ……………151
電子投票制度（電磁的方法による
　議決権の行使）…………………151

（と）

同一性説 ……………………………152
登記の効力（消極的公示力・
　積極的公示力・不実登記の効力）…152
登記の嘱託 …………………………153
登録機関 ……………………………153
登録質 ………………………………153
特殊な決議 …………………………153
特殊の新株発行 ……………………154
特定目的会社（SPC－special purpose
　company）………………………154
特別決議 ……………………………155
特別支配会社 ………………………155
特別清算 ……………………………155
特別取締役 …………………………155
特別背任罪 …………………………156
特別利害関係人 ……………………156
匿名組合 ……………………………156
特例有限会社 ………………………156
トラッキング・ストック
　（特定事業連動株式）……………157
取締役 ………………………………157
取締役会 ……………………………157
取締役会決議の瑕疵 ………………157
取締役会と代表取締役の関係 ……158
取締役会の議事 ……………………158
取締役会の議事録 …………………158
取締役会の決議 ……………………159
取締役会の権限 ……………………159
取締役会の招集 ……………………159
取締役・監査役の選任に関する種類株式

　（クラス・ボーティング）………160
取締役等の説明義務 ………………160
取締役（執行役）の違法行為の差止…160
取締役の会社に対する責任 ………160
取締役の監視義務 …………………161
取締役の競業避止義務 ……………161
取締役の責任の減免 ………………162
取締役の善管注意義務・忠実義務 …162
取締役の選任・退任 ………………162
取締役の第三者に対する責任 ……163
取締役の報酬 ………………………163
取締役の利益相反取引（自己取引）…163

（な）

名板貸 ………………………………165
内部者取引（インサイダー取引）……165
内部統制システム …………………165

（に）

任意積立金 …………………………166

（の）

能力外（ウルトラ・ヴァイレス）の理論
　………………………………………167
のれん ………………………………167

（は）

パーチェス法 ………………………168
パーティション ……………………168
配当財産 ……………………………168
端株 …………………………………169
破産手続 ……………………………169
パス・スルー ………………………169
発行可能株式総数 …………………169
払込担保責任※ ……………………170
払込取扱金融機関 …………………170
払込金保管証明 ……………………170
番頭・手代 …………………………170

（ひ）

非按分型分割 …………………………171
引当金 ………………………………171
引受担保責任※ ……………………171
非公開株式の評価 …………………172
非訟 …………………………………172
一株一議決権の原則 ………………172
100％減資……………………………172
表見支配人 …………………………173
表見代表執行役 ……………………173
表見代表取締役 ……………………173
表見取締役（登記簿上の取締役）…173
日割配当 ……………………………174

（ふ）

負債 …………………………………174
不足額てん補責任
　（財産価格てん補責任）…………174
附属明細書 …………………………175
普通決議（通常決議）………………175
ブックビルディング方式 …………175
不提訴理由（書）……………………175
ブラック・ショールズ・モデル …176
振替株式 ……………………………176
振替機関 ……………………………176
振替口座簿 …………………………176
分割交付金 …………………………177
分割条件算定理由書 ………………177
分割報告書 …………………………177
分配可能額（配当可能利益）………177

（へ）

変態設立事項（危険な約束）………178
ベンチャー・キャピタル
　（Venture Capital）………………178
ベンチャー企業 ……………………178

（ほ）

ポイズンピル ………………………179
報酬委員会 …………………………179
法人格否認の法理（法人格の濫用・
　法人格の形骸化）…………………179
法人無限責任社員 …………………180
法人理論（法人学説：法人実在説・
　法人擬制説・法人否認説）………180
法律による株式譲渡の制限 ………180
保管振替機関 ………………………181
補欠役員（補欠取締役・補欠監査役等）
　………………………………………181
募集株式の発行 ……………………181
募集株式発行の差止（新株発行の差止・
　自己株式処分の差止）……………182
募集設立 ……………………………182
発起設立 ……………………………182
発起人 ………………………………182
発起人組合 …………………………183
発起人の権限 ………………………183
発起人の責任 ………………………183
発起人の特別利益 …………………184
発起人の報酬 ………………………184
補填義務 ……………………………184
ホワイト・ナイト …………………184

（み）

見せ金 ………………………………185

（む）

無限責任・有限責任 ………………185

（め）

名義書換 ……………………………186
名目的取締役 ………………………186
明瞭性の原則 ………………………186

（も）

申込証拠金 …………………………187
目論見書※ …………………………187
持株会社（純粋持株会社・事業持株会社）
　…………………………………187
持分 …………………………………188
持分会社 ……………………………188
持分単一主義・持分複数主義 ………188
持分の譲渡 …………………………188
持分プーリング法 …………………189
持分不均一主義・持分均一主義 ……189

（や）

役員 …………………………………190
役員解任の訴え（役員解任請求権）…190
役員賞与 ……………………………190
役員等責任査定決定に対する異議の訴え
　…………………………………191
役員賠償責任保険 …………………191

（ゆ）

有価証券（株式・社債）の
　ペーパーレス化 ………………191
有限会社 ……………………………192
有限責任事業組合 …………………192
優先株 ………………………………193
有利発行 ……………………………193

（よ）

横滑り監査役 ………………………193
予備株券 ……………………………194

（ら）

ライツプラン ………………………195

（り）

利益供与（株主の権利行使に関する
　利益供与の禁止）………………195
利益供与罪 …………………………196
利益準備金 …………………………196
利益剰余金 …………………………196
利益配当 ……………………………196
利札 …………………………………196
略式合併 ……………………………197
略式株式交換 ………………………197
略式質 ………………………………197
略式組織再編行為（ショート・フォーム・
　マージャー）……………………197
略式分割 ……………………………198
流動資産 ……………………………198
流動負債 ……………………………198
両罰規定 ……………………………198
臨時計算書類 ………………………199

（る）

類似商号規制 ………………………199
累積的優先株・非累積的優先株 ……199
累積投票制度 ………………………200

（れ）

劣後株 ………………………………200
レバレッジド・バイアウト
　（LBO－leveraged buy-out）………200
連結計算書類 ………………………201
連結子会社 …………………………201
連結配当 ……………………………201

（わ）

割当自由の原則 ……………………202
割当日 ………………………………202

索　引 ……………………………………………………………………………203

凡　例（本書で使用した法令略語）

一般社団財団法……一般社団法人及び一般財団法人に関する法律
　　会　　　……………会社法
　金　　商……………金融商品取引法
　　　刑　　……………刑法
　計　　規……………会社計算規則
　刑　　訴……………刑事訴訟法
　財　　規……………財務諸表等の用語，様式及び作成方法に関する規則
　施　　規……………会社法施行規則
　施　　令……………会社法施行令
　社　　振……………社債，株式等の振替に関する法律
　　　商　　……………商法
　商　　登……………商業登記法
　商　　特……………株式会社の監査等に関する商法の特例に関する法律
　　　　　　　　　　　　　　　　　　　　　　　（平成17年廃止）
　政　　資……………政治資金規正法
　整　　備……………会社法の施行に伴う関係法律の整備等に関する法律
　担　　信……………担保付社債信託法
　長　　銀……………長期信用銀行法
　独　　禁……………私的独占の禁止及び公正取引の確保に関する法律
　破　　産……………破産法
　非　　訟……………非訟事件手続法
　不正競争……………不正競争防止法
　船　　主……………船舶の所有者等の責任の制限に関する法律
　保　　振……………株式等の保管及び振替に関する法律
　　　民　　……………民法
　民事再生……………民事再生法
　民　　執……………民事執行法
　民　　訴……………民事訴訟法
　民　　保……………民事保全法
　有　　限……………有限会社法（平成17年廃止）

（注）法令の条・項・号番号は，以下のとおり表示する。
　例）　会467Ⅰ④　会社法第467条第1項第4号

あ

預合い（あずけあい）

　典型的には，発起人・取締役等が銀行等から借入れをしてそれを預金に振り替えて払込みにあてるが，この借入れを返済するまでは預金を引き出さないことを約束することをいう。払込取扱金融機関の役職員との通謀が存在する。募集設立において払込取扱金融機関は払込金保管証明責任を負うので，預合いを理由に払込金の返還を拒むことはできない（会64Ⅱ）。また，刑事罰（会965，預合罪・応預合罪）が課される（最判昭和42年12月14日，会社法百選98）。　　　　　（内田千秋）

預合罪（あずけあいざい）

　会社法965条は，株式払込の確実をはかるため，払込取扱金融機関の保管証明責任等の規定（会64）とともに設けられたものである。会965条の「預合い」が成立するためには，払込取扱銀行等からの借入金による払込みと返還に関する制限につき銀行等との間に通謀を要し預金の引出制限をも預合罪の要件とする必要はないと思われるが，少なくとも発起人・取締役は払込みを仮装する払込取扱金融機関の役職員との通謀は必要であろう。　（桑原茂樹）

い

ESOP（いーえすおーぴー）

　従業員持株制度（employee stock ownership plan）のこと。その頭文字をとって，イソップと略称される。アメリカの場合は，信託の仕組みを利用して従業員の持株会を信託受託者と

2　いいんかい

して組織し、会社がそこに自社株またはその購入資金を提供することによって、従業員がその拠出金以上の自社株を購入できる仕組みをとる。わが国の従業員持株会に類似しているが、一定割合以上の自社株を購入した時点で随時現金化が可能となるわが国の制度とは異なり、アメリカの場合は、現金化を退職時に限定することにより、退職後の生活保障に重点を置く制度に仕組まれていることから、税制上の優遇措置が講じられている。この制度は、敵対的買収を防止するための安定株主工作としても機能する。⇒企業防衛

（野村修也）

委員会（いいんかい）

取締役会の内部機関として、指名・監査・報酬の３つの委員会が所定の事項について決定する必要の機関（会2⑫）。各委員会は取締役である３人以上の委員で組織され（会400Ⅰ）、その過半数は社外取締役でなければならない（会400Ⅲ）。各委員会の委員は取締役会決議によって選定され（会400Ⅱ）、複数の委員を兼任することもできる。委員の解職も取締役会決議によって行われるが（会401Ⅰ）、委員会の員数を欠いた場合には、一時委員の職務を行うべき者を選任できる（会401Ⅲ）。委員会の運営に関しては、委員会関連費用の前払請求（会404Ⅳ）、取締役・執行役の委員会への出席・説明義務（会411Ⅲ）、委員会議事録の作成義務（会412Ⅲ）、委員会議事録の閲覧謄写請求（会413Ⅲ）、委員会が選定した委員による取締役会招集権・報告義務（会417Ⅰ・Ⅲ）等があり、委員会の決議は委員の過半数が出席し、出席した委員の過半数をもって行う（会412Ⅰ、取締役会決議による定足数・決議要件の加重が可能）。

（前原信夫）

委員会（等）設置会社（いいんかい（とう）せっちがいしゃ）

指名委員会、監査委員会および報酬委員会を置く株式会社（会2⑫）。会社の業務執行にあたる執行役とそれを監督する取締役会とを分離して、取締役会の中に社外取締役を含む指名・監査・報酬の３つの委員会を設けた会社制度であり、旧商法特例法上の委員会等設置会社の制度に相当する。取締役会および会計監査人を設置する会社であれば、会社の規模に関係なく、委員会設置会社を選択することができる（会327Ⅰ③・Ⅴ）。⇒社外取締役

（前原信夫）

委員会設置会社の取締役（いいんかいせっちがいしゃのとりしまりやく）

執行役が会社の業務執行にあたることから、委員会設置会社の取締役は、委員会設置会社以外の会社の取締役のように、原則として会社の業務執行をすることができない（会415）。そのた

め，取締役は，取締役会の構成員としての執行役等の職務の執行の監督，委員会の委員としての職務等を担うにすぎない。ただし，取締役と執行役の兼任は禁止されていないので（会402Ⅵ），執行と監督が完全に分離しているわけではない。⇨執行役　　　　（前原信夫）

委員会設置会社の取締役会（いいんかいせっちがいしゃのとりしまりやくかい）

　取締役会は，執行役等の職務の執行の監督とともに業務執行の決定を行うが（会416Ⅰ），具体的な決定事項としては，①経営の基本方針，②監査委員会の職務執行に必要なものとして法務省令で定める事項（施規112Ⅰ），③執行役が複数いる場合の執行役の職務の分掌・指揮命令関係その他執行役相互の関係に関する事項，④執行役から取締役会の招集請求を受ける取締役，⑤内部統制システムの整備（会416Ⅰ①）。上記事項その他の法定事項を除いて，業務執行の決定を執行役に委任できる（会416Ⅳ）。⇨監査委員会，内部統制システム　　　　　　　　　（前原信夫）

一人会社（潜在的社団性）（いちにんがいしゃ（せんざいてきしゃだんせい））

　社員が1名である会社を一人会社という。会社は「社団」であるという理解を厳密に貫くと，単数人の組織体にすぎない一人会社は社団ではなく，したがって会社とは認められないことになる。しかし現在の通説は，社員の地位の分割・譲渡が可能であることを捉え，一人会社であっても潜在的には複数人の組織体たりうる，として社団性を承認する（潜在的社団性）。⇨会社の社団性　　　　　　　　（久保大作）

違法な剰余金分配（いほうなじょうよきんぶんぱい）

　典型的には，分配可能額（会461Ⅱ）を超えて剰余金の配当等をすることをいい，蛸配当と呼ばれることもあるが，広義には手続的瑕疵や株主平等原則違反がある場合も含む。違法な剰余金の分配を受けた者や役員は会社に対し連帯して金銭等の支払義務を負う（会462Ⅰ）。役員については過失責任とされ（会462Ⅱ），総株主の同意がなければ分配可能額を限度として免責できず（会462Ⅲ），また刑事責任を問われる（会963Ⅴ①②）。善意の株主に対する求償は制限されるが，株式会社の債権者からの請求には応じなければならない（会463）。効力につき，見解の対立がある。⇨株主平等の原則

（若林泰伸）

4 うちきりは

う

打切り発行（うちきりはっこう）

　期日までに発行予定数の一部の引受け・払込みしかなかった場合も発行全体の効力を否定せず，引受け・払込みのあった分につき発行の効力を認めること。平成17年改正前商法では新株発行の場合（平成17年改正前商280ノ9，会208）には認められていたが，設立では設立時発行株式全部の払込みを要求していた（平成17年改正前商192参照）。会社法では設立においても設立時出資される財産の額の最低額（会27④）に達する払込みがあれば設立は有効とした。社債でも打切り発行を原則とした（会676⑪参照）。　　（森脇祥弘）

え

M&A（えむあんどえい）

　会社の合併（merger）と株の買占め（acquisition）の頭文字を結びつけたもの。企業買収の総称として用いられる。会社法は，その具体的手段として，事業譲渡（会467以下），合併（会748以下），会社分割（会757以下），株式交換・株式移転（会767以下）を規定している。一方，株の買占めは原則として自由であるが，市場外での大量買占めなどには，金融商品取引法上，公開買付け（TOB）によるべきことが義務付けられる。⇨企業買収，公開買付け（TOB）　　（野村修也）

MBO（マネジメント・バイアウト）
（えむびーおー（まねじめんと・ばいあうと））

M&Aの一手段で、経営者自身が自社の株式を買い占める手法を指す。通常は、経営者の資金だけでは不可能なため、投資ファンドとともに特定目的会社（SPC）を設立し、銀行からの融資金を交えて、SPCが対象会社の株式を公開買付けするといった方法が取られる。経営者の側に、事業承継・事業再生・買収防衛などの思惑がある場合もあれば、投資ファンドがその敵対的色彩を薄めるために経営陣を抱え込むケースもある。会社法上は、公開買付けに応じなかった株主から強制的に株式を取得する方法として、全部取得条項付種類株式（会108Ⅰ⑦・Ⅱ⑦、171以下）が活用される。MBOの場合には、買収される側の経営者が買収側に回ることから、本来ならば株主の利益のために少しでも高く売るよう尽力すべき経営者が、安く買い叩こうとする側に荷担する危険性があると指摘されている。⇒全部取得条項付種類株式、特定目的会計　　　（野村修也）

LLC（Limited Liability Company）
（えるえるしい）

米国において1980年代から急速に利用が拡大している事業体で、株式会社のように法人格を有し、かつ構成員全員の有限責任が確保されつつも、内部関係は組合のように広範な定款自治に委ねられている。法人税および所得課税からなる二段階課税か、パス・スルー課税かの選択が認められている。創業、企業同士の提携、専門性の高い人材による共同事業等の組織形態の有力な選択肢となっている。金融、保険、不動産業などで過半数を占める。⇒定款自治、合弁企業、パス・スルー

（古川朋子）

LLP（Limited Liability Partnership）
（えるえるぴー）

英国において平成13年に発足した事業体で、株式会社のように法人格を有し、かつ構成員全員の有限責任が確保されつつも、内部関係は組合のように広範な定款自治に委ねられ、パス・スルー課税が適用される。当初は、任務懈怠をめぐる損害賠償訴訟等に際して、直接関係しない弁護士・会計士等を無限連帯責任から解放することを目的としていたが、業種限定されなかったので、現在は設計事務所、デザイン事務所、ソフトウェアメーカー、人材派遣業等での利用がなされている。

（古川朋子）

お

黄金株（おうごんかぶ）

拒否権付株式の通称である。拒否権付株式を参照。　　　　　（川島いづみ）

親会社・子会社（おやがいしゃ・こがいしゃ）

子会社とは「会社がその総株主の議決権の過半数を有する株式会社その他の当該会社がその経営を支配している法人として法務省令で定めるもの」をいい（会2③），親会社とは「株式会社を子会社とする会社その他の当該株式会社の経営を支配している法人として法務省令で定めるもの」をいう（会2④）。法務省令では，これらの「経営を支配している法人」の意義につき「財務および事業の方針の決定を支配している」「会社等」をいうと定めている（施規3Ⅰ・Ⅱ。なお，その詳細については施規3Ⅲ参照）。また，子会社ないし親会社というコトバが使われているものの，必ずしも会社である必要はなく，ましてや株式会社に限定されるものでもない（施規2Ⅲ②参照）。いずれにせよ，会社法では親子会社の判断基準が議決権数（平成17年改正前商211ノ2Ⅰ参照）という形式的なものから「経営（の）支配」という実質的なものへと変わった点に注意すべきである。⇒完全親会社・完全子会社

（鈴木達次）

か

開業準備行為（かいぎょうじゅんびこうい）

　一般的には会社成立後の事業活動のための準備行為を指す（広義）。設立に必要な行為ではない。明文上、開業準備行為は財産引受に限られており（会28②），不動産や原材料の購入などはこの手続に従う。営業所の賃借契約には類推適用してよいと解する見解が多い。従業員の雇入れ、商品の供給契約なども、会社成立を条件とする契約だけを開業準備行為（狭義）と定義して類推適用を認める（発起人の権限内と解する）見解もある。　（三浦　治）

会計監査（かいけいかんさ）

　会社の計算書類等が会社の財政状態を適正に表示しているかどうかの監査。業務監査に対比される概念。計算書類等に対する会計監査は，監査役・監査委員会の職務権限であり，さらに会計監査人設置会社の場合には，会計監査人による会計監査も必要である（会436Ⅱ）。なお金融商品取引法上，上場会社等は，財務諸表等に対して当該企業と利害関係のない公認会計士または監査法人による監査証明を受けることも要求されている（金商193の2）。
　　　　　　　　　　　（柿崎　環）

会計監査人（かいけいかんさにん）

　会計監査人は，すべての株式会社において設置が認められている（会326Ⅱ）が，大会社は会計監査人の設置が強制されており（会328Ⅰ），それとともに，大会社かつ公開会社においては監査役会（会328Ⅱ），委員会設置会社でない会計監査人設置会社においては監査役（会327Ⅲ）が必置である。会社の機関である監査役による監査とは別に，外部の独立した立場からの，会計の専門家である公認会計士または監査法人に（会337）よる慎重な監査というものが会計監査人には期待されている。
　　　　　　　　　　　（髙橋聖子）

会計監査人の権限（かいけいかんさにんのけんげん）

　会計監査人の主たる職務は，計算書類等について監査を行い，監査報告書

を作成することにある（会396Ⅰ）。したがって，その職務を行うために，会計監査人は，いつでも，会計帳簿等の報告書や書類（電磁的記録を含む）の閲覧および謄写をすることができ，また，取締役および会計参与並びに支配人その他使用人に対し，会計に関する報告を求めることができる（会396Ⅱ）。右会計に関する報告は，職務を行うため必要があるときは，子会社に対しても請求できる（会396Ⅲ）。さらに，会計監査人設置会社もしくはその子会社の業務や財産の状況を調査する権限も有している（会396Ⅲ）。会計監査人が，その職務を行うに際して取締役の職務執行に関し不正の行為または法令もしくは定款に違反する重大な事実を発見した場合は，遅滞なく，これを監査役に報告しなければならない（会397Ⅰ）。また，会計監査人の監査の対象となる書類が法令または定款に適合するかどうかについて監査役と意見を異にする場合には，定時株主総会に出席して意見を述べることができる（会398Ⅰ）。
⇨計算書類，会計帳簿　　　（髙橋聖子）

会計監査人の責任（かいけいかんさにんのせきにん）

　会計監査人の任務懈怠により会社に損害を生じさせた場合には，会計監査人は会社に対して損害賠償責任を負う（会423）。また，その職務を行うにつき悪意または重大な過失があった場合（会429Ⅰ）および会計監査報告に記載し，または記録すべき重要な事項についての虚偽の記載または記録を行った場合（会429Ⅱ④）には，第三者に対する損害賠償責任を負う。なお，会計監査人の責任は株主代表訴訟の対象ともなりえる（会847）。　（髙橋聖子）

会計監査人の選任・退任（かいけいかんさにんのせんにん・たいにん）

　会計監査人は株主総会決議によって選任される（会329）。選任後1年以内に終了する事業年度のうち最終のものに関する定時株主総会の終結時までが任期であるが，この総会において別段の決議がされなかったときは同総会において再任されたものとみなされる（会338）。会計監査人は，株主総会の決議によって，いつでも解任することができる（会339）が，職務懈怠などの法定事由に該当した場合には監査役が会計監査人を解任することも可能である（会340）。　　　　　　（髙橋聖子）

会計監査報告（かいけいかんさほうこく）

　会計監査人は会計監査報告を作成し，会計監査人の監査の方法およびその内容，計算関係書類が適正であるかについての意見（無限定適正意見・除外事項を付した限定付適正意見・不適正意見のいずれかに区分して記載），その他追記情報（会計監査人の判断に関し

て説明を付す必要がある重要事項など を含む) などを記載する (施規154)。 適正でないとの意見を付した場合には, 取締役会議での計算書類等の確定がで きず (会439), 定時株主総会での承認 が必要となる (会438Ⅱ)。

(髙橋聖子)

会計参与(かいけいさんよ)

会計参与は, すべての株式会社にお いて任意に設置でき (会326Ⅱ)(持分 会社は設置できない), 取締役と共同 して計算書類等を作成し (会374Ⅰ・ Ⅵ), それを取締役とは別に保存・開 示することが職務である (会378)。会 計参与は, 会計帳簿および関係資料の 閲覧・謄写権, 子会社を含む業務およ び財産の状況の調査権, 取締役等に対 して会計に関する報告を請求する権利 などを有する (会374Ⅱ)。任務懈怠の 場合は株式会社に対し損害賠償責任を 負い (会423Ⅰ), 株主代表訴訟の対象 となる (会847)。また, 職務執行につ き悪意または重大な過失があった場合 には第三者に対しても損害賠償責任を 負う (会429)。なお, 会計参与は, 公 認会計士・監査法人・税理士・税理士 法人に限られる。(会333Ⅰ) ⇨会計帳 簿, 計算書類

(髙橋聖子)

会計参与報告(かいけいさんよほうこ く)

会計参与は, 施行規則102条に定め られた内容につき会計参与報告の作成・ 備置きの義務を負う (会374Ⅰ)。主な 内容は, 会計参与が職務を行う際に会 社と合意した事項, 計算書類作成のた めに採用した会計方針, 計算書類作成 に用いた資料の種類や作成過程および 方法等, 会計参与が計算関係書類作成 のために行った報告の徴収および調査 の結果, 計算書類作成に際して会計参 与が取締役または執行役と協議した主 な事項などである。

(髙橋聖子)

会計帳簿(かいけいちょうぼ)

会社の営業活動上生ずる取引や財産 に関する事実および金額を記載・記録 した帳簿類で, 会社には作成および10 年間の保存の義務がある (会432, 615)。 日々の取引内容等を発生順に記録した 日記帳, それを貸方・借方に整理して 記載した仕訳帳, さらにそれを各勘定 口座別に転記した元帳の他, 補助簿と して仕入帳, 現金出納帳, 手形記入帳, 売上帳等が含まれる。計算書類, 附属 明細書は, 会計帳簿に基づき作成され る (計規91Ⅲ, 103Ⅲ)。⇨計算書類, 附属明細書

(堀井智明)

会計帳簿閲覧・謄写請求権(かいけい ちょうぼえつらん・とうしゃせいきゅう けん)

総株主の100分の3 (定款でこれを 下回る割合を定めることができる) 以 上の議決権を有する株主または発行済

株式の100分の3（定款でこれを下回る割合を定めることができる）以上の株式を有する株主が、株式会社の営業時間内にいつでも会計帳簿または契約書、受領証など会計帳簿に関する資料の閲覧・謄写を請求できる権利。請求の際、株主はその理由を明らかにしなくてはならない（会433Ⅰ）。会社法が列挙する、閲覧・謄写が適当でないと認められる場合（会433Ⅱ各号参照）には、会社は当該株主の請求を拒むことができる。⇨会計帳簿

（堀井智明）

外国会社（がいこくがいしゃ）

外国の法令に準拠して設立された法人その他の外国の団体で、会社と同種または会社に類似するもの（会2②）。外国会社がわが国で取引を継続する場合、日本における代表者を定めなければならず、その1人以上は日本に住所を有しなければならない（会817Ⅰ）。初めて代表者を定めたときは、日本営業所非設置の場合は代表者の住所地で、営業所設置の場合はその所在地で、3週間以内に登記しなければならない（会933Ⅰ）。⇨会社の意義

（諏訪野　大）

解散（かいさん）

会社の消滅をもたらす原因となる事実をいう。会社の解散事由として、定款で定めた存続期間の満了、定款で定めた解散の事由の発生、株主総会の決議(持分会社では総社員の同意)、合併（消滅会社の場合）、破産手続開始の決定、解散命令・解散判決が規定されており、持分会社ではこれらに加えて、社員が欠けたことが挙げられている（会471, 641）。なお、株式会社にはみなし解散制度もある。

会社は、解散により清算手続に入り（会475）、清算結了後に消滅する。清算中の会社は清算の目的の範囲内で権利能力を有する（会476）。⇨休眠会社（みなし解散）

（中濱義章）

解散の訴え（**解散請求権**）（かいさんのうったえ（かいさんせいきゅうけん））

①株式会社が業務の執行において著しく困難な状況に至り当該会社に回復することができない損害が生じまたは生ずるおそれがあるとき、②株式会社の財産の管理または処分が著しく失当で当該会社の存立を危うくするとき、のいずれかに該当する場合において、やむを得ない事由があるときは、総株主の議決権の10％（定款で軽減可）以上の議決権を有する株主または発行済株式の10％（定款で軽減可）以上の数の株式を有する株主は、訴えをもって当該会社の解散を請求することができる（会833Ⅰ。持分会社についてはⅡ参照）。これを解散の訴えという。

（河村賢治）

解散判決（かいさんはんけつ）

　株主（社員）の正当な利益を保護するため、株主（社員）に会社の解散を請求する訴えが認められており、判決によって会社は解散する（会471⑥、641⑦）。この訴えの提起はやむを得ない事由がある場合に限定されており、株式会社では、少数株主権とされているほかさらに厳格な要件が定められている（会833）。少数派株主（社員）保護のための制度の一つである。

（中濱義章）

解散命令（かいさんめいれい）

　裁判所が、会社が不法な目的で設立された場合など公益確保のため会社の存立を許すことができないと認めるときに、法務大臣または株主、社員、債権者その他の利害関係人の申立てにより、会社の解散を命ずることをいう。会社は、申立人が相当の担保を立てるべきことを裁判所に申し立てられる（会824）。裁判所は、その申立てについての裁判をする場合、法務大臣に意見を求めなければならない（会904）。

（諏訪野　大）

会社財産危殆罪（かいしゃざいさんきたいざい）

　会社法963条は、会社財産の基盤を危うくする株式会社役職員らの行為の中で、とりわけ悪質かつ重大な行為についての罰則を規定している。会社は株主のものであり、株式会社債権者にとっては会社財産がすべてである。なお、会963条は会960条（特別背任罪）の補助規定であるとされている。懲役刑並びに罰金刑を併科可能な点は特別背任罪と差異はないが、懲役刑・罰金刑共に特別背任罪に比して刑量はそれぞれ半分に減軽されている。

（桑原茂樹）

会社の意義（かいしゃのいぎ）

　平成17年の会社法が施行されるまでは、会社は「営利」を目的として設立される「社団法人」であると法律により定義されていた（商52）。平成17年の会社法のもとではそうした定義規定はなく、「会社は、法人とする」（会3）と規定されるにとどまっている。

　しかし、平成17年の会社法のもとでも、会社には株主または社員が存在することを前提にして、株主総会（会295以下）または社員の業務執行権限（会590）が規定されており、会社が社団法人であることに変わりはない（一人会社が容認されていることが講学上、会社の社団性との関係で問題になる）。また、株式会社では、剰余金分配請求権と残余財産分配請求権の全部を株主に与えない定款条項は無効であると規定されており（会105Ⅱ）、そこに会社が「営利」を目的にして設立されることが示されている。⇨会社の営利性

（鳥山恭一）

会社の営利性（かいしゃのえいりせい）

平成17年改正前商法52条（有限1Ⅰ）によれば，会社は営利社団であり，営利を目的とすることは会社を定義づける要素であった。ただし，そこでの営利性については，商人概念（平成17年改正前商4Ⅰ）の基底をなすそれと同じ意味であるか争いがあった。少数説はこれらを同義とみて，対外的活動によって利潤を得ることが会社の営利性の意味であると主張したのに対して，通説はこれらを相違するとし，少数説の説くところに加えて，対外的活動によって得た利潤を社員に分配することが必要であるとしていた。これに対し，会社法では会社の定義規定として営利性を定める条文は存在していない。その意味で，これが依然として会社を定義づける要素であるのか，あるいは，会社のもつ属性にすぎないとされたのか（会社の「商人」性などはこれである），といった点は明らかではなくなった。いずれにせよ，社員に剰余金（利益）配当請求権または残余財産分配請求権があることを根拠に（会105Ⅰ①・②，105Ⅱ，621Ⅰ，664），従来の通説と同様の意味での会社の営利性を肯定するのが多数説のようであり，これに対して依然として少数説も唱えられている。⇒剰余金配当請求権，残余財産分配請求権 　　　　　　　　（鈴木達次）

会社の機会（corporate opportunity）（かいしゃのきかい）

「会社の機会（corporate opportunity）」の法理は，会社にとっての利得・事業拡張の機会を取締役個人の利得・事業拡張のために奪取してはならないとの考え方であり，アメリカ法において忠実義務（fiduciary duty of loyalty）と対になって発展してきた法理である。わが国では，取締役の競業避止義務および利益相反取引規制の理解について援用されることが多い。⇒取締役の競業避止業務，取締役の利益相反取引 　　　　　　　　（横尾　亘）

会社の寄附（会社の政治献金）（かいしゃのきふ（かいしゃのせいじけんきん））

政治資金規正法上，寄附とは「金銭，物品その他の財産上の利益の供与または交付で，党費または会費その他債務の履行としてされるもの以外のものをいう」とされ（政資4Ⅲ），政治活動に関する寄附とは「政治団体に対してされる寄附または公職の候補者の政治活動（選挙運動を含む。）に関してされる寄附をいう」と定義されている（政資4Ⅳ）。この「政治活動に関する寄附」といわれるものが，一般にいう政治献金である。そして，これについては公法上特別の規制がなされている。これに対して，私法上は寄附は特別の法的概念ではない。ある人が他の人に金銭等の寄附を約束する行為は法的に

は贈与契約（民549）であり，実際に金銭等を贈与することは所有権の移転を目的とする物権行為にほかならない。政治献金についても同様であって，ただ，会社がこれを行うことは民法34条の「定款その他の基本約款で定められた目的」（平成18年改正前民43では「定款または寄附行為で定められた目的」）の範囲を超えるか，あるいは，これを行うことが取締役の忠実義務に反するかといった点が争われてきた。この点，最高裁は，取締役の会社に対する責任が追及された事件において「会社による政治資金の寄附は，客観的，抽象的に観察して，会社の社会的役割を果たすためになされたものと認められるかぎりにおいては，会社の定款所定の目的の範囲内の行為である」「取締役が会社を代表して政治資金の寄附をなすにあたっては，その会社の規模，経営実績その他社会的経済的地位および寄附の相手方など諸般の事情を考慮して，合理的な範囲内において，その金額等を決すべきであり，右の範囲を越え，不相応な寄附をなすがごときは取締役の忠実義務に違反する」と判示している（最大判昭和45年6月24日民集24巻6号625頁。八幡製鉄所政治献金事件）。⇨会社の権利能力，取締役の善管注意義務・忠実義務

(鈴木達次)

会社の継続（かいしゃのけいぞく）

会社の解散後であっても，一定の場合に解散前の状態に復帰することができること。定款で定めた存続期間の満了，定款で定めた解散の事由の発生，または株主総会の決議（持分会社では総社員の同意）によって解散した場合には，清算手続完了前に，株主総会の決議（持分会社では社員の全部または一部の同意）によって行うことができる（会473，642）。みなし解散制度による場合には，会社の継続の決議は3年以内に限定される。⇨解散，休眠会社（みなし解散），清算 (中濱義章)

会社の権利能力（かいしゃのけんりのうりょく）

権利義務の帰属主体たりうる地位または資格を権利能力という。会社は法人であるから（会3）当然権利能力を持つ。もっとも，法人である会社には自然人と同様のあらゆる権利・義務が帰属しうるわけではなく，性質や法令に基づく制限がある。そのほか，従来より定款所定の「目的」による制限（民34，平成18年改正前民43。ただし，同条は法人の権利能力の制限を定めたものではないとする見解もある）に服するか否かという点が争われてきた。この点肯定するのが判例・多数説であり，反対に同条が会社に類推適用されないとする見解も有力であった。しかし，平成18年民法改正により，会社に

もこれが適用されることが明確となった（民33Ⅱ参照）。　　　　　（鈴木達次）

会社の公告（かいしゃのこうこく）

　会社がその貸借対照表などを広く一般の人に知らせること。公告方法は定款の任意的記載事項として，官報への掲載，日刊新聞紙への掲載，電子公告のいずれかを定めることができる。定款に公告方法の定めがない場合は，公告方法を官報への掲載とする（会939）。公告方法は登記事項とされている（会911Ⅲ㉘～㉚，912⑧～⑩，913⑩～⑫，914⑨～⑪，933Ⅱ⑤～⑦）。⇨電子公告制度　　　　　　　（諏訪野　大）

会社の支配人（かいしゃのしはいにん）

　会社によって事業のために取締役会（会362Ⅳ⑤）または取締役会を設置しない会社の総会で選任され，その事業に関する一切の裁判上・裁判外の行為をする不可制限的権限（会11Ⅰ・Ⅲ）を付与された者（Prokurist, procuriste）。その選任・解任は登記事項（会918）。使用人の選解任権（会11Ⅱ）を有し，競業避止義務を負い（会12），取締役の兼任禁止（会331）等に服する。競業避止義務違反の場合には支配人が得た利益を会社の損害と推定する（会12Ⅱ）。なお，商人の支配人は，商人が選任し（商20），その営業に関する一切の裁判上・裁判外の不可制限的権限（商21Ⅰ）を付与され，同様の規整に服する（商21～23）。　（柴崎　暁）

会社の社会的責任（CSR）（かいしゃのしゃかいてきせきにん（しーえすあーる））

　社会的責任の中身について，統一した理解は存在しない。昭和40・50年代における社会的責任論は，公害等に関連して，会社は社会の犠牲の下に利潤を追求すべきではない，という主張だった。しかし現在では，より積極的に倫理的・社会的な価値を追求すべきである，との主張も社会的責任論のもとに行われる。文化支援などをも社会的責任に含める論者もある。　（久保大作）

会社の社団性（株式会社財団説）（かいしゃのしゃだんせい（かぶしきがいしゃざいだんせつ））

　平成17年改正前商法52条（有限1Ⅰ）によれば，会社の実質は社団であるとされており，その文言上社団性は会社を定義づける要素であった。しかし，そこでいう社団の意義，あるいは組合との異同といった点は明らかではなく（なお，平成17年改正前商68参照），①社団とは共同の目的を持った複数人の結合体であるとする見解，②構成員が団体との間の社員関係によって結合する団体が社団であり，相互の契約関係によって直接結合する団体が組合であるとする見解，あるいは③団体自体が，団体員（社員）とは別個独立の経済主

体となるものが社団であり、取引相手に対する関係で団体員全員が共同事業主体として現れるものが組合であるとする見解等に分かれていた。これに対して、会社法は、会社を定義づける要素として社団性を認める明文の規定を置かなかった。その理由は、元来社団には複数人が結合する団体という意味があるのに対し、株式会社には一人会社が極めて多いこと、および会社法はこれまでと異なり持分会社にも一人会社を許容したこと（会641④、639参照）によるとされる。いずれにせよ、右の立法の結果、社団性は依然として会社を定義づける要素なのか、あるいは会社である以上当然有している性質（＝会社の属性。会社の「商人」性などはこれである）にすぎないこととなったのか、はたまた、会社の属性ですらなくなったのか、という点に関し争いが生ずることとなった。この点、会社を定義づける要素であるとする見解、単なる属性とする見解、およびこれらを否定し、会社は「出資者である社員を構成員とする組織体である」としたうえで、その「組織体は財団に近いものから組合に近いものもあれば、社団性を濃厚に有するものまで種々ありうる」とする見解などが主張されるに至った。

これらに対して、平成17年改正前商法52条のもとで株式会社は営利財団法人であるとする見解が主張されていた（株式会社財団説）。この見解は、株式会社は株主をもって構成される社団ではなく、株式資本をもって構成される財団であり、株主は株式の帰属者にすぎないとする。また、株式の本質は通説のいうような社員権ではなく、単なる債権であるという株式債権説を前提とし、これをさらに徹底して株主は会社外の純然たる債権者にすぎないとする。この見解は、一人会社の承認、所有と経営の分離、株主総会の権限の制限、無議決権株の是認、あるいは株主の新株引受権の否認傾向といった特殊的・例外的な事象がうまく説明できると主張している。⇨一人会社、株主権、株式の本質　　　　　　　　（鈴木達次）

会社の住所（かいしゃのじゅうしょ）

会社の住所は、本店の所在地にあるものとされる（会4）。会社の住所を定める意義はあまり大きくないが、営業所がない場合の債務履行場所の特定（商516Ⅰ）や刑事事件における土地管轄（刑訴2Ⅰ）などにおいて意義を有する。　　　　　　　　　　（久保大作）

会社の種類（かいしゃのしゅるい）

平成17年の会社法はまず、株式会社と持分会社という2種類の会社に分けて規定を定めており、持分会社に関してはそれをさらに、会社の債務に対する社員の責任のあり方に応じて、合名会社、合資会社および合同会社という3種類の会社に区別している（それら

3種類の会社の総称が「持分会社」である〔会575Ⅰ〕。合名会社ではすべての社員が会社の債務について無限責任を負うのに対して、合資会社には無限責任社員と有限責任社員とが存在し、合同会社および株式会社ではすべての社員または株主が会社の債務について有限責任を負うにすぎない（会576ⅡないしⅣ）。「特例有限会社」を参照。

（鳥山恭一）

会社の商号（かいしゃのしょうごう）

会社が自己を表すものとして定める名称のこと（会6Ⅰ）。自然人における氏名に相当する。そのため個人商人と異なり、複数の事業を営む場合でもそれぞれで異なる商号を用いることはできない（会社における商号単一の原則）。なお、商号は定款の必要的記載事項であり（会27②）、会社設立時の絶対的登記事項である（会911Ⅲ②ほか）。⇒定款 （久保大作）

会社の使用人（かいしゃのしようにん）

会社に従属してその事業を補助する者であって、会社の代理権を授与された者のこと。雇用関係の存在も要するとするのが多数説である。個人商人における「商業使用人」と同内容の概念である。同じく会社の補助者である補助商とは、従属性の有無によって区別される。なお会社の使用人のうち、会社の本店または支店における事業について包括的な代理権を与えられた者を支配人という（会11Ⅰ）。（久保大作）

会社の商人性（かいしゃのしょうにんせい）

商人とは「自己の名をもって商行為をすることを業とする者」をいう（商4Ⅰ）。平成17年改正前商法では、商事会社（平成17年改正前商52Ⅰ）は固有の商人であり、民事会社（平成17年改正前商52Ⅱ）は固有の商人ではないものの商人とみなされる（擬制商人。平成17年改正前商4Ⅱ後段、有限2）という点については疑いの余地はなかった。これに対して、会社法の下では、商事会社、民事会社の区別を廃止したことおよび後者を擬制商人とする規定を削除したこと（商4Ⅱ参照）から、この点は必ずしも明らかではなくなった。この点、①会社の商人性を否定する見解、②これまでと同様、商法501条、502条に掲げる行為を事業として行う会社は固有の商人であり、これ以外の会社は擬制商人であるとする見解もあるが、多くの学説は、③会社法5条により、会社が事業としてする行為が商行為とされることを前提として、これが商法4条1項の商行為（基本的商行為）に該当する－それゆえ、会社は当然商人である－と説明している。

（鈴木達次）

会社の整理（かいしゃのせいり）

会社の整理とは，会社が支払不能または債務超過に陥るおそれがある場合，または陥っている疑いがある場合に，裁判所の監督の下で当該会社の更生を目的として行われる手続（平成17年改正前商381以下）であったが，債権者の全員の同意が要求されるため再建計画に反対する債権者が存在する場合には利用できない，法人も民事再生法の手続を利用できる等の理由から，平成17年の商法改正により廃止された。

（齋藤雅代）

会社の代理商（かいしゃのだいりしょう）

会社のためにその平常の事業の部類に属する取引の代理（締約代理商）または媒介（媒介代理商）をする者で，使用人でない独立の商人（会16，商502⑪・⑫，商4）。会社が詳しく知らない地域で事業を行うときに，当該地域の事情に通じた者を活用するため利用される。通知義務（会16）・競業避止義務（会17）・解約予告義務（会19）を負担し，特別な留置権（会20）を有する。平成17年改正前の商法の代理商の規定の解釈として，費用を自己負担し，手数料は歩合制であり，商人の指揮監督を受けず，自己の計算によって代理店を経営している場合には，商業使用人ではなく代理商であると説かれていた。なお，平成17年改正前商法においては，商人のためにその平常の営業の部類に属する取引の代理または媒介をする者で，使用人でない独立の商人が商人の代理商として規定され，会社の代理商と同様の規整（商27～31）に服する。商行為の代理を業としている場合であっても，代理商であるためには本人が会社または商人でなければならないから，保険相互会社の代理店は代理商ではない。

（柴崎　暁）

会社の登記（かいしゃのとうき）

会社が自己の企業内容を公示することによって，取引相手等の利害関係人に不測の損害が発生することを防止し，会社との間の利益調整を図る制度である（会907～938）。会社の設立，合併や分割等の組織再編，組織変更，解散等の際には，一定の重要事項を登記しなければならず，登記事項が変更・消滅した場合にも，変更・消滅の登記が必要である（会909）。株式会社においては，機関設計の選択肢が大幅に増加したため，当該会社が選択した機関設計も設立登記の登記事項になった（会911）。⇒設立登記，機関設計の柔軟化

（南隅基秀）

会社の不法行為能力（かいしゃのふほうこういのうりょく）

法人自身の不法行為が観念できるかということが平成18年改正前民法44条1項（改正後は一般社団財団法78）を

めぐって争われてきた。法人実在説からはこれが肯定され，同条項はまさにこれを定めたものと理解されるのに対し，法人擬制説からはこれが否定され，同条項は政策的に法人に責任を負わせた規定であるとされている。平成17年改正前商法は会社に右条項を準用しており（改正前商78Ⅱ，261Ⅲ），それゆえ会社の不法行為能力に関しても同様の争いがあった（これを肯定するのが多数説）。会社法は準用を止めたものの，350条および600条でこれと同様の規定を置いており，これが会社の不法行為能力を規定したものであるか否かという問題は依然として残されているといえよう。⇨法人理論

（鈴木達次）

会社の法人性（かいしゃのほうじんせい）

法人とは，自然人以外で権利能力を認められるものをいう。自然人以外の団体（社団，財団等）に法人格を付与することは「法律の規定」によることを必要とするが（民33Ⅰ），会社法3条（平成17年改正前商54Ⅰ，有限1Ⅱ）は，会社に法人格を付与することを認めている。問題は法人性が会社を定義づける要素（概念規定の要素）であるか，それとも会社である以上当然有している性質（＝会社の属性。会社の「商人」性などはこれである）にすぎないのかという点である。この点平成17年改正前には概念規定の要素であるとするのが通説であったのに対し，会社が法人であるのは会社が設立された結果であるとして，これは会社の属性にすぎないとする見解も有力であった。会社法の下でも，右の争いは続いている。⇨法人格否認の法理

（鈴木達次）

会社の本店・支店（かいしゃのほんてん・してん）

本店とは会社の全営業を統括する一定の場所のことである。また，本店に従属しつつ営業活動の中心として存在する一定の場所を支店と呼ぶ。両者を総称して営業所と呼ぶ。会社のある施設が営業所であるかどうかは，その名称如何にかかわらず，その場所において営業の主要な活動が行われているかどうかによって判断される。

（久保大作）

会社不成立の場合の責任（かいしゃふせいりつのばあいのせきにん）

会社の設立手続が途中で挫折し，設立登記に至る前に会社の不成立が確定した場合，発起人は連帯して，設立に関してした行為について責任を負い，設立に関して支出した費用を負担する（会56）。本来ならば設立中の会社の解散・清算により債権者に対して債務を履行した後の残余財産のみが分配されるはずであるところ，設立時募集株式

の引受人にも払込金の全額の返還がなされるよう規定した法定の無過失責任と解するのが通説である。⇨設立中の会社　　　　　　　　　　（三浦　治）

会社分割（かいしゃぶんかつ）

　一つの会社を複数の会社に分離する社団法上の法律行為。平成13年4月の商法改正により導入された。ある事業に関して有する権利義務の全部または一部を他の会社に承継させる吸収分割（会757以下）と，その事業に関して有する権利義務の全部または一部を分割により設立する会社に承継させる新設分割（会762以下）が規定されるが，いずれも分割当事会社は株式会社または合同会社に限られる。従来の営業譲渡，現物出資による分社化と比べて，手続の簡素化かつ短縮化に利点があるとされる。会社分割は，承継会社の違いによる分類（新設分割と吸収分割），株式割当先の違いによる分類（物的分割と人的分割）がなされることがある。⇨吸収分割，新設分割，人的分割・物的分割　　　　　　　　　（西原慎治）

会社法（かいしゃほう）

　実質的意味における会社法は，会社にかかわる法規範の総体をいう。それに対して，形式的意味における会社法は，平成17年6月29日に第162回国会において成立し，同年7月26日に公布された「会社法」（平成17年法律第86号）をいう。

　後者の形式的意味の「会社法」は，それまで商法，商法特例法，有限会社法などに散在していた実質的意味の会社法の法律規定を，単行法に集めて配置したものである。同法は979か条からなっており，平成18年5月1日に施行されている（平成18年政令第77号）。
　　　　　　　　　　　　（鳥山恭一）

会社法施行規則（かいしゃほうしこうきそく）

　平成17年7月26日に公布された「会社法」（平成17年法律第86号）では，約300項目にわたる法務省令への委任がなされている。「会社法施行規則」（平成18年法務省令第12号）はそれに関する法務省令として，「会社計算規則」（平成18年法務省令第13号）および「電子公告規則」（平成18年法務省令第14号）とともに平成18年2月7日に公布された法務省令であり，238か条と附則からなっている。それら3本の法務省令のうち会社法施行規則が本則にあたり，他の2省令に定められない事項を定めるとともに，他の2省令に定める事項についてはその旨を明らかにしている（施規116，159，221）。⇨電子公告制度　　　　　（鳥山恭一）

会社法上の訴え（会社訴訟）（かいしゃほうじょうのうったえ（かいしゃそしょう））

　会社法に基づき設立された会社をめ

ぐる訴訟をいう。会社の組織に関する訴え（会828以下），株式会社における責任追及等の訴え（会847以下），株式会社の役員の解任の訴え（会854以下），特別清算に関する訴え（会857以下），持分会社の社員の除名の訴え等（会859以下），清算持分会社の財産処分の取消しの訴え（会863以下），社債発行会社の弁済等の取消しの訴え（会865以下）が法定されている。

（諏訪野　大）

会社法の施行に伴う関係法律の整備等に関する法律（整備法）（かいしゃほうのしこうにともなうかんけいほうりつのせいびとうにかんするほうりつ（せいびほう））

平成17年7月26日に公布された「会社法」（平成17年法律第86号）と同時に公布された，会社法の施行に伴う関係する法律の整備とそれにかかわる経過措置を定めた法律（平成17年法律第87号）であり，528か条と附則からなっている。有限会社法，商法特例法など9本の法律を廃止し（整備1），商法，民法等の326本の法律について所要の規定の整備をしている。会社法施行時に既存の有限会社に関しては，商号中に有限会社の文字を用いる限りそれを「特例有限会社」（整備3②，45）として，従来の有限会社法制の実質を維持した制度を適用している（整備9ないし43）。⇒特例有限会社　（鳥山恭一）

買取引受（かいとりひきうけ）

証券会社が募集株式の申込人・引受人となり払込みを行い，さらに投資者に譲渡する方式（金商2 Ⅵ①）。募集株式の発行において，募集株式を引き受けようとする者がその総数の引受けを行う契約をする場合であり，募集株式の申込手続（会203）と割当手続（同204）は不要である（同205）。募集株式を引き受けようとする者は複数でもよい。上場会社の資金調達としての募集株式の発行は，買取引受による公募時価発行が主流である。

（岡本智英子）

介入権（かいにゅうけん）

平成17年会社法制定前の商法では，取締役会の承認決議のない競業取引については，取引から1年内に限り，取締役会の決議により事後的に当該取引を会社のためにしたものとみなすことができ，これを介入権と称していた。しかし，会社法制定にあたり，介入権に関する規定は削除された。なお，問屋や運送取扱人に対して認められている介入権（商555，565）と混同しないよう注意すべきである。　（横尾　亘）

額面株式・無額面株式（がくめんかぶしき・むがくめんかぶしき）

株式の価値に関わる一定の数額（券面額）が付された株式を額面株式といい，この数額を持たない株式を無額面

株式という。額面はその金額が必ず払い込まれて資本になるという意味において，株式の基本的な価値を表している（英語で par value という）。その結果，額面以下の株式を発行してはならないという規制がかかる。また，配当が額面に対して何割というような配当率を示す拠り所にもなっていた。しかし，額面は資金調達の妨げになり，あるいは現実の株式の価値を示すものではないことから，平成13年6月の改正により額面株式は廃止されている。

（中曽根玲子）

仮装払込み（払込みの仮装）（かそうはらいこみ（はらいこみのかそう））

設立時および募集株式発行時の仮装払込みの典型として，預合いと見せ金があり，これらの払込みは一般に無効と解されている。預合いと見せ金との違いは，払込取扱金融機関との通謀，金銭の現実の移動が存在するか否かである。会社法により発起人らの引受・払込担保責任が削除されたため，仮装払込みにより定款記載事項の「設立に際して払い込まれる出資額またはその最低額」に出資額が達しない場合には，設立無効原因となる。⇒預合い，見せ金，払込取扱金融機関 （内田千秋）

合併（がっぺい）

2つ以上の会社が契約により1つの会社になること。すべての種類の会社間で自由に合併することができる（会748）。合併の手続には，会社が他の会社とする合併であって，合併により消滅する会社の権利義務の全部を合併後存続する会社に承継させる吸収合併（会2㉗）と，2以上の会社がする合併であって，合併により消滅する会社の権利義務の全部を合併により設立する会社に承継させる新設合併（会2㉘）とがある。合併により，消滅会社の権利義務のすべては存続会社または新設会社に承継され，消滅会社は清算を必要とせずに解散する。⇒吸収合併，新設合併 （島田志帆）

合併覚書（合併仮契約）（がっぺいおぼえがき（がっぺいかりけいやく））

実務では，合併契約の締結前に，当事会社の各代表間において，合併の基本的な合意事項（合併の目的，合併条件，効力発生日，合併形態，合併後の商号，合併後の役員人事など）について書面を作成し，取り交わすのが通常である。これを合併覚書（合併仮契約）という。上場会社では，合併覚書書の取り交わし後，報道機関に対して合併の概要の公表がなされる。⇒合併契約

（黒石英毅）

合併期日（がっぺいきじつ）

合併期日とは，合併をするために必要な法定の手続（登記を除く）をすべて終了し，消滅会社の財産およびその

管理が存続会社に引き継がれ，事実上会社が合体する日をいう。平成17年改正前商法においては，合併の実質的な効力発生時期である合併期日と法的な効力発生日である登記の日が分かれていたが，会社法は合併期日の概念を廃止し，合併の効力発生日として統一した。吸収合併では，合併契約書に定めたられた日に合併の効力が生じ（会750），新設合併では，新設会社の成立の日（新設会社の設立の登記の日）である。　　　　　　　　　　（黒石英毅）

合併契約（吸収合併契約・新設合併契約）（がっぺいけいやく（きゅうしゅうがっぺいけいやく・しんせつがっぺいけいやく））

　合併を行うには，当事会社間で法定事項を定めた合併契約を締結しなければならない（会748）。株式会社を存続会社とする吸収合併契約においては，存続会社および消滅会社の商号および住所，存続会社が消滅会社の株主または社員に対してその株式または持分に代えて交付する金銭等の内容・数もしくは額またはその算定方法・割当てに関する事項，存続会社が消滅会社の新株予約権者に対してその新株予約権に代えて交付する存続会社の新株予約権等の内容・数もしくは額またはその算定方法・割当てに関する事項，吸収合併の効力発生日を定めなければならない（会749）。株式会社を設立する新設合併契約においては，消滅会社の商号および住所，新設会社の目的，商号，本店の所在地および発行可能株式総数，その他新設会社の定款で定める事項，設立時取締役の氏名，機関設計に応じて設立時会計参与・設立時監査役・設立時会計監査人の氏名または名称，新設会社が消滅会社の株主または社員に対してその株主または持分に代えて交付する株式等の内容・数もしくは額またはその算定方法・割当てに関する事項，新設会社の資本金および準備金の額に関する事項を定めなければならない。また，消滅会社の株主または社員にその株式または持分に代えて新設会社の社債等を交付する場合，消滅会社が新株予約権を発行している場合は，吸収合併契約と同様の事項を定めなければならない（会753）。持分会社を存続会社または新設会社とする吸収合併契約または新設合併契約についても，基本的に株式会社の場合と異ならない（会751，755参照）。　　（島田志帆）

合併交付金（がっぺいこうふきん）

　合併交付金とは，合併に際して，存続会社または新設会社が消滅会社の株主に対して支払う金銭をいう。平成17年改正前商法においては，改正前商法409条4号の規定によって，合併比率の調整のためや配当に代えて支払われる場合があった。会社法においては，合併に伴う消滅会社の株主に対する金

銭の交付は，吸収合併の場合は会社法749条1項2号ホによることになる。
⇨合併比率　　　　　　　（黒石英毅）

合併条件算定理由書（がっぺいじょうけんさんていりゆうしょ）

合併の各当事会社は，消滅会社の株主・新株予約権者に対して交付される合併対価の種類・総額・割当比率およびその算定方法等の相当性に関する事項を説明した書面（またはそれに代わる電磁的記録）であり（施規182①・④，191①・②，204①・②，213），備置開始日から合併の効力発生後6か月を経過するまで（消滅会社は効力発生の日まで），本店に備え置かなければならない。これは，合併に先立ち，当事会社の株主・会社債権者が合併について適切な判断ができるように情報の開示を義務づけたものである。

（黒石英毅）

合併対価（がっぺいたいか）

合併により消滅会社の株主（社員）が自己の有する株式（持分）の対価として与えられるもののことである。

平成17年改正前商法では，消滅会社の株主に対して交付する合併の対価は，存続会社または新設会社の株式でなければならないとされていたが，会社法では吸収合併の場合には，消滅会社の株主（社員）に対して，存続会社の株式（持分）以外に，金銭その他の財産（財産として評価できるものであればよいとされる。例えば，新株予約権，社債権など）を交付することが認められた。

（黒石英毅）

合併貸借対照表（がっぺいたいしゃくたいしょうひょう）

合併をするために作成する貸借対照表を合併貸借対照表という。適正な合併比率を算定するために，決算貸借対照表を基準として利用せずに，企業が保有する資産の再評価を行い評価益・損失を計上した貸借対照表を基準とする場合などに作成されるものである。

（黒石英毅）

合併比率（割当比率）（がっぺいひりつ（わりあてひりつ））

合併比率とは，会社が合併を行う場合に，消滅会社の株主の所有する株式1株に対して，存続会社または新設会社の株式が割当交付される比率のことである。なお，合併対価の柔軟化に伴い，株式以外の金銭等を交付する場合は，消滅会社株式1株に対して交付される金銭等の内容のことをいう。

合併比率がほぼ1対1の場合に，対等合併と言われ，上場企業同士の合併に用いられることが多い。（黒石英毅）

合併報告書（がっぺいほうこくしょ）

存続会社または新設会社は，合併の効力発生後遅滞なく，合併により承継

24　がっぺいほ

した消滅会社の権利義務その他合併に関する事項として法務省令で定める事項を記載した書面（電磁的記録を含む）を作成し，効力発生の日（新設会社の成立の日）から6か月間，本店に備え置き，株主，会社債権者は閲覧または謄写請求をすることができる（会801，815。開示事項については施規200，211，213参照）。合併手続の経過を開示することにより，株主等が合併の無効の訴えを提起するか否かの判断材料を提供するためである。⇒新設合併無効の訴え，吸収合併無効の訴え

（黒石英毅）

合併本質論（人格合一説・現物出資説）（がっぺいほんしつろん（じんかくごういつせつ・げんぶつしゅっしせつ））

　従来，合併（存続会社または新設会社の株式を対価とするものに限る）の法的本質論については，会社の合同を生ずる組織法上の一種特別の契約であると解する見解（人格合一説）と，消滅会社の現物出資による新株発行または新設会社の設立であると解する見解（現物出資説）とが主張されている。債務超過となる会社を消滅会社とする合併について，現物出資説はこれを認めず，人格合一説はこれを認めるうえで説明がしやすい。しかし現物出資説に対しては，合併を存続会社または新設会社の側面からのみしか捉えておらず，解散会社が消滅することやその株主が存続会社または新設会社の株主になることを説明できない，などの批判がなされている。いずれにせよ，どちらの見解に立っても具体的な法的問題についての結論が異なってくるものではないとされる。⇒現物出資

（島田志帆）

加入者保護信託（かにゅうしゃほごしんたく）

　株券振替制度における振替機関等（振替機関または口座管理機関）が振替口座簿に記載もしくは記録の漏れを生じさせ，または記載もしくは記録の誤りを生じさせたこと（誤記載等）場合で，当該振替機関が破産手続等の開始決定を受けた場合に備えて，加入者が当該振替機関（直近上位機関に限る）に対して有する損害賠償債権を補償するために行われる信託で，振替機関を委託者，信託会社を受託者，補償対象債権を有する加入者を受益者とする。振替機関は，指定後遅滞なく加入者信託契約を締結しなければならない（社振51Ⅰ）。株式振替制度において，コンピューター上の帳簿への入力ミス等に基づいて，振替による善意取得が発生した場合に，その超過記録の解消義務が履行されない場合には，超過記録を生じさせた振替機関等の傘下に開設された口座によって株式を保有している株主の権利が縮減される（社振148等）。この場合に加入者に生じた損害

を填補するためのセーフティネットとして置かれている制度である。⇒善意取得
（松井英樹）

株券（かぶけん）

株券は，株式を表章する有価証券であり，要式性（会216），非設権証券性，および要因性を有する。券面に記載された金額が資本に組み入れられる額面株式は，平成13年商法改正で廃止され，無額面株式のみが認められている。平成2年改正商法は，株券上に株主名を記載してある記名株券のみを認めていたが，会社法は無記名株券のみを認めている。1枚の株券で1個の株式を表章する一株券のほか，数個の株式を表章する併合株券の発行も認められている（会216②）。
（今泉邦子）

株券喪失登録制度（株券失効制度・株券の再発行）（かぶけんそうしつとうろくせいど（かぶけんしっこうせいど・かぶけんのさいはっこう））

株主が株券を喪失した場合，その株券の善意取得者が現れ，株券喪失者が実質的な権利を失うことを防止するための制度である。同制度では，株券喪失者が，簡易裁判所へ届け出るのではなく，株券発行会社へ株券喪失登録を請求するため（会223），株主名簿の名義書換と連動して株主を管理することができる。株券喪失登録の請求を受けた会社は，株券喪失登録簿を作成して法定の事項を記録しなければならず（会221），会社の本店に備え置いて一般に閲覧等を認める（会231）。喪失登録者と喪失株券の名義人が異なる場合，会社はその名義人に喪失登録がなされたことを通知しなければならない（会224）。株券喪失登録の翌日から1年で株券が失効し，会社は喪失登録者に株券を再発行する（会228）。その期間内に，喪失登録がなされた株券の所持人は，会社に対して当該株券喪失登録の抹消を申請することができ，申請があった場合，会社は喪失登録者へ抹消申請があった旨を通知し，通知から2週間経過後，株券喪失登録を抹消しなければならない（会225）。⇒善意取得（今泉邦子）

株券の提出（かぶけんのていしゅつ）

株券発行会社が株式の併合等，会社法219条1項の定める行為をする場合，これらの行為の効力が生じる日までに会社に対して，関係する株式にかかる株券を提出すべき旨の公告をし，かつ，当該株式の株主およびその登録株式質権者に対する個別の通知を要する（会219Ⅰ）。提出された株券は同条1項各号の行為が効力を生じる日に無効となる。株券の提出ができない者の請求により，会社は利害関係人に対し一定期間異議を申し出ることができる旨の公告をすることができる（会220Ⅰ）。
⇒登録質
（今泉邦子）

株券の発行（かぶけんのはっこう）

会社法の下では株券不発行が原則であるため、会社が株券を発行するためには定款にその旨を定めることが必要である（会214Ⅰ）。株券発行会社が株式を発行、併合および分割した場合（215Ⅰ・Ⅱ・Ⅲ）、遅滞なく株券を発行しなければならない。公開会社でない株券発行会社は、株主から請求があるまで株券の発行をしなくてもよい（会215Ⅳ）。株券が株式発行日以前に発行された場合は無効であり、役員等は過料に処せられる（会976⑬）。株券の効力発生時期が株式発行後のどの時点であるかについて、株券作成時か（作成時説）、株券が会社の意思に基づいて発送された時か（発行時説）または株主に到達した時か（交付時説）争いがある。判例（最判昭和40年11月16日民集19巻8号1970頁）および従来の多数説は交付時説をとる。株券発行会社において、法定の制度によらず、株主と会社が株券を不発行とする旨合意した場合について判例（最判昭63年7月7日金法1195号41頁）は、そのような合意を無効であるが、株主から株券不所持の申出があった場合に準じた扱いをすべきだとしている。　　（今泉邦子）

株券の分割・併合（かぶけんのぶんかつ・へいごう）

1枚の株券で1個の株式を表章することも、複数個の株式を表章することも可能である。複数個の株式を表章する株券（併合株券）を、それよりも少ない数の株式を表章する株券とすることを株券の分割という。株券が表章する株式の個数をそれよりも多い数とすることを株券の併合という。株券の分割および併合に関する定めが、通常、定款および株式取扱規程に置かれる。株式の分割および併合とは必ずしも関係はない。　　　　　　　　（今泉邦子）

株券廃止会社・準株券廃止会社（かぶけんはいしがいしゃ・じゅんかぶけんはいしがいしゃ）

平成16年改正前商法が、株券発行の原則に対する例外として株券不所持制度を認めていた（平成16年改正前商226ノ2）。株主が会社に株券不所持を申し出て株券を提出した場合、会社は、株券を発行しない旨を株主名簿に記載記録するか、または株券を銀行もしくは信託会社に寄託するかの方法をとる。不所持の申出に基づき株券をまったく発行しない会社を準株券廃止会社という。平成16年改正商法が、定款に株券の発行をしない旨を定めることを認めた。この旨の定款の規定を持つ会社を株券廃止会社という（平成16年改正商227Ⅰ）。⇒株券不所持制度

（今泉邦子）

株券発行前の株式譲渡（かぶけんはっこうまえのかぶしきじょうと）

　株券発行会社において，株券発行前に意思表示のみによってなされた株式譲渡は，譲渡当事者間では有効であるが，会社に対する関係では無効である（会128Ⅱ）。その趣旨は，会社の株券発行事務の渋滞を防止し，株券の円滑かつ正確な発行を促進しようとする技術的理由に求められている。会社が株券の発行を不当に遅滞している場合には，会社の怠慢により事実上株式譲渡が不可能となってしまうため，譲受人の株主たる地位を会社に対する関係でも認めようとするのが判例（最判昭和47年11月8日民集26巻9号1489頁）・通説である。この場合，第三者に対する対抗要件が問題となるが，会社法は株券の不発行を原則とし，株券の発行には定款の定めを要するため（会214），今後は株券発行前の株式譲渡の効力をめぐる問題が現実化する可能性は減少した。⇒株券の発行　　　（来住野　究）

株券不所持制度（かぶけんふしょじせいど）

　株券発行会社の株主は，会社に対して，自己が有する株式にかかる株券の不所持を申し出ることができる。株券がすでに発行されていた場合，株券の提出も要する。株主が不所持を申し出た場合，会社はその株券を発行しない旨を株主名簿に記載記録をする。記録された時点で，提出された株券が無効となるか，または株主が不所持を希望する株式にかかる株券を会社は発行できなくなる。不所持を申し出た株主はいつでもその後，株券の発行を請求できる（会217）。　　（今泉邦子）

株券保管振替制度（かぶけんほかんふりかえせいど）

　株券等の保管および振替に関する法律（昭和59年法30号）に基づく制度。主務大臣が指定した株券等について，保管振替機関に株券を預託し，株式の譲渡・質入れを，譲渡人・譲受人間の現実の株券の交付に代えて，預託された株券についての口座簿の振替の記載をもって株券の交付があったのと同一の効力を発生させる（保振27）。

　平成16年の社債等の振替に関する法律（平成13年法75号）の改正により，上場株式等について株式振替制度が導入されるため，同改正法の施行日（平成16年6月9日）から起算して5年を超えない範囲内において政令で定める日に，いっせいに株式振替制度に移行することとなっている。それと同時に，株券保管振替制度は廃止されることとなる。⇒株式の譲渡　　　（松井英樹）

株式（かぶしき）

　株式とは，株式会社の構成員（社員）としての地位をいい，株式を所有する者を株主，株式を証券に表章したもの

28 かぶしきい

を株券という。株式は、持分会社の持分と異なり、均一的な割合的単位に細分化された形態をとるところに特徴があり、この性格により巨大な証券市場の成立が可能となる。株式には、株主が会社に対して行使することができる多様な権利、すなわち剰余金配当請求権、残余財産分配請求権などの自益権や株主総会における議決権などの共益権が包括的に表章されている。株式の本質をめぐっては見解の対立がある。
⇒持分
（中曽根玲子）

株式移転（かぶしきてん）

1または2以上の株式会社がその発行済株式の全部を新たに設立する株式会社に取得させること（会2㉜）。例えば、A会社がB会社の発行済株式のすべてを取得し、A会社が株式移転設立完全親会社、B会社が株式移転完全子会社となり、A会社がB会社株主に対価を交付する制度。複数の会社が共同で完全親会社を設立する共同株式移転も可能であるが、完全親会社も完全子会社もともに株式会社でなければならない（会772）。株式移転は、ある株式会社がその株主総会の特別決議の承認等により他の株式会社の完全子会社となる点で株式交換と共通するが、完全親会社となる会社が株式交換の場合には既存の会社であるが株式移転の場合には新設される点が異なる。持株会社を解禁する平成9年の独占禁止法改正を受けて持株会社の設立を容易にするために平成11年商法改正で導入された制度であり、既存の2社以上が1つの持株会社の下で経営統合する場合等に利用できる。⇒持株会社
（山本真知子）

株式移転計画（かぶしきてんけいかく）

株式移転設立完全親会社の設立にあたり定款で定めるべき事項を定めたもの。株式移転完全子会社となる会社は法定事項を定めた株式移転計画を作成しなければならない（会772）。株式移転設立完全親会社の目的、商号、本店の所在地および発行可能株式総数、資本金等の額、株式移転設立完全親会社が株式移転完全子会社の株主に交付する株式等に関する事項等を定めなければならない（会773）。株式移転計画は株式移転完全子会社の本店に一定期間備え置かねばならず（会803Ⅰ③）、簡易株式移転・略式株式移転等の場合を除いて、株式移転完全子会社の株主総会特別決議による株式移転計画の承認を受けなければならない（会804Ⅰ）。
⇒簡易株式交換，略式株式交換
（山本真知子）

株式移転交付金（かぶしきてんこうふきん）

株式移転の際に株式移転比率の調整等のために交付される金銭（改正前商

かぶしきい　29

365Ⅰ④参照)。会社法の下では，株式移転の際，株式移転設立完全親会社の株式に加えて，その完全親会社の社債，新株予約権または新株予約権付社債を交付することはできる（会773Ⅰ⑦)が，金銭その他の財産の交付は認められておらず，改正前商法365条1項4号のような規定も存在しないので，移転比率の調整等のためでも金銭を交付することはできない。⇨剰余金の配当

（山本真知子)

株式移転条件算定理由書（かぶしきいてんじょうけんさんていりゆうしょ）

株式移転計画の内容その他法務省令（施規206)で定める事項を記載し，また記録した書面または電磁的記録。株式移転完全子会社は，新設合併契約等備置開始日から株式移転設立完全親会社の成立の日後6か月を経過する日までの間，これをその本店に備え置かなければならず（会803Ⅰ)，株主等は閲覧等の請求をすることができる（会803Ⅲ)。株主総会での株主移転計画承認決議のため等の情報を事前に開示する制度。

（山本真知子)

株式移転の効果（かぶしきいてんのこうか）

株式移転設立完全親会社が新たに設立され，既存の会社はその完全子会社（株式移転完全子会社)となる。株式移転設立完全子会社の株主は有していた株式の代わりとして株式移転設立完全親会社の株式等の交付を受ける（会774)。共同株式移転の場合は，株式移転設立完全親会社が設立され，複数の会社がその株式移転完全子会社となる。株式移転の瑕疵については，株式移転無効の訴えの制度（会828Ⅱ⑪⑫，834Ⅰ⑪⑫等)がある。また，効力を生じる前は，解釈上その差止請求が認められるとされている（会210の類推適用)。

（山本真知子)

株式移転の手続（かぶしきいてんのてつづき）

株式移転計画を作成（会772，773)して事前の開示（会803)をし，株式移転完全子会社において，簡易株式移転・略式株式移転の場合を除き，原則として株主総会特別決議による承認を受けることが必要である（会804，805)。反対株主や一定の新株予約権者には公正な価格での買取請求権がある（会806～809)。一定の場合にのみ会社債権者保護手続がある（会810)。株式移転の登記（会925)をすると株式移転設立完全親会社が成立し，株式移転の効力が発生する（会774，49)。株式移転完全子会社，株式移転設立完全親会社双方において事後の開示が求められている（会811，815)。

（山本真知子)

株式移転報告書（かぶしきいてんほうこくしょ）

株式移転により株式移転設立完全親会社が取得した株式移転完全子会社の株式の数その他の株式移転に関する事項として法務省令で定める事項（施規210）を記載し，または記録した書面または電磁的記録。株式移転完全子会社は，株式移転設立完全親会社の成立の日後遅滞なく，株式移転設立完全親会社と共同してこれを作成し（会811Ⅰ②），株式移転完全子会社，株式移転設立完全親会社は，株式移転設立完全親会社の成立の日から6か月間本店に備え置かなければならず，株主は閲覧等の請求ができる（会811Ⅱ・Ⅲ・Ⅳ，815Ⅲ③・Ⅳ・Ⅵ）。事後の情報開示によって株式移転交換無効の訴え等の判断資料を提供し適正な手続を動機づける。 （山本真知子）

株式移転無効の訴え（かぶしきいてんむこうのうったえ）

株式移転に関する法定手続上の瑕疵を理由にその無効を主張するには，当該株式移転発効から6か月以内に，発効日において株式移転をする会社の株主等であった者または設立会社の株主等が，株式移転をする会社および設立会社を被告として無効の訴えを提起することを要する（会828Ⅰ⑫・Ⅱ⑫，834⑫）。無効判決の効力は将来に向かって発生し，対世効を有する（会839，838。無効判決の効力につき会844）。その他に「会社の組織に関する訴え」（会835〜837，846）に服する。⇒株式移転 （米山毅一郎）

株式会社の監査等に関する商法の特例に関する法律（商法特例法・監査特例法）※（かぶしきがいしゃのかんさとうにかんするしょうほうのとくれいにかんするほうりつ（しょうほうとくれいほう・かんさとくれいほう））

昭和49年の商法改正（昭和49年法律第21号）の際に同時に制定された法律（昭和49年法律第22号）。株式会社のうち，一方で，「大会社」（資本の額5億円以上の会社，昭和56年の改正により負債総額200億円以上の会社も大会社にされた）について会計監査人の選任を義務づけ，他方で，「小会社」（資本の額1億円以下の会社）についてその監査役の権限を従前通りに会計監査に限定するという特例を定めていた。その後，特に平成5年の改正によって，大会社の監査役は1名以上の社外監査役を含む3名以上とされ，大会社について監査役会も法定されており，平成13年の改正により社外監査役はその定義を改めて，かつ監査役の半数以上とされている。さらに，平成14年の改正によって，大会社（およびみなし大会社）について「委員会等設置会社」の組織も定められていた。平成17年の会社法と同時に制定された会社法整備法

（整備1⑧）によって，この法律は廃止された。⇨社外監査役，委員会（等）設置会社　　　　　　　　（鳥山恭一）

株式買取請求権（反対株主の株式買取請求権）（かぶしきかいとりせいきゅうけん（はんたいかぶぬしのかぶしきかいとりせいきゅうけん））

　株式会社が，株式譲渡制限の定款変更，事業譲渡等，合併・会社分割などを行うに際して，これに反対する株主が自己の有する株式の買取りを会社に請求することができる権利（会116，469，785，797，806）。少数派株主保護のための制度であり，権利行使の手続や買取価格について定められている。
　　　　　　　　　　　　（中濱義章）

株式交換（かぶしきこうかん）

　株式会社がその発行済株式の全部を他の株式会社または合同会社に取得させること（会2㉛）。平成9年の独占禁止法の改正により純粋持株会社が解禁されたことを契機に，平成11年商法改正により株式移転制度とともに創設された。株式交換も株式移転も，ともに，完全親子会社関係を創設することを目的とした行為であるが，株式移転が完全親会社となる株式会社を新たに設立して，当該設立会社の完全子会社となる場合の手段であるのに対して，株式交換は既存の株式会社または合同会社の完全子会社となる場合の手段である。完全親会社となる会社の側から見た場合，株式交換制度は，企業買収や既存の子会社の完全子会社化などに利用できる。⇨完全親会社・完全子会社，持株会社　　　　　　（黒野葉子）

株式交換契約（かぶしきこうかんけいやく）

　株式会社（A社）が株式交換を行う場合，株式交換によって完全親会社となる会社（B社）との間で株式交換契約を締結しなければならない（会767）。株式交換契約では，①両社の商号および住所，②B社がA社の株主に対してその株式に代わる金銭等を交付するときは，当該金銭等に関する事項およびその割当てに関する事項，③B社がA社の新株予約権者に対してその新株予約権に代えてB社の新株予約権を交付するときは，当該新株予約権に関する事項およびその割当てに関する事項，④株式交換の効力発生日等が定められる（会768，770）。　　　（黒野葉子）

株式交換交付金（かぶしきこうかんこうふきん）

　株式交換完全子会社の株主の有する株式交換完全子会社株式が株式交換完全親会社に移転することの対価として株式交換完全親会社から株式交換完全子会社の株主に対して株式交換完全親会社の株式に代えて交付される金銭（会768Ⅰ②ホ，施規184Ⅱ）。従来株式

32　かぶしきこ

交換の対価は株式であることを前提として株式割当比率の調整等のために交付されるものを指していたが（改正前商353Ⅱ④），会社法による株式交換対価の柔軟化によって対価としての金銭の交付も可能になった。ただし，債権者保護手続が必要な場合がある（会799Ⅰ③）。⇒対価の柔軟化

（山本真知子）

株式交換条件算定理由書（かぶしきこうかんじょうけんさんていりゆうしょ）

株式交換契約の法務省令で定める事項（施規184, 193）を記載または記録した書面または電磁的記録。株式交換完全親会社と株式交換完全子会社は，吸収合併契約等備置開始日から株式交換効力発生日後6か月を経過する日までこれを本店に備え置かなければならず（会782Ⅰ，794Ⅰ），株主等は閲覧等の請求ができる（会782Ⅲ，794Ⅰ）。株主総会での株式交換契約承認決議のため等の情報を事前に開示する制度。

（山本真知子）

株式交換の効果（かぶしきこうかんのこうか）

株式交換が行われることによって，当事会社間に完全親子会社関係が創設される。すなわち，株式交換の効力発生日に，株式交換完全親会社（B社）は，株式交換完全子会社（A社）の発行済株式の全部を取得する（会769Ⅰ）。A社の株主には，効力発生日に，株式交換契約の定めに従い，その株式に代えて，B社の株式，金銭，B社の社債，その他の財産が交付され，A社の株主は，交付された対価に応じて，B社の株主，社債権者，新株予約権者等となる（会769Ⅲ）。

（黒野葉子）

株式交換の手続（かぶしきこうかんのてつづき）

株式交換の当事会社間で株式交換契約を締結する。その内容等は，一定の日（会782Ⅱ，794Ⅱ）から株式交換の効力発生日後6か月を経過する日まで開示される（会782，794，施規184, 193）。各当事会社は，効力発生日の20日前までに，株主等に対し株式交換をする旨等の通知・公告を行い（会797Ⅲ・Ⅳ，785Ⅲ・Ⅳ，787Ⅲ・Ⅳ），また，効力発生日の前日までに株主総会の特別決議による株式交換契約の承認を受けなければならない（会783，795Ⅰ）。反対株主には株式買取請求権が認められる（会785，797）。一定の場合には例外的に，債権者保護手続がとられる（会789Ⅰ③，799Ⅰ③）。効力発生日に株式交換の効力が生じると，当事会社は共同して，遅滞なく株式交換に関する事項を記載・記録した書面または電磁的記録を作成し，同日から6か月間これを開示する（会791Ⅰ②・Ⅱ，801Ⅲ③・Ⅵ）。

（黒野葉子）

株式交換報告書（かぶしきこうかんほうこくしょ）

株式交換により株式交換完全親会社が取得した株式交換完全子会社の株式の数その他の株式交換に関する事項として法務省令で定める事項（施規190）を記載し，または記録した書面または電磁的記録。株式交換完全子会社は，株式交換の効力発生後遅滞なく，株式交換完全親会社と共同してこれを作成し（会791Ⅰ②），株式交換完全子会社，株式交換完全親会社は効力発生日から6か月間本店に備え置かなければならず，株主等は閲覧等の請求ができる（会791Ⅱ・Ⅲ・Ⅳ，801Ⅲ③④・Ⅳ・Ⅵ）。事後の情報開示によって株式交換無効の訴え等の判断資料を提供し適正な手続を動機づける。

（山本真知子）

株式交換無効の訴え（かぶしきこうかんむこうのうったえ）

株式交換に関する法定手続上の瑕疵を理由に当該株式交換の無効を主張するには，株式交換の発効日から6か月以内に，当該発効日において株式交換契約をした会社の株主等であった者または当該会社の株主等が，株式交換契約をした会社（完全親会社および完全子会社）を被告として無効の訴えを提起することを要する（会828Ⅰ⑪・Ⅱ⑪，834⑪）。無効判決は対世効を有し遡及効を否定される（会838，839。無効判決の効力につき会844）。その他「会社の組織に関する訴え」関連規定（会835～837，846）に服する。⇨株式交換，完全親会社・完全子会社

（米山毅一郎）

株式譲渡自由の原則（かぶしきじょうとじゆうのげんそく）

株主は，原則としてその有する株式を自由に他人に譲渡できる（会127）。株式会社では退社による持分の払戻しが認められないため，それに代わる投下資本回収の手段を保障する必要があり，他方で株主の個性は重視されないため，株式譲渡は自由とされる。この原則は強行法的性質を有し，定款をもってしても株式譲渡を禁止することはできず，定款上「譲渡による株式の取得（譲受）」につき会社の承認を要する旨を定めうるにすぎない（会107Ⅰ①・108Ⅰ④）。⇨定款による株式譲渡の制限

（来住野 究）

株式大量保有報告制度（5％ルール）（かぶしきたいりょうほゆうほうこくせいど（ごぱーせんとるーる））

上場株券等をその発行済株式総数の5％を超えて保有することとなった者は，その日から5日以内に内閣総理大臣に大量保有報告書を提出しなければならないとする制度（金商27の23以下）。上場株券等の大量取得，保有，譲渡は会社支配権の変動や経営への影響が大

きく，投資判断をするうえで重要な情報であるため開示することが義務付けられている。金融商品取引業者，銀行，投資顧問業者等の機関投資家等に対しては，月2回以上設けられる基準日から5日以内の提出を義務付ける特例報告制度が適用される（金商27の26）。これらの機関投資家等による株券等の保有は，企業の経営権の取得を目的としないものが多いことから開示要件が緩和されたものであるが，株券等の発行者に対して重要提案行為を行うことを保有目的とする場合には，特例報告制度の適用はない（金商27の26Ⅰ・Ⅳ・Ⅴ）。　　　　　　　（江口眞樹子）

株式担保（株式の担保化）（かぶしきたんぽ（かぶしきのたんぽか））

株式には財産的価値があるため，これを債権の担保とすることができる。特に株券が発行される場合には担保化しやすい。株式の担保化には，会社法上株式の質入れとして略式質と登録質の2方法が認められるほか，判例法上の譲渡担保も認められる。実際上は譲渡担保のほうが多く利用されてきた。株券を交付して担保化する場合，質入れか譲渡担保かは当事者の意思によるが，当事者の意思が明らかでないときは，担保物を任意に処分できるなど担保権者に有利な譲渡担保の設定と推定される。⇒株式の質入れ，株式の譲渡担保　　　　　　　　（来住野　究）

株式超過発行の罪（かぶしきちょうかはっこうのつみ）

会社法966条で規定するこの罪は，授権資本の枠を超えて株式発行を行うことにより成立するものであり，発行の時点において超過発行の事実があれば要件を満たす（会37Ⅲ，113Ⅲ等参照）。換言すれば，単に株主名簿に虚偽の記入をした場合，予備株券を不法に流通せしめたような場合には，株主名簿虚偽記載，有価証券偽造・虚偽記入・同行使罪（刑162）に問われることがあっても，株式発行そのものが存在しないので本罪は成立しない。

（桑原茂樹）

株式等評価差額金（かぶしきとうひょうかさがくきん）

株式などの有価証券につき時価を付すものとする場合における評価差額。会社計算規則においては，資産，負債または株主資本もしくは社員資本以外のものであっても，純資産の部の項目として計上することが適当であると認められるものは，純資産として計上することができるとし，これに含まれる項目として，その他有価証券評価差額金，繰延ヘッジ損益，土地再評価差額金などを掲げている（計規85・108Ⅶ）。⇒貸借対照表，純資産額

（松田和久）

株式と資本の関係 (かぶしきとしほんのかんけい)

資本金は，株式の引受けに際して，引受人により実際に払い込まれる金銭および現物の給付額の全額をいう（会445Ⅰ）。ただし，払込み・給付額の2分の1までの額を資本金に組み入れないこととし，これを資本準備金とすることができる（会445Ⅱ・Ⅲ）。額面株式が存在した時代には，資本金は株金総額（券面額×発行済株式総数）を下回ることはできなかったが，平成13年6月の改正で額面株式が廃止され，この制約はなくなった。さらに最低資本金制度の撤廃により，株式と資本の関係はますます希薄になった。⇒最低資本金制度，資本（金） （中曽根玲子）

株式の共有 (かぶしきのきょうゆう)

株式不可分の原則により，1株をさらに細分化することはできないが，株式を複数人が共有することはできる（会106）。株式は所有権そのものではないので，株式の共有とは，正確には準共有である（民264）。株式の共有は，株主の意思に基づくほか，共同相続（民898）等により生じる。株式の共有者は，権利行使者を1人定め，会社に通知しなければ，共有株式について権利を行使することはできない。ただし，特別の事情がある場合には，実質的な権利者による直接の権利行使が認められる場合がある。⇒株式不可分の原則 （中曽根玲子）

株式の公開 (かぶしきのこうかい)

特定の少数の株主が保有していた株式や譲受けが制限されていた株式を市場における一般投資家の売買取引の客体とすること。一般に店頭市場への登録や取引所市場への上場という形をとる。これにより株式会社は資本市場からの資金調達が可能となるほか，既存株主はキャピタル・ゲイン（売却益）を得られるなどの利点がある。なお，会社法では，その発行する全部または一部の株式につき定款で譲受けが制限されていない会社を公開会社としている（会2⑤）。⇒株式の上場

（来住野　究）

株式の質入れ (かぶしきのしちいれ)

株主は，その有する株式に質権を設定できる（会146Ⅰ）。株券が発行されていない場合，株式の質入れは当事者間の意思表示のみによって効力を生ずるが，質権者が質権を会社その他の第三者に対抗するには株主名簿への登録を要する（会147Ⅰ）。株券が発行されている場合，株式の質入れには株券の交付を要し（会146Ⅱ），質権者が質権を会社その他の第三者に対抗するには株券の継続占有を要する（会147Ⅱ）。質権の効力については，会社法に特則がない限り，民法の質権（権利質）の規定に従う。質入れの方式には略式質

と登録質とがあり，物上代位権（会151）の行使方法に違いがある（会154）。
　　　　　　　　　　　　（来住野　究）

株式の消却（かぶしきのしょうきゃく）
　特定の株式を消滅させることである。株式会社は自己株式を消却することができ（会178Ⅰ），取締役会設置会社においては，消却する自己株式の数（種類株式発行会社にあっては，自己株式の種類および種類ごとの数）の決定は取締役会の決議によらなければならない（同178Ⅱ）。自己株式以外の株式は，自己株式として取得したうえで消却する。株式の消却により発行可能株式総数は減少しない。⇒自己株式の処分，発行可能株式総数　　　（岡本智英子）

株式の上場（かぶしきのじょうじょう）
　証券取引所の開設する株式市場における売買取引の客体としての適格性を認定すること。株式の上場は，株式会社にとって，資金調達の容易化，知名度・信用度の向上，従業員確保の容易化などに資する。上場には原則として内閣総理大臣への事後届出制がとられており（金商121），証券取引所はその業務規定における上場基準（金商117④）に基づき上場の可否を審査する。なお，譲渡制限株式の上場は原則として認められていない。⇒株式の公開
　　　　　　　　　　　　（来住野　究）

株式の譲渡（かぶしきのじょうと）
　株式の移転を目的とする法律行為（準物権契約）。株式譲渡は原則として自由である（会127）。株券が発行されない場合，株式譲渡は当事者間の意思表示のみによって効力を生ずるが，会社その他の第三者に対抗するには株主名簿の名義書換を要する（会130Ⅰ）。株券が発行される場合，株式譲渡には株券の交付を要し（会128Ⅰ），会社以外の第三者に対しては株券の占有のみをもって対抗できるが，会社に対抗するには（株主としての権利を行使するには）株主名簿の名義書換を要する（会130Ⅱ）。上場株式等については，大量の株式取引の合理化・円滑化を図るため，株券保管振替制度が導入されており，株券の集中保管による不動化を通して，口座振替による株式譲渡が可能となっている（保振14以下）。さらに，平成16年には株式のペーパーレス化を前提とした新たな株式振替制度が導入され（社振128以下），平成21年1月から実施される予定である。⇒株券保管振替制度，株式振替制度
　　　　　　　　　　　　（来住野　究）

株式の譲渡担保（かぶしきのじょうとたんぽ）
　譲渡の形式をもってする株式の担保化。すなわち，担保の目的をもって株式を譲渡し，被担保債権の満足が得られれば，株式は債務者に返還されるが，

被担保債権の満足を得られなければ、債権者は完全に株式を取得したり換価処分できる。　　　　　（来住野　究）

株式の相互保有（相互保有株式）（かぶしきのそうごほゆう（そうごほゆうかぶしき））

　複数の株式会社が相互に株式を保有する場合を株式の相互保有、これらの株式を相互保有株式という。資本の空洞化によって会社債権者が害され、会社支配者が相互に支配を安定させることで議決権行使が歪曲化されるなどの弊害が生じる。会社法は、A社がその株主であるB社の総株主の議決権の4分の1以上を有している場合、B社はその保有するA社株式について議決権の行使が認められないものとした。さらに、その他の事由を通じてA社がその経営を実質的に支配することが可能であると法務省令で定める株主も同様に議決権の行使が認められない（会308Ⅰ括弧書、施規67）。

　　　　　　　　　　（江口眞樹子）

株式の相続（かぶしきのそうぞく）

　株主の個性は重視されないため株式は相続の対象となるが（会608参照）、定款により株式譲受が制限される会社では、会社にとって好ましくない相続人が株主として経営に参加することを防止するため、会社は相続によって株式を取得した者に対してその株式を会社に売り渡すよう請求できる旨を定款で定めることができる（会174）。ただし、その請求をなすには株主総会の特別決議を要し（会175Ⅰ、309Ⅱ③）、請求は相続があったことを会社が知った日から1年以内にしなければならない（会176Ⅰ）。　　　（来住野　究）

株式の引受け（株式の申込み・株式の割当て・引受けの無効・取消し）（かぶしきのひきうけ（かぶしきのもうしこみ・かぶしきのわりあて・ひきうけのむこう・とりけし））

　発起設立においては発起人が設立時発行株式を全部引き受けるが、募集設立においては発起人に加えて株式引受人も株式を引き受ける。株式引受人は、発起人による募集に応じて引受けの申込みをし、設立時募集株式の割当てを受ける（会57～62）。これらの引受け等に関する意思の欠缺または瑕疵ある意思表示については、法的安定性を確保するために、民法の一般原則が変更されている。発起人による引受け、募集設立における引受けの申込み・割当て・総数引受契約に係る意思表示については、心裡留保・通謀虚偽表示を理由とする無効の主張は許されない（会51Ⅰ、102Ⅲ）。また、発起人が会社成立後、株式引受人が会社成立後または創立総会の議決権行使後、錯誤を理由として無効を主張し、詐欺・強迫を理由として取消しをすることも認められ

ない（会51Ⅱ，102Ⅳ）。募集株式についても同様に，民法の一般原則の例外が定められている（会211Ⅰ・Ⅱ）。
⇨発起設立，募集設立　　（内田千秋）

株式の分割（かぶしきのぶんかつ）

従来の株式を細分化して，一定の割合で一律に同じ種類の株式数を増加させること。株式会社は株式の分割をすることができ（会183Ⅰ），分割を行う都度，株主総会（取締役会設置会社にあっては取締役会）の決議によって，分割の割合および基準日，効力発生日，種類株式の場合は分割する株式の種類を定めなければならない（同183Ⅱ）。現に2以上の種類の株式を発行していない会社は，株主総会の特別決議によらないで，分割比率に応じて発行可能株式総数を増加させる定款変更をすることができる（会184Ⅱ）。

（岡本智英子）

株式の併合（かぶしきのへいごう）

数個の株式を合わせてその数よりも少ない数の株式とすること。株式会社は，株式の併合を行うことができる（会180Ⅰ）。各株主の持株数が割合的に減少することにより，株主の権利に影響を及ぼすので，株主総会の特別決議が必要である（会180Ⅱ，309Ⅱ④）。また，取締役はその株主総会において，株式の併合をすることを必要とする理由を説明しなければならない（会180Ⅲ）。株主は，株主総会決議で定めた効力が生ずる日に，その日の前日に有する株式の数に併合の割合を乗じて得た数の株式の株主になる（会182）。

（岡本智英子）

株式の本質（社員権論・社員権否認論・株式債権論・株式会社財団論）（かぶしきのほんしつ（しゃいんけんろん・しゃいんけんひにんろん・かぶしきさいけんろん・かぶしきがいしゃざいだんろん））

①社員権説－株式は社団の構成員としての地位を表し，株式の譲渡により自益権も共益権も一括して移転する。株式を一個の概念で説明するため，株主の会社に対する所有で説明することが多い。②社員権否認論－共益権とは，会社の機関としての資格で株主が有する権限であるにすぎず，株式の内容は自益権のみで，譲渡により自益権のみが移転する。③株式債権論－自益権は剰余金配当請求権のように金銭債権であって，譲渡により自益権のみが移転し，譲受人は会社の構成員となるとともに，原始的に一身専属的な人格権（公権の一種）である共益権を取得する。④株式会社財団論－株式会社を営利財団法人（基金の管理団体）と解したうえで，株式は剰余金配当請求権と残余財産分配請求権を内容とする自益権のみからなる債権（株主と会社間の投資契約に基づく債権）にすぎず，それ以外の自益権と共益権はすべて株主

保護のために法が定めた権利で譲渡の対象にはならない。株主総会は、投資家保護のための集会と位置づける。①が多数説・判例とされてきたが、近時証券市場が重視され、株式の本質をめぐる議論が活発になりつつある。⇨自益権・共益権　　　　　（中曽根玲子）

株式の無償割当て（かぶしきのむしょうわりあて）

　株主（種類株式発行会社にあってはある種類の種類株主）に対して新たに払込みをさせないで当該株式会社の株式の割当てをすること（会185）。その都度、株主総会（取締役会設置会社にあっては取締役会）の決議によらなくてはならないが、定款に別段の定めをすることができる（会186Ⅲ）。株式の分割と違い、異なる種類の株式を無償割当てすることができるが（会186Ⅰ①）、自己株式に無償割当てをすることはできない（同186Ⅱ）。⇨種類株式
　　　　　　　　　　（岡本智英子）

株式配当（かぶしきはいとう）

　平成2年改正前は配当可能利益を資本に組み入れるのと同時に新株を発行し、株主に分配することを指していたが、同改正により配当可能利益の資本組入れと株式分割の組合わせに整理された。安定配当下の株主還元策とされた。会社法の下では資本金の増加は資本準備金とその他資本剰余金の減少によることとされ（計規48Ⅰ①②）、利益剰余金を資本に組み入れることができなくなったため、認められない。なお、当該株式会社の株式等（会107Ⅱ②ホ）は配当財産の対象にならない（会454Ⅰ①）。　　　　（若林泰伸）

株式払込責任免脱罪（かぶしきはらいこみせきにんめんだつざい）

　平成17年改正前商法496条は「払込ノ責任ヲ免ルル目的ヲ以テ他人又ハ仮設人ノ名義ヲ用ヒテ株式ヲ引受ケタル者ハ一年以下ノ懲役又ハ百万円以下ノ罰金ニ処ス」とする株式払込責任免脱罪に関する規定をおいていたが、会社法ではこの罪に関する罰則規定は設けられていない。従来、仮設人名義・他人名義で株式を引き受けた者は払込義務を免れなかったが（改正前商201参照）、払込責任を免れる目的をもってかかる行為をするときは会社の設立・増資に支障をきたすおそれがある。そこで罰則をもってこれを禁止していた。本罪の成立には、自己以外の実在する者の名義または仮設人の名義を用いて株式を引き受けることを要した。払込責任を免れる目的が存在すれば、他人名義の使用にその者の同意を得たか否かは問われなかった。会社法では、発起人・設立時募集株式引受人が払込期日に払込みをしないと当然に失権するため（会36Ⅲ・会63Ⅲ）、この罪は廃止されることになった。　　（桑原茂樹）

株式不可分の原則（かぶしきふかぶんのげんそく）

1株を複数人が共有する場合（会106）を除き、出資単位である1個の株式を1株未満に細分化して複数の者が所有することは許されない。株式が均一で同質な単位でないと証券市場を構成できず、価格（株価）形成ができないからである。ただし、単元株制度の下では、1単元に満たない株式を認め、原則として議決権を前提とする権利以外の権利のみ行使できる。また、剰余金配当請求権を株式とは別個に譲渡することはできないが、具体的に配当額が確定した場合は、配当支払請求権を個別に処分することができる。
⇒単元株　　　　　　　　　　（中曽根玲子）

株式振替制度（かぶしきふりかえせいど）

平成16年6月2日に成立した、いわゆる株式等決済合理化法に基づいて改正された、「社債、株式等の振替に関する法律」に基づく制度。証券決済システムの合理化・迅速化を図るとともに、有価証券の統一的なペーパーレス化を図るために導入された。振替制度の対象となる株式等の権利の譲渡・質入れは、振替口座簿に増加の記録を受けることが効力要件となる（社振140, 141）。また、口座が開設された加入者は、その口座に記録された振替株式についての権利を適法に有するものと推定される（社振143）。従来の株券保管振替制度と異なり、多階層構造を採用し、社債・国債等の振替制度と統一化された制度となっている。社債等振替法の公布日である平成16年6月9日から5年以内の政令で定める日から施行されることとなっている。なお、従来の株券保管振替制度を利用していた公開会社は、その施行日において、株券廃止会社となり、同時に、一定の要件の下で、一斉に株式振替制度へと移行することが予定されている。

（松井英樹）

株式申込証（かぶしきもうしこみしょう）

募集設立においては、平成17年改正前商法では、発起人が一定の事項を記載した株式申込証を作成し、株式引受人がその株式申込証により引受けの申込みを行っていた。会社法では株式申込証制度は廃止され、申込者に対して一定の事項を通知するという手続に置き代わった（会59Ⅰ）。申込者は、書面の交付または電磁的方法による提供により申込みを行う（会59Ⅲ・Ⅳ）。募集株式の発行についても同様に、会社は一定の事項を通知すればよい（会203Ⅰ）。

（内田千秋）

株主間契約（かぶぬしかんけいやく）

株主間契約とは、株式会社の株主、あるいは株主となろうとする者との間

で，会社の運営（経営）や株主権の行使などに関し締結する契約である。中小企業やベンチャー企業，合弁企業においてこうした契約が使われることが多い。例えば，役員などの選任に関して，当事者間での取決めに従って議決権を行使する旨を契約したり，合弁会社にあっては株主構成の変更に関する取決めを内容とする契約をかわすという方法である。⇨ベンチャー企業，合弁企業 　　　　　　　（池島真策）

株主間接有限責任の原則（かぶぬしかんせつゆうげんせきにんのげんそく）

　株主は，会社に対して株式の引受価額を限度とする出資義務を負う以外に，会社の債務について責任を負わない（会104）。これを株主の有限責任という。他方で，株主は，会社に対してのみ責任（出資義務）を負い，会社債権者に対しては直接責任を負わないため，これを合わせて，株主の責任は間接有限責任という。これに対して，合名・合資会社の無限責任社員および合資会社の有限責任社員は，会社債権者に対して直接無限責任ないし直接有限責任を負う（会580Ⅰ・Ⅱ）。株式会社は本来，大量の資本を背景に事業展開する組織形態であるから，出資の形態である株式を均一かつ同質の単位とし，出資者と会社の責任を区別することで，証券市場を発達させ，これによって，一般大衆から大量の遊休資本を集めることができる。その意味において，株主間接有限責任の原則は株式会社制度の本質を示すものということができる。ただし，株主間接有限責任の原則を享受する場合には，会社債権者の立場をいかに保護するかが問題であり，会社の財産状況を表すための計算・監査・開示の制度が重要な意義を持つことになる。⇨資本（金）　　　（中曽根玲子）

株主権（社員権）（かぶぬしけん（しゃいんけん））

　株主権（社員権）は，学問上自益権と共益権に分類される。自益権は，会社から直接経済的な利益を受けることができる権利で，主に剰余金配当請求権（会105Ⅰ①），残余財産分配請求権（会105Ⅰ②），株式買取請求権（会116）等が含まれる。共益権は，株主総会における議決権（会105Ⅰ③）のように会社の経営に参与する権利や，総会決議取消権（会831）のような会社の運営を是正する権利を包摂する概念である。株主権を1個の概念とみる発想は，株式会社を社団と解している。⇨会社の社団性 　　　　　　（中曽根玲子）

株主資本等変動計算書（持分会社では社員資本等変動計算書）（かぶぬししほんとうへんどうけいさんしょ（もちぶんがいしゃではしゃいんしほんとうへんどうけいさんしょ））

　株式会社において，株主資本（資本

金,資本剰余金,利益剰余金,自己株式等),評価・換算差額等および新株予約権の前期末残高,当期中の変動額,当期末残高を記載して,(貸借対照表中の)純資産の部各項目の期中の変動を明らかにする計算書類（計規127）。年に何回でも剰余金配当が可能となり,株主資本の部の計数変動や剰余金配当の決定等の権限が取締役会に委譲される場合（会459Ⅰ,460Ⅰ,計規181）が生じたこと等から,作成・保存が義務づけられた。⇒剰余金の配当

（堀井智明）

株主総会（かぶぬしそうかい）

　株主から構成される会議体で,株式会社における法定の必要的意思決定機関。株主は株式会社の実質的所有者であるため,原則として,株式会社の組織,運営,管理その他株式会社に関する一切の事項について決議ができる万能の機関であるが,取締役会設置会社では,所有と経営の分離を前提として,法定された会社の基本的事項および定款で定めた事項に限られている（会295）。取締役その他の役員および会計監査人の選任・解任は株主総会によって行われ（会329,339）,取締役はその職務を行うにあたり,株主総会の決議を遵守しなければならない（会355）。⇒機関,所有と経営の分離

（鈴木千佳子）

株主総会議事録（かぶぬしそうかいぎじろく）

　会社は株主総会の議事に関して,法務省令（施規72）に従い,議事の経過の要領とその結果,総会で述べられた意見・発言の内容の概要,出席取締役等の氏名などを記録した議事録を作成しなくてはならず,本店では,総会の日から10年間議事録を,支店では,同じく5年間議事録の写しを備えおかなければならない（会318Ⅰ・Ⅱ・Ⅲ）。株主・会社債権者は営業時間内ならいつでも閲覧・謄写を請求することができ（会318Ⅳ）,株式会社の親会社社員も,その権利を行使するために必要があるときは,裁判所の許可を得れば,議事録の閲覧・謄写を請求できる（会318Ⅴ）。

（鈴木千佳子）

株主総会決議取消の訴え（かぶぬしそうかいけつぎとりけしのうったえ）

　会社法831条1項は,①株主総会の招集手続または決議方法が法令もしくは定款に違反しまたは著しく不公正なとき,②株主総会の決議内容が定款に違反するとき,③株主総会の決議について特別利害関係人が議決権を行使したことによって著しく不当な決議がなされたとき,のいずれかに該当する場合には,訴えをもって当該決議の取消しを請求することができる旨を定めている。これを株主総会決議取消の訴えという（なお「裁量棄却」参照）。株

主総会決議不存在・無効確認の訴えと異なり、株主総会決議取消の訴えの提訴期間は決議後3か月以内に制限されており、提訴権者も原則として株主、取締役、監査役、執行役、清算人に限定されている。被告が会社である点や（会834⑰）、認容判決に対世効がある点は同じである（会838）。また、株主総会決議取消の判決が確定すると、当該決議は遡及的に無効となる。⇨遡及的効力、対世的効力、特別利害関係人

（河村賢治）

株主総会決議の瑕疵（かぶぬしそうかいけつぎのかし）

株主総会の決議の瑕疵は、決議が存在するがそれが取り消しうる場合と無効である場合に分かれる。前者は、株主総会の招集手続または決議の方法が法令もしくは定款に違反し、または著しく不公正なとき、決議の内容が定款に違反するとき、特別利害関係者が議決権を行使したために著しく不当な決議がなされたときに、決議から3か月以内に法定されている株主、取締役、清算人等に限って取消しの訴えを提起できる（会831）。決議は判決までは有効であるが、判決の確定によって決議のときに遡って無効となる。それに対し、後者の場合には、前者の場合に比べて瑕疵の程度が著しい場合をいい、決議が存在しない場合も含めて、訴えとは無関係に決議はそもそも無効あるいは不存在であるが、誰でもいつでも決議の無効・不存在を確認するために訴えを提起することができる（会830）。これらの判決の効力は、訴えを提起した原告・被告だけではなく、第三者すべてに及ぶ（対世効、会838）。⇨株主総会決議取消の訴え、株主総会決議無効確認の訴え、株主総会決議不存在確認の訴え、対世的効力　（鈴木千佳子）

株主総会決議不存在確認の訴え（かぶぬしそうかいけつぎふそんざいかくにんのうったえ）

会社法830条1項は、株主総会の決議が存在しないことの確認を、訴えをもって請求することができる旨を定めている。これを株主総会決議不存在確認の訴えという。総会決議が実際に存在していない場合はもちろんのこと、手続的瑕疵が著しいために法律上決議不存在と評価される場合もこの訴えの対象となる。例えば、株主総会の招集通知もれは通常は決議取消事由であるが（「株主総会決議取消の訴え」参照）、招集通知もれの程度が著しい場合には決議不存在事由となる。株主総会決議不存在確認の訴えの提訴期間に制限はない。提訴権者の制限もないが、訴えの利益は必要である。被告は会社である（会834⑯）。認容判決には対世効が認められる（会838）。⇨対世的効力

（河村賢治）

株主総会決議無効確認の訴え（かぶぬしそうかいけつぎむこうかくにんのうったえ）

会社法830条2項は，株主総会の決議の内容が法令に違反することを理由として，決議が無効であることの確認を，訴えをもって請求することができる旨を定めている。これを株主総会決議無効確認の訴えという。株主総会決議の瑕疵を争う訴訟としては当該訴えのほかに，株主総会の決議がそもそも存在しない場合には株主総会決議不存在確認の訴えがあり（会830Ⅰ），また，株主総会の決議の内容が定款に違反する場合や決議の手続面に瑕疵がある場合などには株主総会決議取消の訴え（会831）がある。瑕疵の程度に応じて訴えの種類も変わるわけである。株主総会決議無効確認の訴えの提訴期間に制限はない。提訴権者の制限もないが，訴えの利益は必要である。被告は会社である（会834⑯）。認容判決には対世効が認められる（会838）。⇒対世的効力

（河村賢治）

株主総会参考書類（かぶぬしそうかいさんこうしょるい）

株主が株主総会に出席することなく書面または電磁的方法により議決権を行使できる株式会社（会298Ⅰ③・④，Ⅱ）において，株主総会の招集の通知に際して株主に交付される，議決権行使について参考となるべき事項が記載された書類のこと（会301Ⅰ，302Ⅰ）。株主総会の招集が電磁的方法により通知されることを承認した株主に対しては，この書類に記載すべき事項を電磁的方法によって提供することができるが，株主からの請求があれば，書類を交付しなければならない（会301Ⅱ，302Ⅱ）。なお，株主総会参考書類の様式については，会社法施行規則で定められている（施規73以下）。

（渋谷光義）

株主総会招集請求権（かぶぬしそうかいしょうしゅうせいきゅうけん）

株主総会の開催が必要であるにもかかわらず（会296Ⅲ，298Ⅰ），取締役が株主総会を招集しない場合に備えて認められる少数株主権である。（会297）。まず，一定の要件を具備した少数株主は，議題および招集の理由を示した書面によって，取締役に対し総会の招集を請求することができる（会297Ⅰ）。その後，取締役が遅滞なく招集手続を行わないような場合には，裁判所の許可を得て自ら総会を招集することができる（会297Ⅳ）。株主による濫用防止のため，株主提案の場合に比して持株要件は厳格になっているが，会社法において，定款による行使要件の緩和が認められた。

（宮島　司・笹岡愛美）

株主総会の延期・続行（かぶぬしそうかいのえんき・ぞっこう）

株主総会の延期とは、株主総会が招集されて開会後議事に入らずに総会を後日に延期することをいい、続行とは、議事に入ったが時間不足などを理由として審議が打ち切られ、後日継続することをいう（この場合の後日開催される総会を、延期の場合は延会、続行の場合は継続会という）。通常、株主総会を開催する場合には、取締役による開催の決定と招集手続が必要であるが、延期・続行を決めたときにいつどこで総会を開くかを決定しておけば、最初に開かれた総会と延期・続行の結果開催された総会を一体とみて、改めて招集手続を要しない（会317）。⇨株主総会の招集　　　　　（鈴木千佳子）

株主総会の議事（かぶぬしそうかいのぎじ）

株主は、総会に出席し、取締役等への質疑とその応答や、他の株主らの審議の様子を考慮して議決権を行使して株主総会の決議に参加するのであり、総会においては決議の成否のみではなく、議事そのもののあり方が大変重要である。その議題は招集通知に記載されたもの（会299Ⅳ、298Ⅰ②）に限定され、議長が議事の整理を行うこと（会315）などが規定されているほかは、議事・運営に関しては、定款あるいは各会社で作成した株主総会の自治規則や会議体の一般原則・慣習に従って行われる。議事については、議事録を作成しなければならない（会318）。⇨株主総会の議長　　　　　（鈴木千佳子）

株主総会の議長（かぶぬしそうかいのぎちょう）

議長は株主総会においてその秩序を維持し、議事を整理する者で（会315Ⅰ）、定款に規定があればそれに従って選任され、また規定がない場合には、総会において選任される。昭和56年商法改正では、いわゆる総会屋などによる総会の攪乱を防ぐために、議長は議長の命令に従わない者や総会の秩序を乱す者があれば、退場させる権限を行使できることが明文化された（会315Ⅱ）。⇨株主総会の議事、総会屋

（鈴木千佳子）

株主総会の決議（かぶぬしそうかいのけつぎ）

株主の意思決定を行うためには株主の全員一致で行うことが理想であるが、実際には不可能であるので、ある程度の多数の株主の承認があれば決議が成立したこととし、法が決議事項と決議要件を定めている。普通決議は一般的な決議事項に関するもので、定款に定めがある場合を除いて議決権を行使できる株主の議決権の過半数を有する株主が出席し（定足数）、その出席した株主の議決権の過半数の賛成をもって

成立する（会309Ⅰ）。特別決議は，普通決議より重要な事項を決定する場合で，議決権を行使できる株主の議決権の過半数を有する株主が出席し（定足数，定款で3分の1以上の割合を定めることができる），出席した株主の議決権の3分の2以上（定款で，これを上回る割合を定めることができる）の賛成が必要である（会309Ⅱ）。その他，これ以上に決議要件が厳しい，議決権を行使できる株主の半数以上で総株主の議決権の3分の2以上の多数で成立するものや，総株主の半数以上で総株主の議決権の4分の3以上の多数で成立する特殊決議もある（会309Ⅲ・Ⅳ，これらの要件を上回る割合を定款で定めることも可能）。⇨普通決議，特別決議，特殊な決議　　（鈴木千佳子）

株主総会の権限（かぶぬしそうかいのけんげん）

　株主総会は原則として，株式会社の組織，運営，管理その他株式会社に関する一切の事項について決議をすることができる（会295Ⅰ）。株主が会社の実質的所有者であることから当然である。しかし，取締役会設置会社においては，所有と経営の分離が行われていることを前提に，株主総会では法定事項および定款で規定した事項しか決議することができない（会295Ⅱ）。しかし，法律では，会社の基礎に変動を及ぼす事項（定款変更，事業譲渡，合併，会社分割，株式交換・移転，解散等），役員等の選任・解任に関する事項，取締役の専横のおそれがある事項（取締役報酬の決定等），株主の重要な利益にかかわる事項（計算書類の承認，剰余金の分配，募集株式の有利発行等）などを総会の権限としていて，おおよそ株主の利益を守るための事柄は網羅されており，また，定款をもってしても法定事項を株主総会以外の機関が決定することができる旨を定めることはできず（会295Ⅲ），定款で規定すれば法定事項以外の事柄にも決議事項を拡張することができるため（会295Ⅱ），株主利益は十分に保護されていると考えられる。⇨所有と経営の分離

（鈴木千佳子）

株主総会の招集（かぶぬしそうかいのしょうしゅう）

　株主総会の招集は，取締役が行うのが原則であるが（会296Ⅲ），少数株主が招集を請求すること（会297），裁判所が招集を命ずること（会307）も認められている。取締役が行う場合には，取締役（取締役会設置会社では取締役会）が，総会の日時および場所，議題等を決定し（会298），総会の日の2週間前までに，株主に対して招集通知を発しなければならない（会299Ⅰ，ただし法定の場合に限り，この期間を短縮できる）。この通知は書面投票・電磁的方法による投票を行う場合，取締

役会設置会社である場合には、書面によらなければならず、株主の承諾があれば書面にかえて電磁的方法により通知を行うことが認められる（会299Ⅱ・Ⅲ・Ⅳ）。また、株主全員の承諾を得て、招集手続を省略することもできる（会300）。　　　　　　（鈴木千佳子）

株主代表訴訟（かぶぬしだいひょうそしょう）

　取締役等の会社に対する責任は、本来、会社がその責任を追及するべきであるが、現実に責任追及を行うのは当該取締役等の同僚である取締役・監査役等であるため、同僚意識から、適正な責任追及がなされない可能性がある。そこで、会社が責任追及を怠るときは、各株主が会社に代わって当該取締役等の責任を追求する訴えを提起することができる（会847、責任追及等の訴え）。取締役等の行為によって会社が受けた損害を回復し、取締役等の違法行為を是正・防止する機能がある。

　株主は、まず、会社に提訴を請求し、60日以内に会社が提訴しない場合に、自ら提訴することができるのが原則である（会847Ⅲ、例外はⅤ）。しかし、株主に不正な利益を図りまたは会社に損害を加える目的があるような提訴権の濫用に当たる場合には、提訴することができない（会847Ⅰ但書）。また、訴訟係属中に、株式交換・移転や合併によって、原告株主が株主の地位を失っても、完全親会社の株主や存続会社の株主になった等の場合には、訴訟を追行することができる（会851）。⇒取締役の会社に対する責任　　（南隅基秀）

株主代表訴訟と和解（かぶぬしだいひょうそしょうとわかい）

　株主代表訴訟においても、原告株主と被告取締役等との間で、訴訟上の和解をすることができる（会850）。もっとも、会社が当事者として関与しない和解には、会社の承認がない限り、確定判決と同一の効力（民訴267）が与えられないが、裁判所が和解内容を会社に通知しても、一定期間内に会社が異議を述べないときは、会社が承認したものとみなされる。和解は、取締役等の責任の一部免除を内容とするのが通常であるが、責任免除に総株主の同意を必要とする規定は適用されない。⇒取締役の責任の減免　　（南隅基秀）

株主提案権（かぶぬしていあんけん）

　株主総会の開催にあたって、その議題は取締役（取締役会設置会社では取締役会）が決定するが（会298Ⅰ・Ⅳ）、株主総会は株主によって構成されるため、当然株主にも議題提案権（会303）並びに議案提出権（会304）および議案要領の招集通知への記載請求権（会305）が認められる。株主による意見表明の機会を確保することにより株主総会を活性化させるという目的のもと、

昭和56年改正において新設された。これらの権利の行使要件および手続は、取締役会設置会社であるか否か、公開・非公開の別に従って法定されているが、会社法は定款による変更を認めている（会303Ⅱ・Ⅲ、304、305Ⅰ・Ⅱ）。

（宮島　司・笹岡愛美）

株主の権利濫用（かぶぬしのけんりらんよう）

株主は、会社の実質的所有者として、その地位に応じた権利として株主権を有している。しかし、その株主権の行使は、株主が株主として有する利益のために行使されるべきものである。それ故、株主たることと関係のない利益のために株主権が行使されることにより、他の株主の利益や会社の利益が不当に侵害されるような場合には、こうした株主権の行使は、濫用として否定される場合がある。例えば、ある会社の株式を買い占めた者が、会社側に高値でその株式を買い取らせるための手段として、議決権の行使をする場合である。⇨株主権（社員権）

（池島真策）

株主の誠実義務（かぶぬしのせいじつぎむ）

株主が会社に対して、法により認められた権利や社員に基づく影響力を行使する場合に、会社の利益および他の株主の利益を侵害しないように顧慮すべき義務をいうといわれている。例えば、会社を支配する大株主や多数派株主が、少数の株主に不公正な仕打ちをしない義務、あるいは会社債権者との関係でしっかりとした会社運営に努める義務を負うという。しかし、株主は各自の有する株式の引受額を限度とする出資義務のみを負うにとどまる（株主有限責任の原則）。それ故、株主は、その出資義務以外にこうした義務を負うかという議論がある。⇨株主間接有限責任の原則

（池島真策）

株主平等の原則（かぶぬしびょうどうのげんそく）

株式会社は、株主を、その有する株式の内容および数に応じて、平等に取り扱わなければならないとする原則のこと（会109Ⅰ）。ただし、公開会社でない会社の場合には、剰余金配当、残余財産分配、議決権について、株主ごとに異なる取扱いを定款で定めることができる（会109Ⅱ—例：頭数１票など）。また、種類株制度（会108）や単元未満株制度（会189）はその例外である。⇨種類株式

（四竃丈夫）

株主名簿（かぶぬしめいぼ）

株主および株券（株券発行会社に限る）に関する法定の事項を記載記録した帳簿を株主名簿という（会121）。本店（会125Ⅰ）または株主名簿管理人の営業所に備置きすることを要する

（会123）。株主および会社債権者は、営業時間内はいつでも、株主名簿自体、または電磁的に作成された株主名簿の記録事項の閲覧謄写請求をすることができる。ただし、一定の場合に会社は閲覧謄写請求を拒否することができる（会125Ⅲ）。 （今泉邦子）

株主名簿管理人（名義書換代理人）（かぶぬしめいぼかんりにん（めいぎかきかえだいりにん））

株式会社の定款の規定に基づき、株式会社に代わって、株主名簿の作成および備置きその他の株主名簿に関する事務を行う者をいう（会123）。株主名簿管理人が置かれた場合、株主名簿は株主名簿管理人の営業所に備え置かれる。株券喪失登録簿および新株予約権原簿も、株主名簿管理人が作成管理する（会222, 251）。株主名簿管理人との契約を証する書面は設立の登記申請書に添付する書面である（商登47Ⅱ⑥）。平成17年改正前商法における名義書換代理人にかわる制度である。⇒株主名簿 （今泉邦子）

株主名簿の閉鎖（かぶぬしめいぼのへいさ）

3か月を超えない一定期間、株主名簿の記載または記録の変更をしないことによって、配当受領など、株主または登録株式質権者として権利行使すべき者を定めるための制度である。名義の書換えが、株券廃止会社における会社その他第三者に対する株式取得の対抗要件であり、株券発行会社における会社に対する株式取得の対抗要件であるため、株主名簿の閉鎖によって、対抗要件具備を困難にする。会社に対し特定の権利を行使することができる者を確定する目的での株主名簿の閉鎖は、平成16年商法改正によって廃止された。⇒基準日 （今泉邦子）

株主優待制度（かぶぬしゆうたいせいど）

会社が、権利確定した株主に対し、株主還元策の一環として、持ち株数に応じて自社製品や優待券、回数券などを無料で配布するような仕組みのこと。個人株主の増加を目論む企業が採用する例が多い。かかる企業が個人株主を増やしたい動機としては、株式の相互保有解消の受け皿、上場基準の達成、流動性の確保等がある。なお、配当と異なり所得税がかからない。諸外国ではほとんど採用されていない。株優（かぶゆう）と呼ぶこともある。⇒株式の相互保有 （四竈丈夫）

株主割当（かぶぬしわりあて）

株主にその有する株式の数に応じて株式の割当てを受ける権利を与え募集株式を募集すること（会202Ⅰ・Ⅱ）。公開会社の場合は取締役会の決議（会202Ⅲ③）、公開会社以外の会社では、

原則として株主総会の特別決議（同202Ⅲ④，309Ⅱ⑤）が必要であるが，定款の定めにより取締役会の決議（同202Ⅲ②），取締役の決定（同202Ⅲ①）によるものとすることができる。払込金額が特に有利な金額である場合も，株主総会の特別決議は必要なく，募集株式が譲渡制限株式であっても，種類株式発行会社において種類株主総会の特別決議は不要である（会202Ⅴ）。株主の申込みの機会を与えるために，募集事項や株主が割当てを受ける募集株式の数および引受申込期日を通知しなければならない（会202Ⅳ）。⇨第三者割当，公募　　　　　（岡本智英子）

仮役員（仮取締役・仮監査役等）（かりやくいん（かりとりしまりやく・かりかんさやくとう））

　利害関係人の申立てにより，裁判所によって選任される一時役員の職務を行うべき者。

　役員が欠けた場合または会社法もしくは定款で定めた員数が欠けた場合には，任期満了または辞任により退任した役員は，新たに選任された役員が就任するまで，なお役員としての権利義務を有する（会346Ⅰ）。しかし，それが不適当な場合や解任などによる場合は，裁判所に請求して，一時役員の職務を行うべき者を選任してもらうことができる（会346Ⅱ・Ⅲ，868Ⅰ，937Ⅰ②，874①，870②）。　（新里慶一）

簡易合併（かんいがっぺい）

　吸収合併において，存続会社が消滅会社の株主に交付する合併対価が存続会社の純資産額の20％以下の場合に，存続会社における合併契約についての株主総会の承認は不要である（消滅会社では，株主総会決議は必要である）（会796Ⅲ，施規196）。ただし，①合併差損が生じる場合，②存続会社が公開会社でなく，消滅会社の株主に対して交付する金銭等の全部または一部が存続会社の譲渡制限株式である場合，③法務省令で定める数を保有する株主が簡易合併の通知・公告の日から2週間以内に合併に反対する通知をした場合は，簡易合併の手続を取ることができない。⇨略式合併，譲渡制限株式
　　　　　　　　　　　　　　（黒石英毅）

簡易株式交換（かんいかぶしきこうかん）

　株式交換完全親会社が株式交換完全子会社の株主に対して交付する金銭等の価値の合計額が株式交換完全親会社の純資産額（施規196）の5分の1（または定款で定めたこれを下回る割合）を超えない場合に，原則として株式交換完全親会社での株主総会特別決議による承認が不要となる株式交換（会796Ⅲ）。株式交換完全親会社の株主に与える影響が少ないことを理由とする。例外として株式交換差損が生ずる場合等がある（会796Ⅲ但書・Ⅳ，施規197）。　　　　　　　（山本真知子）

簡易組織再編行為（20％基準）（かんいそしきさいへんこうい（にじゅっぱーせんときじゅん））

例えば吸収合併において消滅会社の規模が存続会社より著しく小さいなど，当事会社や株主に及ぼす影響が軽微といえる吸収合併，吸収分割，新設分割，株式交換が行われる場合に，株主総会決議の省略を認めること（会784Ⅲ，796Ⅲ，805，なお会796Ⅲ但書・Ⅳ，事業全部の譲受けについて468Ⅱ）。吸収合併，吸収分割または株式交換の存続株式会社等が消滅会社等の株主等に交付する株式数に1株当たりの純資産額を乗じた額，消滅会社等の株主等に対して交付する社債その他の財産の帳簿価額の合計額を合わせた額は，存続株式会社等の純資産額（施規196）に対し20％（これを下回る割合を定款で定めた場合には，その割合）以下でなければならず，吸収分割または新設分割の分割株式会社が承継会社または新設会社に承継させる資産の帳簿価額の合計額は分割会社の総資産額（施規187, 207）に対し20％（これを下回る割合を定款で定めた場合には，その割合）以下でなければならない。⇒組織再編行為，略式組織再編行為

（島田志帆）

簡易分割（かんいぶんかつ）

分割会社または承継会社の株主に及ぶ影響が軽微な場合に，当該会社の株主総会の承認決議を省略して行う会社分割。簡易分割は，分割会社では，承継させる資産の帳簿価額の合計額が分割会社の総資産額（施規187, 207）の5分の1以下の場合に（会784Ⅲ, 805），承継会社では，「分割会社に交付する株式の数に1株当たり純資産額を乗じて得た額」，「分割会社に交付する承継会社の社債，新株予約権または新株予約権付社債の帳簿価額の合計額」，「分割会社に交付する承継会社の株式等以外の財産の帳簿価額の合計額」の合計額が，承継会社の純資産額（施規196）の5分の1以下の場合に認められる（会796Ⅲ。ただし，同項但書）。

（黒野葉子）

監査委員（かんさいいん）

監査役設置会社における監査役のように，独任制はとられていない。そのため，委員会設置会社では，監査委員会の選定する監査委員が，執行役等に対する報告の徴収または会社およびその子会社の業務・財産の状況を調査する権限を有する（会405Ⅰ・Ⅱ）。ただし，迅速な対応が求められるような執行役・取締役の不正行為等については，各監査委員が取締役会への報告義務を負うほか（会406），違法行為の差止請求権も認められる（会407Ⅰ）。⇒取締役（執行役）の違法行為の差止

（前原信夫）

監査委員会 (かんさいいんかい)

執行役・取締役・会計参与の職務の執行の監査および監査報告の作成，株主総会に提出する会計監査人の選任・解任および不再任に関する議案の内容を決定する機関（会404Ⅱ）。監査という性質上，会社もしくはその子会社の執行役・業務執行取締役または子会社の会計参与もしくは支配人その他の使用人との兼任は禁止される（会400Ⅳ）。監査委員会の監査は妥当性にまで及ぶとされ，適法性に限定される通常の会社の監査役の監査とは異なる。⇒適法性監査・妥当性監査　　　（前原信夫）

監査費用 (かんさひよう)

監査のために必要な一切の費用。本来，監査のために費用が生じた場合，監査役がその必要性を立証しなければ会社に対して請求できないが，①費用の前払②支出費用およびその利息③債権者に対する監査役の債務の弁済等の費用に関して，会社は，その費用が監査役の監査に不要であることを立証できない限り，監査役の費用請求を拒むことはできないとして（会388），立証責任の転換を図り，もって監査役の独立性および監査の実効性を確保しようとしたもの。　　　　　　（柿崎　環）

監査報告 (かんさほうこく)

監査役（会）・委員会設置会社において，監査役（会）・監査委員会が，法務省令の定めるところに従い，計算書類・事業報告・附属明細書について行った監査結果の報告書（会381Ⅰ，436Ⅰ，404Ⅱ①）。会計監査人設置会社の場合は，会計監査人の監査の方法と結果を踏まえ，監査報告を作成する（計規155②，156Ⅱ②）。監査役会設置会社は，監査役の監査報告に基づき監査役会監査報告を作成するが（計規156Ⅰ）委員会設置会社では，監査委員会の監査報告で足りる。いずれの場合も，その構成員の意見と監査役会（委員会）の監査報告の内容が異なる場合には，構成員の意見を監査報告に付記できる（計規156Ⅱ，157Ⅰ）。
　　　　　　　　　　　　（柿崎　環）

監査役 (かんさやく)

取締役（会計参与を設置する場合は会計参与を含む）の職務執行を監査する機関。取締役会設置会社または会計監査人設置会社（いずれも委員会設置会社を除く）においては必須機関である。ただし，公開会社でない会計参与設置会社の場合は，この限りではない（会327Ⅱ・Ⅲ）。会社・その子会社の取締役・支配人その他の使用人，または子会社の会計参与・執行役について兼任を禁ずる（会335Ⅱ）。任期は原則4年だが，非公開会社の場合，定款により10年まで伸長できる（会336Ⅰ・Ⅱ）。　　　　　　　　（柿崎　環）

かんさやく

監査役会（かんさやくかい）

監査役全員により組織される会議体。委員会設置会社以外の大会社には設定が義務付けられる（会328Ⅰ）。それ以外の会社であっても，取締役会設置会社であれば定款によって設置できる（会326Ⅱ，327Ⅰ②）。複数の監査役の役割分担に基づく組織監査の実施により，監査の実効性を高める趣旨で，平成5年に導入された。ただし，監査役会を構成する場合にも監査役の独任制は維持される。3人以上の構成員で，半数以上の社外監査役，1名以上の常勤監査役を置かなければならない。

（柿崎　環）

監査役の義務（かんさやくのぎむ）

取締役の職務の執行に関し，不正の行為または法令定款に違反する事実・著しく不当な事実を発見したときは，遅滞なく取締役（取締役会設置会社の場合は取締役会）に報告する義務（会382），取締役会に出席し，必要に応じて意見を述べる義務（会383Ⅰ），取締役による株主総会提出議案・書類に対する調査義務があり，その調査結果を株主総会へ報告する義務（会384）を負う。また，監査の結果を事業年度ごとに株主等に報告するため監査報告を作成する義務を負う（会381Ⅰ，436Ⅰ，施規129，計規150，155）。

（柿崎　環）

監査役の権限（かんさやくのけんげん）

監査役は，原則として，取締役の職務執行全般の監査（会計監査を含む）を行う権限がある。ただし非公開会社の場合には，定款により会計監査の範囲に権限を限定できる（会389Ⅰ）。いずれの場合も，監査範囲に応じて監査報告書を作成しなければならない（会381Ⅰ，389Ⅱ）。監査範囲を会計監査に限定されない監査役の場合には，業務監査権に基づく個別の職務権限を有するが，それは同時に監査役の義務でもある。具体的には，株主総会議案・書類の調査および報告義務（会384Ⅰ），取締役会出席権・報告義務（会383Ⅰ），会社および子会社の業務・財産調査権（会381Ⅱ・Ⅲ），取締役・会計参与および使用人に対する事業報告請求権（会381Ⅱ），会社・取締役間の訴えの会社代表権（会386Ⅰ），取締役の違法行為等に対する差止請求権（会385Ⅰ），取締役の賠償責任額制限に関する議案等の同意権（会426Ⅱ）等が挙げられる。職務の範囲を会計監査に限定された監査役の場合の個別の権限には，取締役等に対する会計に関する報告請求および会計帳簿等の閲覧・謄写請求権，（会389Ⅳ），子会社調査権（会389Ⅴ）が会計監査との関連で認められるが，それ以外には，株主総会提出議案等の調査および報告義務（会389Ⅲ）を除き，上記の業務監査権に基づく個別の権限は認められない。⇒業務監査

監査役の責任 （かんさやくのせきにん）

監査役が任務懈怠により、会社または第三者に損害を与えたときは、連帯して損害賠償義務を負う（会423Ⅰ、429Ⅰ、431）。ただし、会社に対する責任に限って、総株主の同意があれば免除されるが（会424）、責任の一部免除については、社外取締役と同様に、株主総会の特別決議または定款に基づく取締役（会）の決定により認められる（会425、426）。また社外監査役にあっては、社外取締役と同様、事前の責任額限定契約が認められている（会427）。監査報告の虚偽記載につき、監査役の任務懈怠がないことの証明がない限り、第三者に対して連帯して損害賠償責任を負う（会429Ⅱ③、430）。
⇒社外監査役、社外取締役

（柿崎　環）

監査役の選任・退任 （かんさやくのせんにん・たいにん）

監査役の選任は株主総会の普通決議で行われる。ただし議決権行使可能な株主の議決権の3分の1以上が定足数として必要。この定足数は定款によっても排除できない（会343Ⅳ）。監査役選任に関する議案を株主総会に提出するには、監査役の同意（複数監査役の場合には、その過半数）が必要（会343Ⅰ・Ⅲ）。また、監査役は、その選任につき株主総会の目的とすることができ、または議案提出権をもつ（会343Ⅱ・Ⅲ）。退任については、民法の委任規定に従っていつでも辞任可能。ただし、解任は、特別決議事項（309Ⅱ⑦、343Ⅳ）。

（柿崎　環）

監査役の報酬 （かんさやくのほうしゅう）

職務執行の対価として会社から受ける報酬、賞与等の財産上の利益。監査役の独立性の確保のため、定款または株主総会の決議により定められ（会387Ⅰ）、監査役が複数の場合、定款または株主総会の定めがなければ、各監査役の報酬は、監査役の協議により定められる（会387Ⅱ）。監査役は株主総会において報酬についての意見を述べることができる（会387Ⅲ）。公開会社においては、監査役報酬の総額は、事業報告により開示される（会435Ⅱ、437、442、施規121④）⇒事業報告

（柿崎　環）

完全親会社・完全子会社 （かんぜんおやがいしゃ・かんぜんこがいしゃ）

他の会社の発行済株式の全部を有する会社を完全親会社といい、その場合の「他の会社」を完全子会社と呼ぶ（ただし、会851Ⅰ参照）。親会社ないし子会社の定義については実質基準が採用されているが（会2③・④参照）、完全親会社ないし完全子会社という概

念については、株式数という形式的基準が採用されている。これらの概念は法典上は株式交換および株式移転において用いられている点に注意すべきである（会767, 768Ⅰ①, 773Ⅰ①, 773Ⅰ⑤。なお、770Ⅰ①)。⇒親会社・子会社　　　　　　　　　　（鈴木達次）

監督委員（かんとくいいん）

特別清算および民事再生手続において、裁判所は、清算会社・再生債務者が裁判所の許可を要する一定の行為を行うときに裁判所の許可に代わり同意を与える監督委員を選任することができる（会527, 民事再生54）。法人が監督委員となることもできる。監督委員は善管注意義務を負い、費用の前払および裁判所が定める報酬を受けることができる。　　　　　　　　（齋藤雅代）

き

機関（きかん）

自らの意思決定・行為が、法律上、法人の意思決定・行為と認められる地位にある自然人または自然人の会議体。会社は社団法人であり（会3）、自然人と同様に、自ら権利義務の帰属主体となることができる。しかし、会社は自然人と異なり観念的存在であるため、会社自体が意思決定ないし行為をすることはできない。そのため、会社の組織において一定の地位にある者の意思決定・行為をもって、法律上、会社の意思決定・行為として取り扱う必要がある。

株式会社において、所有と経営の分離、業務執行機関の分化を特色として、株主総会（会295）、取締役（会348, 349）、取締役会（会362）、代表取締役（会349Ⅳ・Ⅴ）、会計参与（会347）、監査役（会381）、監査役会（会390）、会計監査人（会396）、指名委員会（会404Ⅰ）、監査委員会（会404Ⅱ）、報酬委員会（会404Ⅲ）、執行役（会418）、代表執行役（会420）がある。さらに、会社法は、株式会社について、機関設計の柔軟化を図った。なお、特定の場合に限って臨時に置かれる検査役という機関もある（会33Ⅰ, 207Ⅰ, 358Ⅰ）。

これに対して、持分会社においては、所有と経営の一致を特色として、各社

員が，原則として業務執行の権利を有し義務を負い（会590），業務執行社員が代表機関となる（会599）。⇨所有と経営の分離，所有と経営の一致

(新里慶一)

機関設計の柔軟化（必要機関・任意機関）（きかんせっけいのじゅうなんか（ひつようきかん・にんいきかん））

会社法における株式会社の機関に関する基本方針の一つ。

「会社法制の現代化に関する要綱案」は，「株式会社の機関設計の規律の柔軟化を図る」として，平成17年改正前商法が必要機関としていた取締役会等の各種機関を任意に設置することができるものとするとした。会社法は，この要綱案を受け，以下の原則を踏まえて，任意の機関設計をすることができることとした。①すべての株式会社には，株主総会と取締役が必要である（会326Ⅰ）。②取締役会，会計参与，監査役，監査役会，会計監査人または委員会は定款の定めによって置くことができる（会326Ⅱ）。③公開会社，監査役会設置会社および委員会設置会社は，取締役会を設置しなければならない（会327Ⅰ）。④取締役会設置会社（委員会設置会社を除く）は，監査役を置かなければならない（会327Ⅱ本文）。ただし，取締役設置会社であって非公開会社は，監査役に代えて会計参与を置くことができる（会327Ⅱ但書）。⑤会計監査人設置会社（委員会設置会社を除く）は監査役を置かなければならない（会327Ⅲ）。⑥委員会設置会社は，会計監査人を置かなければならず，監査人を置くことができない（会327Ⅳ・Ⅴ）。⑦大会社（非公開会社および委員会設置会社を除く）は監査役会および会計監査人を置かなければならない（会328Ⅰ）。⑧公開会社でない大会社は会計監査人を置かなければならない（会328Ⅱ）。なお，選択した機関設計は登記しなければならない（会911Ⅲ⑮〜㉒）。

(新里慶一)

企業会計原則（きぎょうかいけいげんそく）

企業会計の実務の中に慣習として発達したもののなかから，一般に公正妥当と認められたところを要約したもの（「企業会計原則の設定について」二の1）。1949年に経済安定本部企業会計制度対策調査会によって設定され，その後同調査会を受け継いだ企業会計審議会により数回の修正が行われた。企業会計原則は，会社の会計が従わなければならない「一般に公正妥当と認められる企業会計の慣行」（会431，614）にあたるものと解されている。⇨公正な会計慣行

(白石智則)

企業価値（きぎょうかち）

企業の経済的な評価額のこと。評価の目的によって，さまざまな尺度が用

いられる。清算を前提とする場合には，企業が保有する純資産の総額を意味するのに対し，企業活動の継続を前提とする場合には，将来の収益の見通しを元に算出する割引現在価値を指す。ただし，情報の非対称性が存在することや将来見通しが事前に織り込まれる結果，こうした理論値どおりに株価が形成されるわけではない。そのため，むしろ端的に，株式の時価総額を基準に企業価値を測る場合も少なくない。

(野村修也)

企業（個人企業・共同企業）（きぎょう（こじんきぎょう・きょうどうきぎょう））

企業とは，一定の目的のための継続した意図により計画的に経済活動を行う主体をいう。企業は「公企業」を含む広い意味で用いられる場合もあるが，狭い意味では営利を目的とする私企業だけを指す。1人の者が出資して運営する企業を「個人企業」といい，複数の者が出資して運営される企業を「共同企業」という。共同企業では，多くの資本と労力の結合による規模の拡大が可能になる。共同企業には複数の出資者が関与するので，そのための法的な組織が必要になる。そのような共同企業の組織形態として，「会社」および「組合」がある。ただし，「会社」の組織形態は，個人企業による利用も認められている（一人会社）。

企業は具体的には，その組織を指す場合（客観的意義の企業）と，その活動（企業活動）を指す場合（主観的意義の企業）がある。企業の組織には財産的な価値がある事実関係も含まれており，有機的な組織体として個々の構成財産の総和を超えた価値を有している。⇨一人会社

(鳥山恭一)

企業買収（きぎょうばいしゅう）

一定の対価を支払って企業の経営権を取得すること。対象企業の経営者が賛同しているかどうかによって，敵対的なものと友好的なものとに分かれる。会社法が規定する合併等の手段は，両当事会社の株主総会決議を必要とするため（会783，795参照），友好的な場合に用いられるが，株式の買占めによる企業買収は，対象企業の同意を必要としないため，友好的な場合のみならず，敵対的な場合にも用いられる。
⇨企業防衛

(野村修也)

企業防衛（きぎょうぼうえい）

敵対的企業買収に対する対抗措置のこと。具体的な買収の危機に瀕しているかどうかによって，事前防衛と事後防衛に分かれる。新株や新株予約権を第三者に割り当てることによる事後防衛は，企業防衛以外に主要な目的がない限り差し止められる。特に新株予約権を用いる場合は，資金調達などといった企業防衛以外の目的を描きにくいた

め，買収者側に企業価値を毀損するような不当な目的が認められない限り，差し止められる可能性が高い。そこで，最近では，事前の防衛策を講ずる企業が増えている。⇨第三者割当，主要目的ルール，ポイズンピル　（野村修也）

議決権（ぎけつけん）

株式会社において株主が株主総会の決議に加わる権利のこと。いわゆる共益権に属する。会社法308条1項本文は「株主は，株主総会において，その有する株式1株につき1個の議決権を有する。」と定めており，株主は原則としてその株式数に応じた議決権を有することになる。これを一株一議決権の原則という。ただし，公開会社以外では，株主総会における議決権について定款の定めによる異なった取扱いを行うことが認められている（会109Ⅱ）。
（渋谷光義）

議決権拘束契約（ぎけつけんこうそくけいやく）

株主が自己の議決権を一定の方向に行使することを他の株主・会社・取締役その他の者に対して約束する契約のこと。通常は合弁契約などにおいて当該企業を株主総会の段階で支配するために締結される。この契約を一般に無効と解する説もあるが，多数説は原則として有効と解している。しかし，多数説も，当事者間の債権的効力を認めるにとどまり，この契約に違反して議決権が行使されても，当該議決権の行使，決議自体は有効と解している。
⇨合弁企業　（渋谷光義）

議決権信託（ぎけつけんしんたく）

多数の株主の議決権を統一的に行使する目的で，その株式を受託者が信託的に譲り受ける制度のこと。アメリカでは，ヴォーティング・トラスト（Voting trust）と呼ばれ，会社支配の手段として広く行われている。商法上，議決権だけを譲渡することは認められないが，株主と受託者との間で配当金の受取りなど経済的利益以外の株主としての権利を全体的に信託することは有効と解されている。なお，受託者から株主に対して議決権信託証書が交付される。　（渋谷光義）

議決権制限株式（完全無議決権株式）（ぎけつけんせいげんかぶしき（かんぜんむぎけつけんかぶしき））

株主総会で議決権を行使できる事項が制限されている種類株式を議決権制限株式といい，その中で，議決権を行使できる事項が全くない種類株式を完全無議決権株式という。議決権を行使できる事項，および，議決権の行使に条件を付けるときはその条件を，定款で定めなければならない。公開会社においては議決権制限株式の数が発行済株式総数の2分の1を超えたときは，

2分の1以下にするために必要な措置を講じなければならない（会115）。

（川島いづみ）

議決権代理行使（委任状）の勧誘（ぎけつけんだいりこうし（いにんじょう）のかんゆう）

会社またはそれ以外の者（株主を含む）が株主に対して自己または第三者に議決権の代理行使をさせるように勧誘すること。これは勧誘者が被勧誘者に委任状用紙を交付して，それに必要事項を記載して，それを勧誘者に送付するように勧誘するので，一般に委任状の勧誘とも呼ばれる。通常，株主から白紙委任状が送付されてくるので，これをかき集めた会社経営者の意のままに株主総会が操縦されるおそれがある。そのため，金融商品取引法は，何人も，政令で定めるところに違反して，金融商品取引所に上場されている株式の発行会社の株式につき，自己または第三者に議決権の行使を代理させることを勧誘してはならないとしている。（金商194）。⇒議決権の代理行使

（渋谷光義）

議決権の代理行使（ぎけつけんのだいりこうし）

株主が議決権を代理人によって行使すること。議決権は，株主が株主総会において決議に加わる権利であるが，その行使は代理に親しむ行為であると解されている。会社法は株主の代理人による議決権の行使を認めており（会310Ⅰ1文），この規定は定款の規定によっても排除することのできない強行規定であると解されている。株主が代理人によって議決権を行使しようとする場合には，当該株主または代理人は代理権を証する書面（＝委任状）を会社に提出しなければならない（会310Ⅰ2文）。この書面の提出を電磁的方法による情報提供に代えることもできる（会310Ⅲ）。この代理権の授与は総会ごとになされなければならない（会310Ⅱ）。なお，会社によっては，定款で代理人資格を株主に限定することがある。かかる定款規定の効力に関して，判例は，株主総会が株主以外の第三者によって攪乱されることを防止し，会社の利益を保護する趣旨に出たものとして，これを有効としている（最判昭43.11.1民集22.12.2402）。⇒定款自治

（渋谷光義）

議決権の不統一行使（ぎけつけんのふとういつこうし）

株主が，株主総会における議案に対して，自己の有する複数の議決権を，一部は賛成，残りは反対というように，統一しないで行使すること。株式信託や外国預託証券（ADR，EDR等）などにおいて，名義上の株主が実質上の株主の意思に従って議決権を行使する場合に行われる。株主は総会の会日の

3日前までに議決権の不統一行使をする旨およびその理由を通知しなければならない（会313Ⅱ。取締役会非設置では、事前の通知は不要）。会社が不統一行使の通知を受けた場合であっても、会社は株主が他人のために株式を有することを理由とする場合を除いて議決権の不統一行使を拒むことができる（会313Ⅲ）。　　　　（渋谷光義）

擬似外国会社（ぎじがいこくがいしゃ）

日本に本店を置き、または日本において事業を行うことを主たる目的とする外国会社をいう。擬似外国会社は日本において取引を継続してすることができない。これに違反して取引をした者は、相手方に対し、外国会社と連帯して当該取引によって生じた債務を弁済する責任を負う（会821）。擬似外国会社が日本において取引を継続して行った場合、会社の設立の登録免許税の額に相当する過料に処せられる（会979Ⅱ）。⇨外国会社　　　（諏訪野　大）

擬似発起人の責任（ぎじほっきにんのせきにん）

募集設立の場合に、募集に関する書面等に自己の氏名等および設立を賛助する旨を記載・記録することを承諾した者は、発起人とみなされて発起人としての責任を負う（会103Ⅱ）。承諾は黙示でもよい。発起人と同視できる外観の作出に基づく責任である。平成17年改正前商法下における通説は、発起人としての任務を負うわけではないから任務懈怠責任は負わないと解していたが、会社法では発起人とみなす旨の文言が挿入されている。　　（三浦　治）

基準日（きじゅんび）

一定の日において株主名簿に記載または記録されている者を、株主または登録株式質権者として権利を行使する者と確定するための制度である（会124）。平成16年商法改正によって廃止された株主名簿の閉鎖とは異なり、基準日を定めたことによって株主名簿の記載または記録の変更が停止されることはない。定款に別段の定めがない限り、基準日を定めたときには、その基準日の2週間前までに基準日および基準日株主が行使できる権利を公告しなければならない。⇨株主名簿の閉鎖
　　　　　　　　　　　　（今泉邦子）

期末填補責任（きまつてんぽせきにん）

会社が剰余金の配当や自己株式の取得を行い期末に欠損が生じた場合に、業務執行者が株式会社に対し連帯してその超過額を支払う義務を負うとするもの（会465）。欠損の有無の判断は計算書類の確定時を基準とするが、計算書類確定と同時に行われる剰余金配当は除かれる（会465Ⅰ⑩）。期末に欠損の可能性がある場合に行為を断念させ、債権者を保護するための制度。過失責

任であり（会465Ⅰ但書），総株主の同意がなければ免除できない（会465Ⅱ）。
(若林泰伸)

記名式新株予約権付社債・無記名式新株予約権付社債（きめいしきしんかぶよやくけんつきしゃさい・むきめいしきしんかぶよやくけんつきしゃさい）

無記名新株予約権付社債とは，無記名式の新株予約権付社債券（証券発行新株予約権付社債〔新株予約権付社債であって，当該新株予約権付社債についての社債につき社債券を発行することとする旨の定めがあるもの〕に係る社債券）が発行されている新株予約権付社債をいう（会249②）。これに対し，記名式新株予約権付社債とは，記名式の新株予約権付社債券が発行されている新株予約権付社債をいう（会249③ニ）。記名式か無記名式かにより，新株予約権原簿への記載事項（会249柱書），証券発行新株予約権付社債の譲渡による新株予約権の対抗要件（会257），質権設定者および新株予約権者による（よらない）新株予約権原簿記載事項への記載（請求権）（会259, 260）が異なる。⇒新株予約権付社債
(肥塚肇雄)

記名社債・無記名社債（きめいしゃさい・むきめいしゃさい）

記名社債は，無記名社債（会681④括弧書）と異なり，社債権者の氏名または名称および住所が社債原簿に記載される（会681④）。(a)社債券を発行する旨の定めがある記名社債および(b)無記名社債の譲渡は，社債券の交付による（会687）。社債券の交付は，(a)につき第三者対抗要件となり（会687），(b)につき会社および第三者に対する対抗要件となる（会687）。

一方，社債原簿の名義書換は，(a)につき，会社に対する対抗要件となり（会688Ⅱ），社債券を発行しない場合の記名社債につき，社債発行会社その他の第三者に対する対抗要件となる（会688Ⅰ, 691, 施規168）。わが国では，無記名社債の発行が多い。記名社債と無記名社債の相互転換は，特別の定めがある場合（会676⑦）を除き，認められる（会698）。
(三原園子)

キャッシュ・アウトマージャー（交付金合併・現金合併）（きゃっしゅ・あうとまーじゃー（こうふきんがっぺい・げんきんがっぺい））

存続会社が，消滅会社の株主に対して，合併対価として存続会社の株式でなく，金銭のみを交付する方法（いわゆる金銭のみを対価とする吸収合併）をいう。

キャッシュ・アウトマージャーの場合，合併による企業再編の前後で，存続会社の株主構成が変わらないという特徴がある。
(黒石英毅)

きゅうしゅ

吸収合併（きゅうしゅうがっぺい）

会社が他の会社とする合併であって，合併により消滅する会社の権利義務の全部を合併後存続する会社に承継させるもの（会2㉗）。吸収合併により，消滅会社のすべてが存続会社に承継され（会750Ⅰ），消滅会社は清算を必要とせずに解散する（会475①括弧書，471④）。わが国の実務上は吸収合併の手続がとられることが多い。会社法は，株式会社が存続会社となる吸収合併（会749, 750）だけでなく，持分会社が存続会社となる吸収合併（会751, 752）も認めている。　　　（島田志帆）

吸収合併の効果（きゅうしゅうがっぺいのこうか）

吸収合併（株式会社を存続会社とする場合）の存続会社は，効力発生日に消滅会社の権利義務を承継し（会750Ⅰ），清算をせずに，解散する（会475①括弧書，471④）。消滅会社の解散は，吸収合併の登記の後でなければ，第三者に対抗することはできない（会750Ⅱ）。消滅会社の株主または社員は，効力発生日に，合併対価として存続会社の株式が交付されるときはその株主に，合併対価が社債・新株予約権・新株予約権付社債であるときは社債権者や新株予約権者となる（会750Ⅲ）。消滅会社の新株予約権者は，存続会社の新株予約権の交付を受ける場合には，効力発生日に存続会社の新株予約権者となる（会750Ⅴ）。持株会社を存続会社とする吸収合併についても，基本的に株式会社の場合と異ならない（会752参照）。⇨合併対価　　（島田志帆）

吸収合併の手続（きゅうしゅうがっぺいのてつづき）

吸収合併（株式会社どうしの場合）を行うには，まず当事会社間で法定事項を定めた吸収合併契約を締結する（会748, 749）。吸収合併契約の内容は，各当事会社において株主および会社債権者に事前に開示され（消滅会社は会782, 施規182, 存続会社は会794, 施規191），各当事会社は，吸収合併契約で定めた効力発生日の前日までに，株主総会の特別決議による承認を得なければならない（消滅会社は会783, 存続会社は会795。なお，簡易合併・略式合併の場合は総会決議は不要）。反対株主や一定の新株予約権者には買取請求権が認められ（消滅会社は会785～788, 存続会社は会797, 798），債権者異議手続がとられる（消滅会社は会789, 存続会社は会799）。存続会社は，吸収合併契約で定めた効力発生日後遅滞なく，株主および会社債権者に吸収合併に関する事項を開示しなければならず（会801, 施規200），効力発生日から2週間以内に，消滅会社については解散登記および存続会社については変更登記をしなければならない（会921）。持分会社が消滅会社または

存続会社である吸収合併に関しては，なお会751～752，793，802参照。
(島田志帆)

吸収合併無効の訴え（きゅうしゅうがっぺいむこうのうったえ）

吸収合併の法定手続に瑕疵があった場合に当該合併の無効を主張するには合併の効力発生日から6か月以内に，効力発生日において消滅会社の株主等であった者または存続会社の株主等・破産管財人等が，存続会社を被告として無効の訴えを提起することを要する（会828Ⅰ⑦・Ⅱ⑦，834⑦）。無効判決は対世効を有し遡及効は否定される（会838，839。無効判決の効力につき会843）。その他の「会社の組織に関する訴え」関連規定（会835～837，846）も適用される。⇨吸収合併
(米山毅一郎)

吸収分割（きゅうしゅうぶんかつ）

株式会社または合同会社がその事業に関して有する権利義務の全部または一部を分割後他の会社に承継させること（会2㉙）。会社法757条以下参照。吸収分割会社は，株式会社と合同会社のみに限られるが，吸収分割承継会社にはこうした限定がない。企業グループ内で同種類の事業を集中させる場合などに用いられる。(西原慎治)

吸収分割契約（きゅうしゅうぶんかつけいやく）

吸収分割という社団法上の法律行為を行うにあたって締結される，吸収分割会社と吸収分割承継会社間の契約。吸収分割承継会社が株式会社である場合（会758）も，持分会社である場合（会760）も，法定の意思表示の内容をその要素としている。(西原慎治)

吸収分割の効果（きゅうしゅうぶんかつのこうか）

吸収分割承継会社は，原則として，吸収分割契約の定めに従い，その効力発生日に吸収分割会社の権利義務を承継するという効果が発生する（会759Ⅰ，761Ⅰ）。(西原慎治)

吸収分割の手続（きゅうしゅうぶんかつのてつづき）

吸収分割という社団法上の法律行為を行うにあたっての手続には，吸収分割契約の締結（会757），株主総会の特別決議または特殊決議による承認（会795Ⅰ，309Ⅱ⑫，783Ⅰ，309Ⅲ②）あるいは総社員の同意（会793Ⅰ②，802Ⅰ②）が必要となる。(西原慎治)

吸収分割無効の訴え（きゅうしゅうぶんかつむこうのうったえ）

吸収分割の法定手続に瑕疵が存しその無効を主張するためには，当該吸収分割の効力発生日から6か月以内に，

効力発生日において吸収分割契約をした会社の株主等であった者または吸収分割契約をした会社の株主等・破産管財人等が吸収分割をした会社（分割会社および承継会社）を被告として無効の訴えを提起することを要する（会828Ⅰ⑨・Ⅱ⑨，834⑨）。無効判決は対世効を有するが遡及効は否定される（会838，839。無効判決の効力につき会843）。その他の「会社の組織に関する訴え」関連規定（会835〜837，846）に服する。⇒吸収合併　（米山毅一郎）

休眠会社（みなし解散）（きゅうみんがいしゃ（みなしかいさん））

株式会社であって，当該株式会社に関する登記が最後にあった日から12年を経過したものを休眠会社という。休眠会社は，法務大臣が休眠会社に対し2か月以内にその本店の所在地を管轄する登記所に事業を廃止していない旨の届出をすべき旨を官報に公告した場合において，その届出をしないときは，その2か月の期間の満了の時に，解散したものとみなされる（会472Ⅰ）。

（中濱義章）

強制転換条項付株式※（きょうせいてんかんじょうこうつきかぶしき）

平成17年改正前の商法では，会社が数種の株式を発行するときに，定款で定める事由が生じたときは会社が発行したある種類株式を他の種類株式に転換できることを定款に定める場合，このような定めのある種類株式を強制転換条項付株式といった。会社が他の種類株式に強制的に転換できること自体は，従来株式の種類として扱われていなかったが，会社法では株式の種類とされている。取得の対価が他の種類株式である取得条項付株式がこれに相当する。⇒取得条項付株式

（川島いづみ）

協定（きょうてい）

会社法上，協定とは特別清算において会社と債権者との間で清算遂行のためになされる合意をいう。清算会社は債権者集会に対して協定の申出をすることができ，協定を可決するためには債権者集会において出席した議決権者の過半数の同意および議決権者の議決権の総額の3分の2以上の議決権を有する者の同意がなければならず，さらに裁判所による認可の決定があって効力を生じる。協定の効力は清算会社およびすべての協定債権者に及ぶ。⇒債権者集会　（齋藤雅代）

共同支配人（きょうどうしはいにん）

商人がある営業につき支配人を複数選任した場合に，各支配人の代理権は単独で行使し得るのが原則であるが，支配人の代理権は包括的であるため，その濫用予防のため，受働代理の場合を除き，共同の意思表示によってこれ

を行使しなければならない旨の定めを置くことができるとされていた（平成17年改正前商39）。これを共同支配人制度（Kollektivprokura, procura collectif）と称しており，登記事項であった（平成17年改正前商40）。平成17年会社法の制定に伴う商法の改正により廃止された。⇨共同代表取締役

（柴崎　暁）

共同代表取締役（きょうどうだいひょうとりしまりやく）

数人が共同して会社を代表する代表取締役。平成17年改正前商法では当該定めは登記事項とされていた（平成17年改正前商188Ⅱ⑨）が，登記制度はほとんど利用されていなかった。取引の相手方の保護は表見代表取締役規定の類推適用によって図ることができるため，会社法では登記事項から削除された。会社法でも共同代表の定めをすることは可能であるが，取締役の代表権の内部的制限となり，善意の第三者に対抗することはできない（会349Ⅴ）。共同代表執行役，共同支配人についても同様の理由により登記事項から削除された。⇨共同支配人　（王子田　誠）

共同分割（きょうどうぶんかつ）

複数の株式会社または合同会社が共同して新設分割を行う社団法上の法律行為。複数の会社が共同で事業を行う場合などに用いられる。共同分割の場合，分割会社は共同して新設分割計画を作成しなければならない（会762Ⅱ）。

（西原慎治）

業務監査（ぎょうむかんさ）

代表取締役・業務執行取締役・執行役の「職務の執行」に対する監査役（会）および監査委員会の監査（会381Ⅰ）。会計監査に対比される概念。非公開会社において定款により監査役の監査権限の範囲を会計監査に限定した場合には，監査役の監査権限は業務監査を含まない（会389Ⅰ）。監査役の業務監査は，適法性監査と妥当性監査の双方を含むかについては争いがある。

（柿崎　環）

業務執行（権）（ぎょうむしっこう（けん））

会社において，会社の組織・事業の基礎的変更に関する事項，社員・株主の重要な利益に関する事項，機関の選任・解任に関する事項等の会社の基本的事項を除き（会295Ⅰ参照），会社の事業経営に関するさまざまな事務を処理すること。法律行為のみならず事実行為を含む。内部的な業務執行と対外的な業務執行があり，後者は，会社と第三者との間に法律関係を生ずるという面からみると，代表ととらえることもできる。⇨代表（権）　（新里慶一）

業務執行権または代表権の消滅の訴え（ぎょうむしっこうけんまたはだいひょうけんのしょうめつのうったえ）

持分会社の各社員は原則として業務執行権を有し（会590Ⅰ），業務執行社員は原則として代表権を有するが（会599Ⅰ），特定の業務執行社員が会社に対する重要な義務違反や不正行為を行ったり，精神的・肉体的理由によって著しく不適任になった場合には，持分会社は，訴えをもって当該社員の業務執行権または代表権の消滅を請求することができる（会860）。業務執行権または代表権の消滅には，①法定事由の存在，②対象社員を除く他の社員の過半数の決議，③裁判所の判決が必要である。⇒業務執行（権），代表（権）

（南隅基秀）

業務執行社員（ぎょうむしっこうしゃいん）

持分会社の社員は，原則として会社の業務を執行するが（会590Ⅰ），定款をもって一部の社員のみを業務執行社員とすることができる（会591Ⅰ）。この場合，業務執行社員が2人以上あるときは過半数をもって決定でき，業務執行社員が全員退社したときはその定款の定めは効力を失う。なお，業務執行社員は正当な事由がなければ辞任できず，その解任には正当な事由のほか他の社員の一致を要する。（上田廣美）

業務執行取締役（ぎょうむしっこうとりしまりやく）

代表取締役，取締役会選定のその他の業務執行取締役（会363Ⅰ）および会社の業務を執行したその他の取締役。業務執行取締役は社外取締役の要件を満たさない（会2⑮）。取締役会の監督機能に資するため，業務執行取締役のうち代表取締役・取締役会選定のその他の業務執行取締役は，3か月に1回以上職務執行の状況を取締役会に報告しなければならない（会363Ⅱ）。代表取締役以外で特定の業務執行権限を委譲される取締役は業務担当取締役とも呼ばれる。業務担当取締役は機動的な業務執行のために置かれることが多いが，対外的には代表取締役権限の内部的制限として善意の第三者に対抗することができない（会349Ⅴ）。

（王子田　誠）

業務執行に関する検査役（ぎょうむしっこうにかんするけんさやく）

裁判所によって選任され，株式会社（必要があればその子会社）の業務および財産の状況を調査する者。株式会社の業務執行に関して，不正行為または法令もしくは定款に違反する重大な事実があることを疑うに足りる事由がある場合，総株主の100分の3以上の議決権または発行済株式総数の100分の3以上の株式を保有する株主は裁判所に検査役の選任を申し立てることが

できる（会358Ⅰ）。選任された検査役は必要な調査を行い、その調査結果を裁判所に報告し、また会社および申立てをした株主にも提供しなければならない（会358Ⅴ，Ⅶ）。⇨総会検査役

（重田麻紀子）

虚偽文書行使等の罪（きょぎぶんしょこうしとうのつみ）

　株式、社債、新株予約権、新株予約権付社債は、理念的には、広く世間一般から募集されることになっているので、その募集（公募）に関する文書に虚偽記載があると、事情に不案内な一般投資家に多大な損害を及ぼすおそれがある。そのため、会社法964条はこの危険を未然に防ごうとする趣旨の規定である。なお、虚偽文書の行使等が詐欺にまで発展した場合には、刑法246条に基づき詐欺罪として罰せられることになろう。

（桑原茂樹）

拒否権付株式（種類株主の拒否権）（きょひけんつきかぶしき（しゅるいかぶぬしのきょひけん））

　株主総会・取締役会の決議事項について、当該決議に加えて種類株主総会の決議を必要とする場合に、その種類株式をいう（会108Ⅰ⑧）。黄金株とも呼ばれる。この種類株式を保有すれば、出資比率に関係なく株主総会等の決議事項について拒否権を留保できる。定款の定めにより、種類株主総会決議を必要とする条件を定めることもできる。買収防衛策としての利用が注目されているが、上場会社等では既発行の普通株式への影響を慎重に考慮しなければならない。⇨企業防衛、黄金株

（川島いづみ）

金庫株（きんこかぶ）

　会社が取得し、期間の制限なく保有しておく自己株式のこと。金庫に保管しておくところから金庫株と呼ばれる。従来はストックオプション、株式の消却等一定の目的のためにのみ自己株式の取得が認められ、相当の時期に処分または消却することが義務付けられていたが、平成13年商法改正により、目的・数量規制および相当の時期の処分義務なしに自己株式の取得・保有が認められた。⇨ストック・オプション

（江口眞樹子）

金銭配当（きんせんはいとう）

　剰余金の配当として金銭を配当すること。現物配当に対する概念。平成17年改正前商法の下では現物配当ができるかについては争いがあり、その手続も明確ではなかったため、実際上金銭配当しか行われてこなかった。会社法の下で株式会社が剰余金配当をするには、配当財産の種類等を原則として株主総会で決定しなければならないが（会454Ⅰ①）、金銭配当の場合、配当財産が金銭となる。中間配当の配当財

産は金銭に限られる（会454V）。⇨現物配当 　　　　　　　　　　　　　（若林泰伸）

く

クラウン・ジュエル（くらうん・じゅえる）

　敵対的買収者が手に入れたがる重要財産や重要な取引先などをいう。泥棒に狙われやすい「王冠の宝石」になぞらえて付けられた呼び名。買収の対象となった会社が，その重要財産を処分したり，重要な取引関係を解消したりすることによって，買収者の意欲をそぐことがあるが，そうした買収防衛策の呼び名として用いるのが一般的である。⇨企業防衛　　　　　　（野村修也）

グリーンメール（green mail）（ぐりーんめーる）

　株式を買い集めた者が，買い集めた株式をその発行会社または関連会社等に高値で買い取らせる行為のこと。このような買集め者をグリーンメイラーという。グリーンメイラーは，発行会社等に株式を買い取らせるために，公開買付け（TOB）を予告するなどさまざまな圧力をかける場合が多い。一般投資家が得ることのできない多額の利益をグリーンメイラーに取得させるこの行為は，会社や株主の利益を害するとともに，証券市場に対する投資者の信頼を失わせるものである。そのため金融商品取引法は，株式大量保有報告制度を設けて，証券市場の透明性と公正性を確保しようとしている。⇨公開買付け　　　　　　　　（江口眞樹子）

繰延資産（くりのべしさん）

　本来は負債として計上すべき費用を，将来において利益を発生させる資産として扱い，資産の部に計上してその後数年間分割して償却することが認められるもの。平成18年改正前の商法施行規則においては，創立費，開業費，研究費および開発費，新株発行費等，社債発行費，社債発行差金，建設利息について，繰延資産として計上することが認められており，それぞれ一定期間内（建設利息を除く）に一定額を償却することが要求されていた（平成18年改正前商施規35〜41）。これに対して会社計算規則においては，「繰延資産

として計上することが適当であると認められるもの」を繰延資産に属するものとするのみで（計規106Ⅲ⑤），具体的な項目については列挙していない。したがって，一般に公正妥当と認められる企業会計の基準その他の企業会計の慣行を斟酌して（計規3），繰延資産を計上することになる。⇒資産，公正な会計慣行

（松田和久）

け

経営委任（けいえいいにん）

事業（営業）の経営を他人に委任する契約。対外的には委任者の名義で事業がなされ，委任者が権利義務の帰属主体となるが，内部関係において，事業上の損益が受任者に帰属する場合（狭義の経営委任）と委任者に帰属する場合（経営管理）がある。企業結合の手段として利用することができる。

株式会社が事業の全部の経営を委任する場合には，株主総会の特別決議を要するなど事業譲渡と同様の規律に服する（会467Ⅰ④，468以下）。

（中濱義章）

経営者支配（けいえいしゃしはい）

大規模株式会社において，株式会社の実質的所有者である株主ではなく，取締役など経営者が株式を所有することなく，株式会社を支配している現象ないし支配形態。

株式会社の巨大化と株式の分散が極度に進んだ場合，会社の支配を意図し会社を支配する能力を有する企業者株主が存在しない状態になる。このような会社では，現経営者が，議決権の代理行使や委任状を集めることによって，自らはほとんど株式を所有することなく，会社を支配できる状態になる。⇒議決権の代理行使，議決権代理行使の勧誘

（新里慶一）

経営判断の原則（ビジネス・ジャッジメント・ルール）（けいえいはんだんのげんそく（びじねす・じゃっじめんと・るーる））

取締役（執行役）の経営判断が会社に損害を生じさせたとしても，その経営判断が誠実になされ，かつ，合理性を有するものであれば，裁判所は取締

役に注意義務違反としての責任を事後的に問うべきではないとする原則。取締役の経営判断は適時になされることが要求されるとともに、不確実かつ流動的な将来に向けて行われるため、経営判断にリスクは不可避である。その経営判断が結果として誤りであった場合に、それにより会社に生じた損害に対する賠償責任を認めてしまうのでは取締役が経営萎縮に陥り、ひいては会社の事業活動の発展も喪失しかねないことから、アメリカにおいて判例法として生成・発展した考え方である。わが国では経営判断原則を解釈論としてどのように位置づけるかをめぐり議論のあるところであるが、裁判例では、経営判断原則に示唆を受け取締役に相当程度の裁量を認めるものも散見される（東京地判平16.9.28判時1886号111頁）。 (重田麻紀子)

計算書類 (けいさんしょるい)

会社における財産や損益の状況を明らかにするために作成される書類。貸借対照表、損益計算書、株主資本等変動計算書（持分会社では社員資本等変動計算書）と個別注記表からなり、作成および10年間の保存が義務付けられている。合名会社および合資会社における貸借対照表以外の書類については、それを会社計算規則に従って作成するものと当該会社が定め、作成した場合に計算書類となる（会435, 617, 計規91Ⅰ, 103Ⅰ）。株式会社では、監査役、監査委員会、監査役会および会計監査人の監査・監査報告（会436Ⅰ・Ⅱ、計規149～160）並びに取締役会の承認（会436Ⅲ）を要する。⇒貸借対照表、損益計算書、株主資本等変動計算書、個別注記表 (堀井智明)

継続性の原則 (けいぞくせいのげんそく)

企業会計原則の「一般原則」の一つで、「企業会計は、その処理の原則および手続を毎期継続して適用し、みだりにこれを変更してはならない」という原則。個別注記表および連結注記表を作成する会社が会計方針を変更した場合、一定の事項をこれらの書類に注記しなければならない（計規132Ⅱ, 133Ⅱ）。また、監査報告（会計監査人設置会社を除く）および会計監査報告には、会計方針の変更の相当性とその理由が記載される（計規150Ⅱ①, 154Ⅱ②）。 (白石智則)

契約による株式譲渡の制限 (けいやくによるかぶしきじょうとのせいげん)

会社・株主間または株主相互間等における個別的な契約により株式譲渡の制限を定めることがあり、特に従業員持株制度をめぐって問題となる。多数説は、会社・株主間の契約による場合には、会社法127条の脱法行為として原則として無効であるが、会社が当事

者でない場合には，同条の関知するところではないから，契約自由の原則に基づき原則として有効であると解する。一方，会社が当事者となる場合も契約自由の原則が妥当し，公序良俗に反する場合に限って無効とすれば足りると解する見解も有力である。判例は，従業員持株制度に伴う会社・株主間の株式譲渡制限契約につき，会127条にも公序良俗にも反しないとして有効と解している（最判平成7年4月25日裁判集民事175号91頁）。⇒従業員持株制度，定款による株式譲渡の制限

（来住野　究）

決算公告（けっさんこうこく）

株式会社においては，定時株主総会で承認を受け，確定した計算書類のうち，貸借対照表（大会社にあっては貸借対照表および損益計算書）を総会終結後，遅滞なく公告（広く一般に公表）することが義務づけられている（会440Ⅰ）。その方法は，官報・日刊新聞紙への掲載または電子公告による（会939Ⅰ）。ただし，金融商品取引法24条1項により，有価証券報告書を内閣総理大臣に提出する会社は，上記公告の義務はない（会440Ⅳ）。⇒電子公告制度

（堀井智明）

欠損（けっそん）

株式会社では，分配可能額がマイナスである場合を欠損があるという（施規68，計規179）。この場合は，資本金または準備金を取り崩すための手続が軽減され（会309Ⅱ⑨，449Ⅰ但書。また，会459Ⅰ②），それにより欠損の額を消滅させて分配の可能性を早期に回復させることができる。また，剰余金の分配が行われた事業年度に関する計算書類が承認された時点で欠損がある場合は，原則として，分配に関する職務を行った業務執行者は，会社に対し，連帯して，欠損の額（分配額を上限とする）を支払う義務を負う（会465Ⅰ。なお，合同会社につき，会631Ⅰ，計規193）。⇒剰余金の配当

（森川　隆）

原価主義（原価法）（げんかしゅぎ（げんかほう））

原価により資産を評価する方法または考え方。時価主義と対比される。会社計算規則は，資産について，同規則または会社法以外の法令に別段の定めがある場合を除いて，「会計帳簿にその取得価額を付さなければならない」と規定し，原価主義を原則とすることを明らかにしている（計規5Ⅰ）。企業会計原則は，資産の種類ごとに原価の算定方法を定めており，例えば，棚卸資産は，購入代価または製造原価に引取費用等の付随費用を加算し，これに個別法，先入先出法，後入先出法，平均原価法等の方法を適用して算定した取得原価を貸借対照表価額としなけ

検査役（けんさやく）

株式会社において変態設立事項の調査（会33），募集株式における現物出資財産の調査（会207），株主総会の招集手続等に関する調査（会306）や業務の執行に関する調査（会358）といった特定の場合に置かれる臨時的機関。裁判所によって選任される。権限や選任手続は，各場合によって異なる。⇒機関　　　　　　　　　（藤田祥子）

建設利息の配当（けんせつりそくのはいとう）

平成17年改正前商法において，鉄道事業など，株式会社の設立後2年以内に営業の全部を開始できない会社が，裁判所の認可を得た定款規定の下で，開業前の期間に配当可能利益がないにもかかわらず，株主に対して配当することを指した（旧商291）。建設利息の配当は株主の募集を容易にするために特に認められた制度であるが，会社法では減資差益の分配が認められ，また繰延資産への計上は債権者保護上問題があるため廃止された。⇒繰延資産，資本剰余金　　　　　　　（若林泰伸）

減損会計（げんそんかいけい）

企業が保有する固定資産が帳簿価額で回収できない可能性が生じた場合，評価損を計上する会計処理。会社計算規則においては，事業年度の末日において予測することができない減損が生じた資産または減損損失を認識すべき資産について，取得原価から相当の減額をした額を付さなければならないとし（計規5Ⅲ②），また各有形固定資産に対する減損損失累計額について，一定の方法で表示しなければならないとする（計規111）。⇒原価主義，時価主義　　　　　　　　　　　（松田和久）

現物出資（げんぶつしゅっし）

変態設立事項であり，金銭以外の財産でする出資（会28①）。現物出資者は，発起人に限られている（募集株式の場合には，制限はない。会社34Ⅰ，58Ⅰ③，199Ⅰ③）。目的物が過大に評価されると他の株主や会社債権者を害するおそれがあるところから規制される。会社法33条10項各号に該当する場合は，検査役の調査を要しない。出資財産の実価が定款に定めた価額に著しく不足する場合には，発起人等に対し，重い責任が課される（会52，103Ⅰ）。⇒変態設立事項　　　　　（藤田祥子）

現物配当（げんぶつはいとう）

剰余金の配当を金銭以外の財産で行うことをいう（会454Ⅳ）。会社は配当を多様化でき，組織再編にも利用できるが，現物配当では配当財産の種類に

よっては換金できない場合もあるため、金銭分配請求権が付与されない場合には、株主総会の特別決議が要求されており（会309Ⅱ⑩）、また一定数未満の株式保有者には配当しないことを決定した場合には（会454Ⅳ②）、当該株主に金銭を支払わなければならない（会456）。株主優待制度との関係が問題となる。⇒株主優待制度、金銭配当

(若林泰伸)

権利株（けんりかぶ）

金銭の払込み・金銭以外の財産の給付（現物出資）により株主となる権利を有する株式引受人の地位のことをいう。会社成立前、募集株式発行前の権利株の譲渡は、設立事務、株券発行事務などの渋滞防止の観点から、会社に対抗することはできない（発起人について会35、50Ⅱ、設立時募集株式引受人について会63Ⅱ、募集株式発行時の引受人について会208Ⅳ）。なお、権利株の譲渡は当事者間では有効であると一般に解されている。⇒現物出資

(内田千秋)

こ

公開会社・閉鎖会社（こうかいがいしゃ・へいさがいしゃ）

公開会社は本来は、誰でも投資（出資）をすれば株主（社員）になることができる会社であり、それに対して閉鎖会社は、第三者が自由にその株主（社員）になることはできない会社である。定款に株式譲渡制限の定めがある会社だけではなく、そうした定めが定款にはなくても、非上場の会社は実態において閉鎖会社である。ただし、平成17年の会社法は、そうした実態にかかわりなく、譲渡制限の定めがない株式の発行を定款に定めていれば（実際に発行していると否とを問わずに）その会社を「公開会社」（会2⑤）としている。⇒定款による株式譲渡の制限、譲渡制限株式

(鳥山恭一)

公開買付け（TOB－Take Over Bit）（こうかいかいつけ（てぃーおーびー））

取引所金融商品市場外において株券等を一定の価格で取得するために広く不特定多数の投資者に対して買付けの

申込みをし，売付けの申込みを勧誘する際に，投資者の保護および平等取扱いの確保のため，買付者に対して一定の開示規制および取引規制の遵守を義務づける制度（金商27条の2以下）。会社支配権獲得のために行われる。60日間に11名以上の者から市場外で株券等を買い付けた後の株券等所有割合が5％を超える場合（金商27条の2Ⅰ①），60日間で10名以内の者から市場外で株券等を買い付けた後の株券等所有割合が3分の1を超える場合（同②－3分の1ルール），市場内外における取引を組み合わせた買付けの結果，株券等所有割合が3分の1を超える場合（同④）等は，公開買付けによらなければならない。

（江口眞樹子）

口座管理機関（こうざかんりきかん）

株券振替制度において，同法および振替機関の業務規程の定めるところにより，他の者のために，その申出により社債等の振替を行うための口座を開設することができる機関（社振2Ⅳ，同44Ⅰ）。証券会社，外国証券会社，銀行，長期信用銀行，信託会社，農林中央金庫，商工組合中央金庫，農業協同組合，漁業協同組合，信用協同組合，信用金庫，労働金庫等，社債等振替法44条に列挙されているものに限られている。

（松井英樹）

合資会社（ごうしがいしゃ）

合名会社の社員と同じ立場の無限責任社員と，会社債務につき，連帯して直接の弁済責任を負うが出資額を限度とする有限責任社員の，2種類の社員により構成される会社。各社員の種類は定款記載事項である。業務執行・会社代表，持分譲渡，退社・退社による出資の払戻しは合名会社と同じである。ただし，有限責任社員の出資は金銭その他の財産に限られ，業務執行しない有限責任社員の持分譲渡には，業務執行社員全員の同意が必要である。⇒直接有限責任

（古川朋子）

公示催告・除権決定（こうじさいこく・じょけんけってい）

新株予約権証券を喪失した者は，簡易裁判所に公示催告の申立てを行い，簡易裁判所は公示催告決定がなされた場合には，証券の所持人に届出期間内に証券を届け出るべきこと，届出がない場合には証券が無効とされることを公示し（非訟141以下），期間内に届出がなかった場合には，証券を無効にする等の除権決定を行う（会291条，非訟148）。これにより，新株予約権と証券とが分離され，喪失者は形式的資格が回復されるので，再発行請求することができる（会291）。株券が無効となった場合は除権決定制度によらず，株券失効制度（会221～233）により株券喪失者に再発行請求が認められている

(会228Ⅱ)。⇨新株予約権証券，株券喪失登録制度　　　　　（肥塚肇雄）

公正な会計慣行（こうせいなかいけいかんこう）

会社法によれば，株式会社および持分会社の会計は，「一般に公正妥当と認められる企業会計の慣行」に従うものとされ（会431，614），会社計算規則によれば，同規則の用語の解釈および規定の適用に関しては，「一般に公正妥当と認められる企業会計の基準その他の企業会計の慣行」をしん酌しなければならないものとされている（計規3）。一般に，企業会計審議会が公表する「企業会計原則」がこれにあたると解されている。⇨企業会計原則
（白石智則）

合同会社（ごうどうがいしゃ）

会社法により創設された新しい種類の会社である。日本版 LLC とも称され，創業，企業同士の提携や共同研究開発・産学連携の促進等を図るため，社員全員の出資額を限度とする有限責任が確保されつつ，会社の内部関係については組合的規律の適用により広範な定款自治に委ねられている。組合契約である有限責任事業組合とは異なり，法人格を有しており（パス・スルー課税はされない），社員は1人でもよく，法人が業務執行社員になることもできる。各社員の議決権および利益分配は，労務，知的財産等の提供による貢献を考慮して出資比率に比例しないことが可能である。一方で，全社員が有限責任しか負わないので，株式会社と同様，法は出資の目的の金銭その他の財産への限定，設立時の出資の全額払込，一定の計算書類の作成および債権者への開示，剰余金配当の財源規制，出資の払戻しの制限，業務執行者の対第三者責任等さまざまな会社債権者保護規定を設けている。⇨パス・スルー，有限責任事業組合，定款自治　（古川朋子）

合同行為（ごうどうこうい）

複数人による相対立しない内容の意思表示の合致によって成立する法律行為を合同行為と呼び，契約とは区別することが行われてきた。発起人による設立中の会社の創設のような社団設立行為がその典型とされる。ある構成員の意思表示が無効または取り消されても社団設立の効力に直ちに影響しない点などが，契約と異なる合同行為概念をたてる実益だとされる。しかし近時は，契約の一種として説明することもできるという見解も多い。⇨会社の社団性　　　　　　　　（三浦　治）

合弁企業（ごうべんきぎょう）

複数の企業が互いの専門性や経営資源を持ち寄り，共同事業，研究開発等の共同事業を行うこと。ジョイント・ベンチャー（joint venture）。一企業

が単独でリスク負担，資金調達するのが困難である，膨大なコストを要したり，初期投資が大きいうえに投資の回収に時間のかかる事業について選択される。契約による場合と，会社などの法人あるいは組合等の団体を構成する場合がある。有限責任事業組合，合同会社は合弁企業の受け皿としても期待されている。⇒合同会社　（古川朋子）

公募（こうぼ）

株主に割当てを受ける権利を与えないで行われる募集株式の発行のうち，不特定・多数の者に対して募集を行い，申込者の中から募集株式の割当てを受ける者を決定し，募集株式を発行すること。実際は買取引受の方法がとられる。一般的には時価に近い価格で募集株式を発行する時価発行である。株主割当による額面発行に比べて多額の資金調達が可能である。募集する範囲を会社の役員や従業員，取引先などに限定して募集する場合は縁故募集と呼ばれる。⇒株主割当，第三者割当
　　　　　　　　　　（岡本智英子）

合名会社（ごうめいがいしゃ）

社員の全員が会社の債務につき，会社債権者に対し，連帯して直接無限の弁済責任を負う会社。原則として，各社員がそれぞれ業務を執行し会社を代表する。会社持分の譲渡・退社には全社員の同意が必要であり，社員の氏名や出資の目的（金銭・労務等）は定款記載事項である。投下資本回収方法として，持分譲渡のほか出資の払戻しが請求できる。民法上の組合と異なり，各社員は債権者に対し，会社資産から先に弁済を受けるよう請求することができる。⇒出資の払戻し，直接無限責任
　　　　　　　　　　（古川朋子）

ゴーイング・コンサーン（継続企業の前提）（ごーいんぐ・こんさーん（けいぞくきぎょうのぜんてい））

ゴーイング・コンサーン（going concern）とは，継続して活動する企業のことである。会計は企業活動が半永久的に継続することを前提としており，この前提を継続企業の前提（公準）という。継続企業の前提ゆえに，会計は一定の期間ごとに行われる（会計期間の公準）。会社の個別注記表および連結注記表には，会社が将来にわたって事業を継続するとの前提に重要な疑義を抱かせる事象または状況が存在する場合，一定の事項を記載しなければならない（計規131）。⇒個別注記表
　　　　　　　　　　（白石智則）

コーポレート・ガバナンス（企業統治）（こーぽれーと・がばなんす（きぎょうとうち））

企業統治。会社の不正行為の防止または適正な事業活動の維持・確保を目的とした会社システムのあり方。

90年代半ば以降，バブル崩壊後，多くの企業の不祥事が明るみに出たことから，企業の経営・運営の監督・監査の必要性が認識されるようになり，注目を集めるようになった。

株式会社は実質的には株主のものであり，統治の主体は株主であることから，コーポレート・ガバナンスの本来的な目的は，企業価値の維持増大となる。しかし，わが国では，「会社は経営者や従業員のモノ」という意識が強く，会社運営の主体は内部昇格による経営陣が主体で，また，企業不祥事における経営陣のモラルハザード，経営責任の曖昧さが表面化したという経緯から，「会社は誰のものか」，「会社は誰のためにどのように運営されるべきか」，「会社の経営・運営をどのように監督・監視するべきか」ということが，コーポレート・ガバナンス論における主たる問題となっていた。今日では，従業員や取引先，その他社会一般の利害と会社企業との関係を問う視点へと，その問題領域は拡大し，さらに，コンプライアンスとともに，盛んに議論されている。⇨会社の社会的責任（CSR），コンプライアンス体制，ステークホルダー　　　　（新里慶一）

ゴールデン・パラシュート（ごーるでん・ぱらしゅーと）

敵対的買収に対する防衛策の一種で，現経営陣が敵対的買収者によって解任された場合に備えて，巨額の退職金の支払をあらかじめ約束しておくことをいう。黄金のパラシュートで脱出するイメージから，この名が付けられた。このような約定が存在していると，仮に敵対的買収に成功しても，現経営陣によって会社財産が持ち去られることになるため，敵対的買収者の買収意欲をそぐ結果となる。⇨企業防衛

（野村修也）

子会社調査権（こがいしゃちょうさけん）

親会社の監査役は，その職務を行うため必要があれば，監査役設置会社の子会社に対して事業報告を求め，また子会社の業務および財産の状況を調査することができる（会381Ⅲ）。ただし，子会社は，正当な理由があれば，子会社調査権の行使を拒絶できる（会381Ⅳ），大会社の場合には企業集団ごとの内部統制システム構築の取締役会決議が要請される以上（施規100Ⅰ⑤），監査役がその決議の相当性を判断する手段としても子会社に対する調査権の行使は保障されなければならない。⇨内部統制システム　　　　（柿崎　環）

子会社による親会社株式の取得（こがいしゃによるおやがいしゃかぶしきのしゅとく）

子会社による親会社株式の取得は，資本の空洞化を招き，また親会社の経

営陣が子会社に対する支配力を行使することにより、子会社が有する議決権の行使を通じて自らの支配的地位を安定させる等の弊害が生じるおそれがある。そこで会社法は、原則として子会社が親会社株式を取得することを禁じ（会135Ⅰ）、例外的に取得が認められる場合（会135Ⅱ）も相当の時期にこれを処分しなければならないものとした（会135Ⅲ）。　　　　（江口眞樹子）

顧客口座簿（こきゃくこうざぼ）

　顧客から預託を受けた株券を保管振替機関に預託する参加者が、保管振替機関ごとに、その顧客のために開設した口座について、作成され備え置かれる帳簿。顧客口座簿には、①顧客の氏名および住所、②株式の発行会社の商号並びに株式の種類および数、③保管振替機関に預託した顧客の株券の株式を質権の目的とする口座においては、質権者の氏名および住所などが記載・記録される（保振15）。　（松井英樹）

国外犯（こくがいはん）

　会社法における新設規定である。別項目で解説した特別背任罪・会社財産危殆罪・預合罪・株式超過発行の罪・贈収賄罪・利益供与罪は、日本国外でこれらの罪を犯した者にも適用される（会971Ⅰ）。また、贈賄罪（会967Ⅱ、968Ⅱ）並びに利益供与罪に関する970条2項3項4項については、刑法2条の規定に基づくとされており、日本国外においてこれらの罪を犯したすべての者に適用される（会971Ⅱ）。

　　　　　　　　　　　　（桑原茂樹）

固定資産（こていしさん）

　継続的に事業の用に供することが予定されている資産。会社計算規則においては、有形固定資産、無形固定資産、投資その他の資産の3項目に区分することを要求している（計規106Ⅱ）。建物、構築物、機械、土地などは有形固定資産に、特許権、商標権、実用新案権、のれんなどは無形固定資産に、関係会社の株式、出資金、長期貸付金などは投資その他の資産に、それぞれ属する（計規106Ⅲ②～④）。⇨流動資産、のれん　　　　　　　　　（松田和久）

固定負債（こていふさい）

　1年内に履行期が到来しない長期にわたる負債。会社計算規則においては、社債、長期借入金、引当金（資産に係る引当金および流動負債に掲げる引当金を除く）などが、固定負債に属するとする（計規107Ⅱ②）。なおのれんのうち、事業の取得原価が取得した資産および引き受けた負債に配分された純額を下回る場合のその不足額である「負ののれん」については、無形固定資産ではなく固定負債に属するものとする。⇨流動負債、引当金、のれん

　　　　　　　　　　　　（松田和久）

誤認行為の責任（ごにんこういのせきにん）

合資会社の有限責任社員が自己を無限責任社員であると誤認させる行為をしたとき，あるいは合資会社または合同会社の有限責任社員がその責任の限度を誤認させる行為をしたときは，その有限責任社員は，誤認に基づき会社と取引した者に対し，無限責任社員と同一の責任，あるい誤認させた責任の範囲内で会社の債務を弁済する責任を負う（会588Ⅰ・Ⅱ）。なお，社員でない者による誤認行為については会社法589条の規定がある。　（上田廣美）

個別株主通知（こべつかぶぬしつうち）

株券振替制度において，加入者である株主が少数株主権を行使するために，自己の口座を開設している振替機関または口座管理機関を経由して振替機関に申出を行うことにより，振替機関が，当該加入者の氏名・住所・保有する株式数，およびその増減の記録の日・数などの一定の事項を当該振替株式の発行会社に対して通知することをいう（社振154Ⅲ）。少数株主権は，株主ごとに個別に期中で行使されるため，振替口座簿と株主名簿の記載内容が異なる場合が考えられる。そこで，振替株式についての少数株主権等の行使については，株主名簿の記載を会社への対抗要件とする会社法130条1項の規定は適用されず（社振154Ⅰ），株主の申出により振替機関から発行会社への個別株主通知がなされた後，一定期間内に権利行使をすることを認めている（社振154Ⅱ）。⇒単独株主権・少数株主権　（松井英樹）

個別注記表（こべつちゅうきひょう）

すべての会社が，各事業年度に作成しなくてはならないとされている計算書類の一つである（会435Ⅱ，617Ⅱ，計規91Ⅰ，103）。従来，貸借対照表や損益計算書の注記事項とされていた事項をまとめて個別注記表としたものであるが，継続企業の前提，重要な会計方針に係る事項，関連当事者との取引，重要な後発事象に関する注記等の項目に区分される（計規129Ⅰ）。監査の対象ともされている（会436Ⅰ）。⇒ゴーイング・コンサーン　（宮島　司）

固有権（こゆうけん）

定款の定めや株主総会の多数決によっても奪うことのできない株主の権利。今日では立法により株主保護の詳細な規定が整備されており，かつてほど議論の実益はないものの，単元株制度の導入による株主の固有権の縮減に関する問題等，少数株主保護という観点で議論される株主の権利である。

（四竈丈夫）

混合株（こんごうかぶ）

ある権利について優先的な内容をもつが，他の権利については劣後的な内容を持つ株式をいう。例えば，剰余金の配当は優先的に受けられるが，残余財産の分配は劣後的な扱いを受けるような株式である。⇨優先株，劣後株

（池島真策）

コンプライアンス（法令遵守）体制（こんぷらいあんす（ほうれいじゅんしゅ）たいせい）

役員・従業員が企業活動を行ううえで法令や自主規制等の規則に違反することを予防し，違反行為があった場合には早期に発見・是正するための体制。最近の会社による法令違反行為を契機として大会社・委員会等設置会社に強制される内部統制システムの柱の一つである。会社法は，取締役（執行役）の職務執行に関するコンプライアンス体制の構築・運用は取締役会（取締役）の義務であると規定する（会348Ⅳ，362Ⅴ，416Ⅱ）。さらに会社法施行規則は使用人の職務執行に関するコンプライアンス体制も定めている（施規98Ⅰ④，100Ⅰ④，112Ⅱ④）。コンプライアンス体制を構築していない場合のみならず体制に不備があったり，運用に問題がある場合には取締役の善管義務違反となりうる。⇨内部統制システム

（王子田　誠）

コンメンダ（commenda）（こんめんだ）

資本拠出者が，事業経営者に対し金銭または商品を提供し，事業経営者は海外に赴き商品の販売または買入れを行い，帰還後，利潤の分配を約する契約。10世紀以来，地中海地方の主として海上取引から発達した。後に，事業経営者自らも出資をなす形態が生まれ，組合としての性格を取得した。これらのうち，資本拠出者が共同企業者として対外的関係を持つ形態が合資会社，持たない形態が匿名組合の，それぞれ起源となったといわれている。

（古川朋子）

さ

債権者集会(さいけんしゃしゅうかい)

破産手続等において債権者を集団として扱う法技術であり、会社法上は特別清算の実行上必要がある場合にいつでも招集することができると規定される(会546Ⅰ)。この招集は清算株式会社により、または一定の場合には裁判所の許可を得た債権者によってなされる。債権者集会は招集手続を経て開催され、協定の可決・協定の内容の変更等の重要事項につき法定の多数決をもって決議をする。⇒特別清算、協定

(齋藤雅代)

債権者保護手続(さいけんしゃほごてつづき)

会社が債権者の利害に関わる一定の行為(資本金の減少〔株式会社・合同会社〕、組織変更等)を行う際に要求される手続である。具体的には、原則として、債権者が1か月以上の一定の期間内に異議を述べることができる旨等の事項を官報に公告し、かつ、知れている債権者に各別に催告しなければならない。そして、債権者が期間内に異議を述べたときは、その債権者に対する弁済等をしなければならない(会449、627、635、670、779、781Ⅱ、789、793Ⅱ、799、802Ⅱ、810、813Ⅱ。なお、社債権者につき、会740Ⅰ)。
⇒資本金の減少、組織変更、組織再編行為

(森川 隆)

財産引受(ざいさんひきうけ)

変態設立事項であり、発起人が会社のため会社の成立を条件として特定の財産を譲り受けることを約する契約(会28②)。成立後の会社の事業活動の準備行為であるため、開業準備行為に該当する。目的物が過大に評価されたり、現物出資に関する規制を脱法する方法として用いられる可能性があるため規制される。会社法33条10項各号に該当する場合は、現物出資と同様に検査役の調査を要しない。譲渡される財産の実価が定款に定めた価額に著しく不足する場合には、発起人等に対し、重い責任が課される(会52、103Ⅰ)。
⇒変態設立事項、現物出資、開業準備行為

(藤田祥子)

財産法（ざいさんほう）

期末と期首における純資産額の差額からその期間の損益を計算する方法。収益と費用の差額から損益を計算する損益法と対比される。本来の意味における財産法は、期末と期首における純財産額を実地調査によって算定し、その差額を利益とするので、利益は企業を解体した場合における個々の財産の処分価額の総額を意味することになる。
⇨損益法　　　　　　　　（白石智則）

財産目録（ざいさんもくろく）

一定時期における企業財産の総目録。昭和49年商法改正前は商業帳簿の一つとして開業時および毎決算時に作成を義務づけられており、これを通常財産目録といったが、現在では清算、民事再生、破産、会社更生の手続において作成が要求されるのみであり、これらを非常財産目録という。非常財産目録は清算等の手続における財産処分のため、手続開始時における企業財産の状況を明らかにする趣旨で作成される。
　　　　　　　　　　　（齋藤雅代）

最低資本金制度（さいていしほんきんせいど）

平成2年改正商法・有限会社法により、株式会社は1000万円、有限会社は300万円という資本金額の最低額が法定された。この金額を下回る会社設立や資本減少を認めないものとすることで、有限責任制をとる会社にあって最低限度の代償を求めるものであるとされた。会社法は、起業の促進などの観点から、最低資本金制度を廃止した。ただし、株式会社について純資産額が300万円を下回る場合の剰余金の配当について制限がある（会458）。この点に、最低資本金制度の機能の一部を残したといえる。
　　　　　　　　　　　（杉田貴洋）

財務諸表（ざいむしょひょう）

投資者への正確な企業情報の開示を目的として、金融商品取引法上、作成・監査証明が義務づけられている財務計算に関する書類。具体的には貸借対照表、損益計算書、株主資本等変動計算書、キャッシュ・フロー計算書および附属明細表を指す。財務諸表等の用語、様式および作成方法に関する規則（財務諸表規則）による用語・様式・作成方法その他一般に公正妥当と認められる企業会計の基準に従って作成し、原則として公認会計士または監査法人による監査証明を必要とする（財規1Ⅰ、金商193、193の2Ⅰ）。⇨貸借対照表、損益計算書、株主資本等変動計算書、附属明細書　　　　　　（堀井智明）

財務制限条項（財務上の特約）（ざいむせいげんじょうこう（ざいむじょうのとくやく））

財務制限条項とは、社債の発行に際し、社債権者保護のため社債発行会社

との間で特に定められた財務上の取決めのことをいう。財務上の特約ともいう。具体的には社債発行会社の財務状況の悪化を防ぐことを目的として、負債制限や担保提供制限、配当制限条項などが定められる場合がある。

(菊田秀雄)

裁量棄却（さいりょうききゃく）

株主総会決議取消の訴えが提起された場合であっても、取消事由が株主総会の招集手続または決議方法の法令または定款違反という手続面の瑕疵である場合には、裁判所は、①その違反する事実が重大でなく、かつ、②決議に影響を及ぼさないものであると認めるときは、この請求を棄却することができる（会831Ⅱ）。これを裁判所による裁量棄却という。　　　　(河村賢治)

先買権者（指定買取人）（さきがいけんじゃ（していかいとりにん））

定款による株式譲渡制限において、会社が株式譲渡を承認しない場合に指定される譲渡の相手方（買受人）。平成17年改正前商法では、先買権者指定請求（改正前商204の2Ⅰ）を受けた取締役会は先買権者として会社を指定できたが（改正前商204の3の2）、会社法は、会社またはその指定買取人が株式を買い取るものとして（会140Ⅰ・Ⅳ）、規定の形式を改めた。

(来住野　究)

三角合併（さんかくがっぺい）

存続会社が、消滅会社の株主に対して、合併対価として存続会社の株式でなく、存続会社の親会社の株式を交付する方法をいう。会社法による合併対価の柔軟化により可能となった（平成19年5月1日より施行）。これにより国内の会社どうしに加え、外国の企業が日本国内に子会社を設立し、その子会社が日本の会社を吸収合併し、外国の企業の株式を対価として交付するという方法によって、現金を用いずに国境を越えた買収が可能となったのである。⇨親会社・子会社，合併対価，企業買収，三角株式交換　　(黒石英毅)

三角株式交換（さんかくかぶしきこうかん）

組織再編の際の対価の柔軟化により、株式交換を行う際に、株式交換完全子会社となる会社の株主に対して、完全親会社となる会社の株式ではなく、金銭その他の対価を交付することが可能となったが（会768Ⅰ）、そのうち、完全親会社となる会社の親会社の株式を対価とするような株式交換を三角株式交換と呼ぶ。この方法は、外国企業が日本に子会社を設立し、その子会社が他の日本企業と株式交換を行うことにより、その日本企業を完全子会社化するような場合に用いられる。完全子会社となる日本企業の株主には、完全親会社となる日本企業の親会社である外

国企業の株式が与えられることとなるが，この方法を使えば，外国企業は現金なしで，日本企業を子会社化できる。⇨三角合併　　　　　　　　（宮島　司）

参加者（さんかしゃ）

株券等の保管および振替に関する法律6条1項の規定により，保管振替機関が株券等の保管および振替を行うための口座を開設した者。証券会社，外国証券会社，証券金融会社，銀行，長期信用銀行，信託会社，農林中央金庫，商工組合中央金庫，農業協同組合，漁業協同組合，信用協同組合，信用金庫，労働金庫，保険会社，外国保険会社，登録投資法人など，およびこれらに類するものとして主務大臣の指定した者がこれにあたる。　　　　（松井英樹）

参加者口座簿（さんかしゃこうざぼ）

株券等の保管および振替に関する法律17条1項に基づき，保管振替機関が作成し，備えなければならない帳簿。株券等保管振替制度に参加する参加者の名称・住所のほか，同14条1項により参加者が預託した株券について，①参加者自己分と顧客預託分の別，②会社の商号並びに株式の種類および数，③参加者自己分を質権の目的とする口座においては，質権者の氏名および住所などを記載・記録しなければならない（保振17Ⅱ）。　　　　（松井英樹）

参加的優先株・非参加的優先株（さんかてきゆうせんかぶ・ひさんかてきゆうせんかぶ）

剰余金の配当について優先的な取扱いをする種類株式（優先株式）の中で，優先的な剰余金の配当に加えて，普通株式を有する株主に交付される配当を普通株式と同様に受領することができる種類株式を参加的優先株といい，これを受領できない種類株式を非参加的優先株という。このような参加的取扱いをするか否かは，剰余金の配当に関する取扱いの内容として，発行可能種類株式総数とともに定款において定められなければならない。⇨発行可能株式総数　　　　　　　　（川島いづみ）

残余財産の分配（ざんよざいさんのぶんぱい）

清算会社の債務を弁済した後に会社財産が残存する場合，または争いのある債務の弁済に必要な財産を留保している場合には，清算会社は株主に対して残余財産を分配することができる（会502，664）。残余財産分配請求権は株主の権利の一つであるが，この要件が満たされなければ株主はこの請求権を行使できない。残余財産の割当ては，原則として各株主の有する株式数に応じるが，種類株式について別に定めることもできる。⇨種類株式

（齋藤雅代）

残余財産分配請求権（ざんよざいさんぶんぱいせいきゅうけん）

　残余財産分配請求権とは，株式会社の株主が有する権利の一つで（会105Ⅰ②），会社が解散した際，清算後に残った財産を株式の数に応じて分配される権利をいう。清算の結果，負債が資産を上回ることが明らかになれば分配はなされないが，株主が負債の返済義務を負うことはない。存続中の会社を現在直ちに解散し清算すると仮定した場合の残余財産の総額を解散価値と呼び，この解散価値を発行済株式数で除したものが1株当たり純資産（BPS）である。　　　　（四竃丈夫）

し

自益権・共益権（じえきけん・きょうえきけん）

　株主の権利は，その性質から，自益権（直接的な経済的利益の享受を目的とする権利。例：剰余金配当請求権）と共益権（会社経営への参画を目的とする権利で，いわば経営参加権。例：議決権）に分類される。自益権は1株でももっていれば行使できる単独株主権であるが，共益権には一定数以上の株式を保有している株主でなければ行使できない少数株主権もある。⇨単独株主権・少数株主権　　（四竃丈夫）

時価主義（時価法）（じかしゅぎ（じかほう））

　時価により資産を評価する方法または考え方。原価主義と対比される。商法・会社法会計において，資産は原則として原価（取得価額）により評価されるが，平成11年の商法改正以降，株式・社債等の金融資産については時価により評価することができるようになった。会社計算規則では，市場価格のある資産（子会社および関連会社の株式ならびに満期保有目的の債券を除く）のほか，事業年度の末日においてその時の時価を付すことが適当な資産について時価主義の適用を認めている（計規5Ⅵ②・③）。なお，時価が再調達価額と処分価額のいずれを意味するのかについては争いがある。⇨親会社・子会社，原価主義　　（白石智則）

事業(営業)(じぎょう(えいぎょう))

「事業」は,平成17年改正前商法の「営業」に相当する概念で,会社法の制定に伴い導入されたものである。平成17年改正前商法における「営業」についての解釈によれば,継続的集団的に同種の営利行為を行うこと(主観的意味における営業。なお,「事業」に関して会5,9,11Ⅰ,12Ⅰ②等)と商人が一定の営利の目的のために有する総括的な財産の組織体(客観的意味における営業,営業財産(fonds de commerce)。「事業」に関して会21~23)との二義がある。後者の「営業」には,動産,不動産,債権債務,無体財産の他,営業上の無形の経済的利益(のれん→)を含み,営業全体の価値は各個の財産の合計額と等価ではない。したがって営業は,解体せずにその組織的一体性を保持したまま譲渡・賃貸の対象とすることができる。⇒事業の譲渡

(柴崎　暁)

事業譲渡会社の競業避止(じぎょうじょうとがいしゃのきょうぎょうひし)

事業の譲渡(営業の譲渡)(→)は,事業(営業)を解体せずにその組織的一体性を保持したまま譲渡するもので,得意先・仕入先・営業上の信用を享受する地位(のれん→)も承継されており,譲渡人が同種の事業(営業)を再開することは,譲受人の利益を侵害するものである。そこで,法は,譲渡契約の当事者間に特段の合意がない限りは,譲渡人が競業しない不作為義務を負うものとして扱う(会21Ⅰ)。商号の続用がある場合には譲受人(譲受会社)は譲渡人(譲渡会社)の事業によって発生した債務の弁済に責任を負う(会22Ⅰ)。

(柴崎　暁)

事業の譲渡(営業の譲渡)(じぎょうのじょうと(えいぎょうのじょうと))

事業(営業)財産の価値は各個の財産の合計額と等価ではなく,のれんのような無形の利益も含める。したがって事業は,解体せずにその組織的一体性を保持したまま譲渡・賃貸の対象となる場合には,特殊な取扱いを受け,譲渡人・賃貸人は,別段の合意がない限りは競業を禁止される(商25Ⅰ,会21Ⅰ)。事業全部または一部の譲渡,全部の賃貸等は,会社の目的の達成を不可能にしあるいは目的を変更することと同程度の重要事項であるため,総会のいわゆる特別決議事項であり(会467以下,309Ⅱ⑪),反対株主には株式買取請求権が認められる(会469)。⇒株式買取請求権,のれん

(柴崎　暁)

事業の賃貸借(営業の賃貸借)(じぎょうのちんたいしゃく(えいぎょうのちんたいしゃく))

事業(営業)の全部または一部を一括して他人に賃貸する契約であり,企

業結合の手段として利用することができる。契約で別段の定めがなければ，民法上の賃貸借契約の規定（民601以下）が類推適用され，賃借人が事業から生じる権利義務の帰属主体となり，事業上の損益の帰属者となる。賃借人は事業の使用収益権の対価として，賃貸人に賃料を支払う。株式会社が事業の全部を賃貸する場合には，株主総会の特別決議を要するなど事業譲渡と同様の規律に服する（会467Ⅰ④，468以下）。　　　　　　　　　　（中濱義章）

事業報告（じぎょうほうこく）

会社の状況に関する重要な事項（内部統制システムの整備や会社の支配に関する基本方針にかかわる決定があれば，その内容も）等につき，記載した報告書（会435Ⅱ，施規117，118，127）。公開会社や社外役員，会計参与，会計監査人を設置している会社で，それぞれ記載事項が付加される（施規119〜126）。従来の営業報告書から名称が変更され，計算書類から除外されたが，株式会社では作成および監査役，監査委員会，監査役会の監査および監査報告の作成が強制される（会435Ⅱ，436Ⅰ・Ⅱ，施規129〜132）。⇒内部統制システム　　　　　　　　（堀井智明）

自己株式処分不存在確認の訴え（じこかぶしきしょぶんふそんざいかくにんのうったえ）

会社法829条2号は，自己株式の処分について，当該行為が存在しないことの確認を，訴えをもって請求することができる旨を定めている。これを自己株式処分不存在確認の訴えという。自己株式処分不存在確認の訴えの提訴期間に制限はない。提訴権者の制限もないが，訴えの利益は必要である。被告は会社である（会834⑭）。認容判決には対世効が認められる（会838）。
⇒対世的効力　　　　　　　　（河村賢治）

自己株式処分無効の訴え（じこかぶしきしょぶんむこうのうったえ）

自己株式処分発効後その効力を否定するには自己株式処分無効の訴えによることを要する（会828Ⅰ③）。法律関係の画一的確定の要請は新株発行の場合と異ならないから，提訴権者・提訴期間・被告を会社とする点につき新株発行無効の訴えと同様の規定（会828Ⅱ③，828Ⅰ③，834③）に服し，無効判決の対世効・将来効（会838，839。無効判決の効力につき会841）も同様である。専属管轄・担保提供・弁論の併合等につき他の「会社の組織に関する訴え（会835〜837，846）」に服する。
⇒自己株式の処分，対世的効力，遡及的効力　　　　　　　（米山毅一郎）

自己株式の質受け（じこかぶしきのしちうけ）

平成13年商法改正以前は，発行済株式総数の20分の1を超える自己株式の質受けは禁止されていた（平成17年改正前商211）。しかし自己株式の質受けは，会社がこれを債権の担保とするだけで取得のための対価は支払われないので資本の空洞化を招かず，相場操縦，経営権の不当な維持，株主平等原則違反等の自己株式の取得がもたらす弊害とは無関係であるとして，平成13年改正で禁止は撤廃された。会社法は自己株式の質受けについて特別の規定を設けていないため，通常の株式の質入れの方法により行われる。（江口眞樹子）

自己株式の取得（じこかぶしきのしゅとく）

会社が自社の発行した株式（自己株式）を取得すること。自己株式の取得は，資本の空洞化を招いて会社債権者を害し，相場操縦や内部者取引等の不公正取引に利用され，株主平等原則に反し，会社支配の不当な維持に用いられる等の弊害が生じるおそれがあることを理由に原則として禁止されていた。しかし平成13年改正商法は，弊害防止措置として財源規制および取得方法・手続についての規制を設けたうえで，取得の目的および数量規制，相当の時期の処分義務を撤廃し，自己株式の取得を原則自由とした。会社法155条は会社が自己株式を取得できる場合を列挙するが，同3号の株主との合意に基づく取得に関する総会決議による取得（会156）は自己株式取得の自由が認められていることを意味する。自己株式の有償取得はその対価として金銭等が会社から流出するため，剰余金分配規制に服し，自己株式取得によって株主に対して交付する金銭等の帳簿価額の総額は，取得の効力発生日における分配可能額を超えてはならないとされる（会461Ⅰ）。⇒剰余金の配当，株主平等の原則　　　　　　　（江口眞樹子）

自己株式の処分（じこかぶしきのしょぶん）

会社は保有する自己株式をいつでも処分することができる。自己株式の処分は，処分の相手方との間に社員関係が生じることから，実質的には新株発行と同じ性質を有するため，募集株式の発行手続により行わなければならない（会199Ⅰ）。株券発行会社の自己株式の処分による譲渡は，株券の交付なくして譲渡の効力が生じるが（会128Ⅰ但書），自己株式の処分後遅滞なく，株券を交付しなければならない（会129Ⅰ）。⇒代用自己株式，募集株式の発行　　　　　　　　　（江口眞樹子）

自己株式の保有（じこかぶしきのほゆう）

会社は取得した自己株式を期間の制

限なく保有することができる。会社が保有する自己株式については議決権が認められず（会308Ⅱ），剰余金の配当を受けることもできず（会453），残余財産の分配も受けることができない（会504Ⅲ）。株式・新株予約権の無償割当てを受ける権利（会186Ⅱ，278Ⅱ），募集株式・募集新株予約権の株主割当てを受ける権利（会202Ⅱ，241Ⅱ）は与えられないが，株式分割または併合の効果は自己株式にも及ぶと解される。保有自己株式の帳簿価額は会計上，貸借対照表の純資産の部の控除項目として計上され（計規108Ⅱ⑤），分配可能額には含まれない（会461Ⅱ③）。⇨株主割当

（江口眞樹子）

自己資本・他人資本（じこしほん・たにんしほん）

自己資本とは，返済義務の対象とならない資本金（会445Ⅰ），準備金（会445Ⅱ・Ⅲ），任意積立金（会452）および剰余金（会446）をいう。新株発行により調達した資本金はその一例である。これに対し，他人資本とは，返済義務の対象となる借入金，社債（会2㉓），手形債務，コマーシャル・ペーパー等負債をいう。貸借対照表は貸方項目と借方項目から成り立っているが，貸方項目を構成するのが自己資本と他人資本である。⇨貸借対照表

（肥塚肇雄）

事後設立（じごせつりつ）

株式会社がその成立後2年以内に，成立前から存在する事業用財産を一定額（会社の純資産額の5分の1を原則とするが，定款でこれを引き下げることもできる）を超える対価で取得する契約を締結する場合をいい，効力発生日の前日までに株主総会の特別決議が必要となる（会467Ⅰ⑤，309Ⅱ⑪）。組織再編行為により設立された株式会社には適用されない。現物出資や財産引受け規制の潜脱を防止する趣旨であるが，検査役の調査は不要である。
⇨組織再編行為，現物出資，財産引受

（中濱義章）

資産（しさん）

資産は，物，権利その他の財産的価値のあるもの（有償取得したのれん等）に限られない。適正な期間損益計算の観点から，繰延資産のように支出済みの費用にすぎないもの（会計的資産）も含む。そのため，会計技術的な概念である側面をもつ。貸借対照表上，繰延資産のほか，本来の営業循環過程にある資産である流動資産と，そうでない固定資産に区分して計上される（正常営業循環基準。ただし，事業年度の末日の翌日から起算して1年内に現金化できるようなものは流動資産とされる〔1年基準〕。計規106）。⇨繰延資産，固定資産，流動資産，のれん

（森川　隆）

事実上の取締役 (じじつじょうのとりしまりやく)

取締役としての選任手続および就任登記も欠いているにもかかわらず、実際に取締役としての職務を執行している者。法律上の取締役ではないが、会社の実質的所有者として会社を主宰している場合に、そのような事実上の取締役に第三者に対する責任を認めた裁判例もある（東京地判平2.9.3判時1376号110頁）。英米の判例上認められる「事実上の取締役（de facto director）理論」を持ち込んだ考え方である。

（重田麻紀子）

失権手続（失権予告付催告）(しっけんてつづき（しっけんよこくつきさいこく）)

株式引受人が株式の払込みをしない場合に、その権利を失わせる手続。募集設立における発起人以外の株式引受人が払込期日または払込期間内に払込みをしなかった場合には、当然に失権し、手続を要しない（会63Ⅲ）。発起人については、会社設立に必要な出資を確保するために、1株以上引受け（会25Ⅱ）をしないと設立の無効事由となるため、失権手続を経て失権することとしている（会36）。会社成立後は、手続の迅速性の観点から失権手続はない。

（藤田祥子）

執行役 (しっこうやく)

委員会設置会社の業務の執行および取締役会から委任を受けた業務の執行の決定を行う機関（会418）。委員会設置会社において、取締役は会社の業務執行をすることが認められていないので、代わりに執行役がこれにあたることになる。広範囲の業務執行の決定を取締役会から執行役に委任できることからも、迅速かつ効率的な企業経営が可能となる。なお、執行役とは異なり、企業実務における「執行役員」は、会社の重要な使用人（会362Ⅳ③）にすぎず、法律上会社の機関ではない。
⇨執行役員

（前原信夫）

執行役員 (しっこうやくいん)

取締役会において選任され、その監督の下で会社の業務執行について権限を委譲された範囲で業務執行を分担して行う責任者。法律上、執行役員については規定がないが、会社との関係は雇用契約または雇用・委任の混合契約と解される。取締役の人数を適正規模に減少させ、取締役会における審議を活性化し迅速な意思決定を実現するため、1997年にソニーが取締役会改革の一環として導入したのをきっかけに実務上広く普及した。⇨執行役

（重田麻紀子）

執行役の権限（しっこうやくのけんげん）

執行役の権限は、取締役会決議により委任を受けた会社の業務執行の決定および業務の執行である（会418）。業務執行の決定の多くを取締役会から執行役に委任できるが、具体的に委任可能な事項としては、子会社からの自己株式の取得（会163）、自己株式の消却（会178）、株式分割（会183）、所在不明株主の株式売却（会197）、募集株式の発行（会199）、新株予約権の発行（会240）、重要な財産の処分・譲受け、多額の借財、支配人その他重要な使用人の選解任、支店の設置・変更・廃止（会362Ⅳ）等多岐にわたる。そのほか、執行役には取締役会の招集請求権（会417Ⅱ）や、設立無効の訴え、新株発行無効の訴え、自己株式の処分無効の訴え、新株予約権・新株予約権付社債の発行無効の訴え、資本金額の減少無効の訴え、組織変更無効の訴え、吸収合併・新設合併無効の訴え、吸収分割・新設分割無効の訴え、株式交換・株式移転無効の訴えおよび株主総会等の決議の取消しの訴えを提起する権限（会828Ⅱ、831Ⅰ）がある。　　（前原信夫）

執行役の責任（しっこうやくのせきにん）

委員会設置会社と執行役は委任関係にあるため（会402Ⅲ）、執行役は会社に対して善管注意義務（民644）・忠実義務（会419Ⅱ、355）を負う。会社法では、執行役の責任が「役員等の損害賠償責任」として整理され、取締役と同じように、執行役は会社・第三者に対して責任を負い（会423、429）、代表訴訟による責任追及の対象となる（会847Ⅰ）。競業避止義務および利益相反取引についても取締役に関する規定が準用される（会419Ⅱ、356、365Ⅱ）。　　（前原信夫）

執行役の選任・退任（しっこうやくのせんにん・たいにん）

執行役は、取締役会決議により選任・解任される（会402Ⅱ、403Ⅰ、取締役の欠格事由を準用（会402Ⅳ、331Ⅰ））。任期は原則1年（選任後1年以内に終了する事業年度のうち最終のものに関する定時総会の終結後最初に招集される取締役会の終結の時まで）であるが、定款で短縮することができる（会402Ⅶ）。会社が委員会を置く旨の定款の定めを廃止する定款変更をした場合には、当該定款変更の効力が生じた時にも執行役の任期は満了する（会402Ⅷ）。　　（前原信夫）

実質株主名簿（じっしつかぶぬしめいぼ）

株券保管振替制度の下で預託株券の共有者である実質株主を記載した名簿。実質株主による集団的な権利行使がなされる際に、保管振替機関からの通知

に基づいて会社が作成し，備え置くことが義務づけられている（株券保管振替法32Ⅰ）。実質株主名簿の記載は，株主名簿の記載と同一の効力を有し（保振33Ⅰ），実質株主名簿に記載された者は，会社に対して，直接に株主としての権利を行使できる（保振30Ⅰ，31Ⅴ）。これに対して，実質株主が会社に対して少数株主権などの個別的な権利を行使するときは，保管振替機関から株券の交付を受け（保振28Ⅰ），会社の株主名簿への名義書換を行わなければならない。⇒株主名簿，単独株主権・少数株主権　　　　　（松井英樹）

失念株（しつねんかぶ）

　株式の譲渡がなされたが，譲受人が名義書換請求を失念したため，譲渡人が株主名簿上の株主として権利を行使する問題をいう。狭義には，株主が株式の割当てを受ける権利を有する募集株式の発行等，または株主に対する新株予約権の無償割当てがあった場合，名義書換の失念によって，株主名簿の名義人に割り当てられた株式または新株予約権の目的である株式をいう。不当利得または準事務管理の法理によって，譲渡人譲受人間の利益の衡平を図ることになる。⇒新株予約権無償割当て，名義書換　　　　　（今泉邦子）

シナジー（しなじー）

　シナジー効果（synergy effect）ともいう。シナジー効果とは，複数の事業が統合して運営される場合の価値が，各々単独に運営される場合の価値の単純な合計より増大する相乗効果をいう。合併のシナジー効果としては，経営の効率化，営業基盤の補完・拡大，保有する技術等の融合などが挙げられる。
　　　　　（黒石英毅）

資本（金）（しほん（きん））

　株式会社では，会社債権者保護のため会社財産確保が要請されるが，そのための基準が資本である。剰余金の配当や自己株式取得による株主への会社資産流出の際，原則として，資本と同額以上の純資産を会社に維持すべきことを求める（会446①ニ，461）ことで機能する。資本金の決定は，原則として，設立または株式の発行に際して株主となる者が会社に対して払込みまたは給付した財産額（資本金等増加限度額）とされる（会445Ⅰ）。これに対する例外としては，払込み・給付額の一部を資本金に計上しない場合（払込剰余金）（会445Ⅱ・Ⅲ），準備金ないし剰余金の資本組入れの場合（会448Ⅰ②，450Ⅰ），資本減少の場合（会447Ⅰ），組織再編行為があった場合（会445Ⅴ，施規116Ⅸ，計規58以下）がある。資本と株式の関係が完全に切断

されたとみられることから（昭和25年の商法199条では資本と株式の額面総額とが一致。その後も関連性が与えられてきた），株式を存続させたままでの100％減資も認められる。資本金は貸借対照表上純資産の部に計上され（計規108Ⅱ①），また登記（会911Ⅲ⑤）により公示される。なお，会社法は，持分会社においても資本金の用語を使用している。　　　　　　　（杉田貴洋）

資本確定の原則（総額引受主義・総数引受主義）（しほんかくていのげんそく（そうがくひきうけしゅぎ・そうすうひきうけしゅぎ））

　昭和25年改正商法では，会社設立・資本金の増加に際して，定款に記載される資本金額に相当する株式すべてが引き受けられることを要求し，引き受けられない部分がある場合には，設立・増資行為自体を無効にするとの立法主義がとられていた。設立・増資についての健全性確保の要請によるものである。同年改正で，新株発行については打切り発行を認めた。会社法は，設立についても打切りを認め，発起人等の引受担保責任も廃止した。定款に定めた出資されるべき最低額（会27④）さえ満たしていれば設立を認めることとした。⇨資本（金）　　　　（杉田貴洋）

資本金（の額）の減少（しほんきん（のがく）のげんしょう）

　株式会社では，会社の財産規模の縮小を招く（一部清算と同視できる結果を生ずる）ことがあること等に鑑みて，原則として，株主総会の特別決議が要求される。さらに，債権者保護手続も要求される。資本金をゼロまで減少できるがマイナスにはできない（会447，309Ⅱ⑨，449。なお，持分会社につき，会620，626，627，計規190，192）。資本取引と損益取引を区別する観点から，減少する資本金のうち準備金とする額は資本準備金の増加額となる。これに対して，剰余金とする額はその他資本剰余金の増加額となる（計規49Ⅰ①，50Ⅰ①）。また，手続に瑕疵がある場合は，訴えをもってのみ無効とすることが認められる（会828Ⅰ⑤）。⇨資本（金）　　　　　　　（森川　隆）

資本金（の額）の増加（しほんきん（のがく）のぞうか）

　株式会社が剰余金を減少して資本金を増加することである。株主総会の決議（普通決議）が要求されるが，債権者に不利はないため債権者保護手続は要求されない。剰余金をゼロまで減少できるがマイナスにはできない（会450。なお，持分会社では，会社法上，資本金の増加は定められていない。ただし，計規53Ⅰ③）。資本取引と損益取引を区別する観点から，減少する剰

余金はその他資本剰余金である（計規48Ⅰ②）。⇒資本（金）

（森川　隆）

資本（金額）減少無効の訴え（しほん（きんがく）げんしょうむこうのうったえ）

資本（金額）減少の手続等に瑕疵がある場合株主等・破産管財人・不承認債権者は資本（金額）減少発行後6か月以内に，無効の訴えをもってのみ当該資本金減少を無効となしうる（会828Ⅰ⑤・Ⅱ⑤）。無効判決は対世効・将来効を有するが（会838, 839），後者は会社法によって新設された。専属管轄，担保提供，弁論等の併合，悪意・有重過失の敗訴原告に課される賠償責任につきその他の「会社の組織に関する訴え（会835～837, 846）」に服する。⇒資本金（の額）の減少

（米山毅一郎）

資本充実・維持の原則（しほんじゅうじつ・いじのげんそく）

有限責任社員のみからなる株式会社（会104）では，資本を基準として会社財産を確保することにより会社債権者保護を図ることが伝統的に要請されてきた。資本充実の原則は，資本金の設定・増額にあたって，その額に相当する財産が現実に会社に拠出されるべきことを求めるものである。現物出資に関する調査手続（会33, 46, 93, 207）や金銭出資の払込みの確実性（会34, 63Ⅰ, 64）を求める規定はその現れである。資本維持の原則は，資本金額に相当する財産が現実に会社に保有されるべきことを求めるものである。剰余金の配当や自己株式取得による株主への会社資産流出の際，原則として資本と同額以上の純資産が会社に存在すべきことを求める制限（会446, 461）はその現れである。また，出資払戻しが一般的に禁止されるとの考え方（出資返還禁止原則）を肯定するならば，会社債権者との関係において会社財産をより一般的に確保しようとする要請があるということもできる（なお，会120参照）。なお，会社法制定に伴って，発起人等による資本充実責任の廃止や払込金の保管証明制度の緩和などがなされ，とりわけ資本充実に関して，従来よりも規制が緩やかになっている。⇒資本（金）

（杉田貴洋）

資本充実責任※（しほんじゅうじつせきにん）

平成17年改正前商法は，会社設立に際して発行する株式総数を定款に定め，そのすべての引受けおよび払込み（現物出資財産の給付）がなされることを強制していた。そして会社成立後に引受け・払込み・給付がなされていない場合に備えて引受担保責任や払込み・給付担保責任が設けられていた。会社法では，あらかじめ定めた一定額が集

中されれば足りることとされ、出資の履行のない株式は失権することとされたので、これらの責任規定は撤廃された。⇒引受担保責任、払込担保責任

(三浦 治)

資本準備金(しほんじゅんびきん)

株式会社が、①設立または株式の発行に際して株主となる者から払込みまたは給付された財産の全額を資本金として計上しなかった場合と、②その他資本剰余金から配当をする場合に計上することを要求される計算上の数額である。①の場合は、資本金として計上しなかった額(払込剰余金)を計上することを要求される。これに対して、②の場合は、準備金(利益準備金を含む)が資本金の4分の1に達するまで、配当をする額の10分の1をその他資本剰余金から計上することを要求される(会445Ⅲ・Ⅳ、計規45Ⅰ、46①ロ。なお、合併等の組織再編につき、会445Ⅴ、計規58〜69、76〜83)。このほか資本準備金が増加する場合として、資本金またはその他資本剰余金から任意に計上する場合(会447、451、計規49Ⅰ)がある。⇒資本(金) (森川 隆)

資本剰余金(しほんじょうよきん)

資本の払込みまたは資本の修正などの資本取引から生じた剰余金。会社計算規則においては、純資産の部の株主資本もしくは社員資本に係る項目に区分され、資本準備金とその他資本剰余金とに区分される(計規108Ⅱ③・Ⅲ③・Ⅳ)。その他資本剰余金については、適当な名称を付した項目に細分することができ(計規108Ⅵ)、減資差益、資本準備金減少差益、自己株式処分差益などが含まれる。資本準備金の額は、資本金の額または剰余金の額を減少する場合(会447、451)などにおいて増加し、準備金の額を減少する場合(会448)に減少する(計規49)。またその他資本剰余金の額は、資本金または準備金の額を減少する場合(会447条、448)などにおいて増加し、剰余金の額を減少する場合(会450、451)などにおいて減少する(計規50)。⇒貸借対照表、純資産額 (松田和久)

資本多数決(しほんたすうけつ)

会社法308条1項本文は「株主は、株主総会において、その有する株式1株につき1個の議決権を有する。」と定めており、株主総会の決議にあたって、株主はその有する株式の数に応じて比例的に取り扱われることになる。これを資本多数決といい、他の法人にはみられない株式会社(とりわけ公開会社)の大きな特色である。なお、資本多数決の原則が採用されている根拠については、物的会社たる株式会社の本質からくる「当然の原理」と解する説と大衆から多数の資本を集約させるための「政策的な理由」と解する説と

が対立している。　　　　（渋谷光義）

資本不変の原則（しほんふへんのげんそく）

　いったん定められた資本金の額は法定の厳格な手続によらなければ減少できないものとする原則をいう。すなわち，資本金の額の減少には，原則として，株主総会特別決議と会社債権者保護手続とが求められる（会309Ⅱ⑨，447Ⅰ，449）。会社は，会社債権者に，資本金の額の減少について異議を述べる機会を与え，必要があれば弁済等の措置を講じなければならない。資本金を簡単に減額できてしまうようでは資本維持の原則による会社債権者保護が徹底されないことから要請される。したがって，資本金の増額は制限されない。⇒資本（金），資本金の減少，資本充実・維持の原則　　　（杉田貴洋）

指名委員会（しめいいいんかい）

　株主総会に提出する取締役（会計参与設置会社では取締役・会計参与）の選任・解任に関する議案の内容を決定する機関（会404Ⅰ）。株主総会に提出される議案の内容は通常取締役会に決定権限があるが，取締役の選任・解任議案に関する限り，その過半数が社外取締役で構成される指名委員会でその内容が決定される。取締役と執行役の兼任が禁止されないことからも，これにより執行役の業務執行に対する監督機能の強化が期待できる。⇒社外取締役　　　　　　　　　（前原信夫）

シャーク・リペラント（しゃーく・りぺらんと）

　敵対的買収に備えて，あらかじめ定款等に各種の規定を設けておく方法。買収者を鮫に見立てて，「鮫よけ」と呼ばれる。具体的には，すべての取締役が一度に改選されないように期をずらすスタッガード・ボードや，株主総会の決議要件を加重するスーパー・マジョリティ条項などがこれにあたる。わが国の場合は，委員会設置会社や剰余金の配当を取締役会の決議事項とする会社では取締役の任期が1年であり，また，取締役の任期を2年とする場合でも，取締役の解任が原則として株主総会の普通決議事項になったため，スタッガード・ボードを買収防衛策として利用することは難しくなっている。⇒企業防衛　　　　　　　　（野村修也）

社員（しゃいん）

　社団を構成する者。社員が社団に対して有する権利義務の総体を社員権と呼ぶ。社員権の内容は社団の運営に参与する権利（共益権）と，社員が社団から経済的利益を受ける権利（自益権）とに大別される。前者には議決権・業務執行権等，後者には剰余金配当請求権・残余財産分配請求権等が含まれる。会社法は持分会社の構成員を示す用語

として社員を採用している。講学上は株式会社の株主も社員の一種である。⇒会社の社団性，株主権（社員権）

（柴崎　暁）

社員の加入（しゃいんのかにゅう）

　持分会社は，新たに社員を加入させることができ，その効力は社員に係る定款の変更を行ったときに生じる（会604Ⅰ・Ⅱ）。ただし，持分会社の債務については，その加入前に生じた債務についてもこれを弁済する責任を負う（会605）。なお，合同会社において新たに社員を加入させる場合は，その者が出資に係る払込みまたは給付が完了したときをもって，はじめて合同会社の社員となる（会604Ⅲ）。（上田廣美）

社員の責任（しゃいんのせきにん）

　会社は法人格を享有する社団であるため，民法上の組合等と異なり，第三者との関係においては会社自身が権利義務の帰属主体であって，構成員が当然に責任を負うわけではないが，法は，社員をして，会社の活動を通じて利益を得るのみでなく，損失を分担すべき地位にあるものとして扱う。合名会社の社員および合資会社の無限責任社員は直接無限責任（→）を，合資会社の有限責任社員は直接有限責任（→）を，株式会社の株主および合同会社の社員は間接有限責任を負う。⇒直接無限責任，直接有限責任，株主間接有限責任の原則

（柴崎　暁）

社員の退社（しゃいんのたいしゃ）

　持分会社において，会社の存続中に社員としての資格が消滅することを退社という。社員退社には，①本人のみの意思による任意退社（会606），②総社員の同意を含む法定退社（会607），③社員の持分の差押債権者の意思による退社（会609）等の場合がある。社員の退社に伴い，その社員に係る定款の定めを廃止する定款の変更があったものとみなされる（会610）。退社した社員は持分の払戻しを受ける（会611）。

（上田廣美）

社外監査役（しゃがいかんさやく）

　過去にその会社または子会社の取締役・会計参与・執行役または支配人その他の使用人となったことがない監査役（会2⑯）。監査役設置会社では，3人以上の監査役のうち，その半数以上が社外監査役でなければならない（会335Ⅲ）。従来，業務執行者が横滑りで監査役に就任する場合が多く，業務執行の違法性の指摘を期待することが事実上，難しかったため，監査の客観性・公正性を高めるために平成5年に導入された。社外監査役の選任を怠った場合には過料の制裁が課される（会976⑳）。

（柿崎　環）

社外取締役 (しゃがいとりしまりやく)

株式会社の取締役であって,現在,過去においてその会社または子会社の業務執行に携わらず,それらの使用人でもなかった者(会2⑮)。法的取扱いとしては,第一に役員等の会社に対する損害賠償責任の軽減が他の取締役等と異なる(会425〜427,911Ⅲ㉕)。第二に,特別取締役による取締役会決議の要件である(会373Ⅰ,911Ⅲ㉑)。第三に,委員会設置会社における指名・監査・報酬委員会の過半数は社外取締役でなければならない(会400Ⅲ,911Ⅲ㉒)。業務執行に対する取締役会による監査・監督を充実させる趣旨である。なお,株主総会参考書類における記載事項(施規74)および事業報告における開示(施規124)にも注意すべきである。⇨委員会設置会社

(王子田 誠)

社債 (しゃさい)

会社法上「この法律の規定により会社が行う割当てにより発生する当該会社を債務者とする金銭債権であって,第676条各号に掲げる事項についての定めに従い償還されるもの」(会2㉓)と定義される。他人資本(負債)に属する。発行主体が拡大され,株式会社のみでなく持分会社(合名・合資・合同会社)も社債を発行できることが明確になった(会676以下)。特例有限会社(既存の有限会社)も社債を発行できる(整備法第1章第2節参照)。
⇨特例有限会社,持分会社

(三原園子)

社債,株式等の振替に関する法律 (社債等振替法・株式等決済合理化法) (しゃさい,かぶしきとうのふりかえにかんするほうりつ(しゃさいとうふりかえほう・かぶしきとうけっさいごうりかほう))

平成16年6月2日に成立した「株券等の取引に係る決済の合理化を図るための社債等の振替に関する法律等の一部を改正する法律」を株式等決済合理化法という。また,同法に基づいて社債等振替法が改正され,株式の振替制度が導入されたことにより,「社債,株式等の振替に関する法律」とされる。これらにより,①統一的な有価証券決済制度の整備,②有価証券の無券面化,③証券決済機関のあり方の見直し,④証券取引の約定から決済までの事務処理全体の電子化,DVP(Delivery Versus Payment)=権利移転と代金支払の同時履行の実現が図られている。

(松井英樹)

社債管理者 (社債管理会社) (しゃさいかんりしゃ(しゃさいかんりがいしゃ))

社債発行会社の委託を受けて,社債権者のために,弁済の受領,債権の保全その他の社債の管理を行う者(会702本文)。会社が社債を発行する場合

には，特定の場合（会702但書，施規169）を除いて設置が強制される（会702）。平成5年に導入された社債管理会社（平成17年改正前商297）を引き継いだ。その資格を銀行・信託会社等に限定（平成17年改正前商297ノ2）していたが，商工組合中央金庫など会社以外の者にも広げたため（会703，施規170），名称を変更。ただし，有価証券関連業を行う金融商品取引業者（証券会社）は，社債管理者となることができない（金商36の4Ⅰ）。公平誠実義務・善管注意義務を負う（会704）。義務違反につき損害賠償責任を負う（会710Ⅰ，平成17年改正前商311ノ2Ⅱ）とともに，社債管理会社と社債権者との利益相反の尖鋭化を考慮して，会社法上，責任が強化された（会710Ⅱ）。　　　　　　　（三原園子）

社債契約（しゃさいけいやく）

　民法上の典型契約である消費貸借契約（民587）に類似する契約であると解されている。総額引受けの場合を除き，契約の成立に払込みを要せず，申込者が割当てがあったときに社債権者となる点（会680）で消費貸借契約と異なる。社債券は，この社債契約上の権利を表章する有因証券であると解される。ただし，売出発行については，債券の売買であることを理由に無因証券と解するのが多数説である。当事者の意思によって準拠法を定めることができる（法の適用に関する通則法7）。
⇒社債の売出発行，社債券
　　　　　　　　　　　　（三原園子）

社債券（債券）（しゃさいけん（さいけん））

　社債を表章する有価証券。平成17年改正前商法上の債券（平成17年改正前商306）と実質的に同じ。株券不発行制度の導入に伴い，社債券の不発行を原則とすることに改めた（会676⑥）。社債券を発行する定めのある会社は，発行日以後遅滞なく社債券を発行しなければならない（会696）。この場合の譲渡の効力発生要件は，意思表示と社債券の交付であり（会687，692），一方，社債券不発行の場合には，意思表示のみとなる。社債券には，発行会社の商号，社債の金額・種類・番号を記載し，発行会社の代表者が署名または記名押印しなければならない（会697Ⅰ）。社債券には，利札を付すことができる（会697Ⅱ）。⇒株券の発行
　　　　　　　　　　　　（三原園子）

社債権者集会（しゃさいけんじゃしゅうかい）

　会社法に規定する事項および社債権者の利害に関する事項について決議を行う（会716），社債の権利の均質性を保つための制度。社債の種類ごとに別個に組織される（会715）。事後の裁判所の認可（会732～735）が必要。裁判

所の事前許可の規定（平成17年改正前商319）を廃止して規定を合理化。招集通知は，社債権者集会の2週間前までに書面または電磁的方法により発することを要する（会720Ⅰ・Ⅱ。ただし，無記名社債につき会720Ⅳ）。議決権は，未償還社債の金額の合計額に応じて付与されるが，社債発行会社は議決権を持たない（会723）。社債権者集会の決議には，定足数はなく，①出席した議決権者の議決権の総額の過半数で決議する「普通決議」（会724Ⅰ）および②総社債権者の議決権の5分の1以上で，かつ出席した議決権者の議決権の総額の3分の2以上の同意を必要とする「特別決議」（会724Ⅱ）がある。決議の効力は，裁判所の認可によって発生する（会734Ⅰ）。　　　（三原園子）

社債原簿（しゃさいげんぼ）

会社が社債を発行した日以後遅滞なく作成しなければならないもの（会681）。株主名簿に類似する。社債原簿には，社債の種類等の法定事項を記載または（電磁的に）記録し（会681，施規165，166），本店に備え置かなければならず（会684Ⅰ），社債権者その他の社債発行会社の債権者ならびに株主および社員の閲覧・謄写請求に供する（会684Ⅱ，施規167）。会社が社債権者に対してする通知または催告は，社債原簿に記載・記録された住所にあてて発すれば足りる（会685Ⅰ）。⇒株主名簿　　　　　　　　　（三原園子）

社債原簿管理人（しゃさいげんぼかんりにん）

会社に代わって社債原簿の作成および備置きその他の社債原簿に関する事務を行う者をいう（会683括弧書）。会社法上，新たに設けられたものであり，株主名簿管理人（会123）すなわち平成17年改正前商法上の名義書換代理人（平成17年改正前商307Ⅱ，206Ⅱ）に相当する。会社法上，社債原簿管理人の設置手続は簡素化されており，発行会社は，（株主名簿管理人と異なり）社債原簿管理人を定款で定める必要がなく，募集事項の決定に際して，社債の種類ごとにまたは特定の社債について定めることができる（会681①，683）。⇒株主名簿管理人　　　　　（三原園子）

社債の売出発行（しゃさいのうりだしはっこう）

一定の売出期間を定め，当該期間内に購入希望者に対して，随時，個別的に社債を売り出す方法によって社債を募集すること。従来から金融債について認められている方法（長銀11Ⅱ）が会社法上認められることとなった（会676⑪）。取締役会において，募集社債の総額を多額に設定した後，取締役がその一部または全部を発行しないことができるほか，購入希望者が窓口で申込みをする段階での同一種類の社債の

発行が可能である。⇨社債券

(三原園子)

社債の合同発行（しゃさいのごうどうはっこう）

複数の会社が合同して社債を発行すること（平成17年改正前商304）。ただし，新株予約権付社債については認められず（平成17年改正前商341ノ2Ⅴ），各発行会社は，連帯債務を負うものとされていた（平成17年改正前商503Ⅰ，511Ⅰ）。しかし，会社法の制定によって社債の合同発行の規定は削除された。

(三原園子)

社債の質入れ（しゃさいのしちいれ）

社債の質入れは，社債券の発行の有無によりその取扱いが異なる。すなわち，社債券が発行されない場合，当事者の意思表示のみで社債の質入れをなすことが可能である。ただし，社債原簿の名義書換をしなければ，社債発行会社および第三者にその旨を対抗することができない（会693Ⅰ）。社債券が発行されている場合，当事者の意思表示に加え社債券の交付により社債の質入れをなすことが可能である。この場合の社債発行会社および第三者に対する対抗要件は社債券の継続占有である（会693Ⅱ）。

(菊田秀雄)

社債の種類（しゃさいのしゅるい）

社債の種類は，発行決議ごとに異なると解されてきたが，会社法は，社債の権利内容を基礎とした「種類」の定義規定を置いた（会681①，施規165）。社債の種類とは，①利率，②償還方法・期限，③利息支払方法・期限，④社債券の発行の有無，⑤記名式・無記名式の転換請求，⑥社債管理者の社債権者集会の決議によらない訴訟行為等の可否，等，会社法施行規則165条に掲げる事項により特定される性質をいう。

会社は，①社債券不発行社債，②記名社債，③無記名社債，④振替社債という4種類の社債を発行できる。

社債の種類は，社債権者集会を構成する単位であり（会715），株券の場合と異なり，社債券の発行・不発行は，社債の種類ごとに決めることができる。その結果，「銘柄統合」が容易になり，社債の流通性が高められた。

(三原園子)

社債の償還（しゃさいのしょうかん）

社債発行会社が社債権者に対してその社債に関する債務を弁済することをいう。償還方法および償還期限は社債発行時に定められ（会676Ⅰ④），社債原簿に記載または記録される（会681Ⅰ①，施規165②）。償還方法には満期一括償還と定時分割償還があるが，発行会社が繰上げ償還（任意償還）や買入消却をなすことも可能である。償還金額は券面額を原則とするが，超過額での償還も認められる（割増償還）。

(菊田秀雄)

社債の譲渡（しゃさいのじょうと）

　社債の譲渡は，社債券の発行の有無および記名社債か無記名社債かで，その取扱いが異なる。すなわち，社債券が発行されない場合，当事者の意思表示のみで社債を譲渡することが可能である。ただし，社債原簿の名義書換をしなければ，社債発行会社および第三者に譲渡を対抗することができない（会688Ⅰ）。記名社債券が発行されている場合，意思表示に加え社債券を交付することにより社債を譲渡し，第三者に対抗することが可能である。ただし，社債原簿の名義書換が社債発行会社に対する対抗要件となる（会688Ⅱ）。無記名社債券が発行されている場合は，意思表示および社債券の交付により社債を譲渡することが可能であり，かつそれをもって社債発行会社および第三者に対抗することができる（会687，688Ⅲ）。⇒社債券　　　（菊田秀雄）

社債のシリーズ発行（しゃさいのしりーずはっこう）

　取締役会がその発行する募集社債の総額等（発行期間，利率，払込金額等）法令で定める事項を定め（会362Ⅳ⑤，676①，施規99Ⅰ），実際の発行は，代表取締役が市場動向に応じて募集条件を変化させながら，複数回に分けて社債を募集すること。取締役会が社債の総額を決定する「その都度」（会676柱書き）とは，3か月から最長1年が相当と解されている。発行回数の限度はない。1シリーズは，一連の期間を1回と考えてよい。　　　（三原園子）

社債の振替（振替社債）（しゃさいのふりかえ（ふりかえしゃさい））

　社債，株式等の振替に関する法律に基づき，振替機関および口座管理機関を通じて，券面を発行することなく振替口座簿への記載ないし記録により，社債の保有・譲渡・質入れを行う制度。これにより一般の社債についても無券面化（電子化）がなされた。⇒社債，株式振替制度　　　（菊田秀雄）

社債の募集（しゃさいのぼしゅう）

　会社が発行する社債を引き受ける者の募集を行う場合に定めるべき事項が法定された（会676，施規162）。

　取締役会設置会社では，法務省令に定める一定の事項（施規99）を除き，社債の発行に取締役会決議を必要とする旨が明文化された（会362Ⅳ⑤）。募集手続は，原則として，①募集事項の法定（会676），②申込みをしようとする者に対する通知（会677Ⅰ，施規163。なお，この通知は，不要式行為であり，社債申込証の作成は不要），③申込み（会677Ⅱ・Ⅲ），④割当て（会678）の順で行い，かつ打切り発行が原則となった（平成17年改正前商301Ⅲ対照，会

676⑪は例外)。⇨打切り発行

(三原園子)

社債の銘柄統合（しゃさいのめいがらとうごう)

社債の銘柄とは社債の種類のことであるが（会681①，施規165），発行条件が同一であれば発行日が異なるものであっても同一種類の社債であるとみなされ，それらを統合することが認められる。これを社債の銘柄統合といい，これにより社債の流動性が高められる。具体的には，既発行の社債と同一種類の社債を発行するか，既発行の二種類の社債につき，社債権者集会の決議等によりその権利内容を同一にすることで，それらの社債は当然に同一銘柄の社債となる。

(菊田秀雄)

社債の利払い（しゃさいのりばらい)

社債発行会社が社債権者に対してその社債に関する利息を支払うことをいう。利息の支払方法および支払期限は社債発行時に定められ（会676⑤)，社債原簿に記載または記録される（会681①，施規165③)。利払いの方法として社債券に付された利札を用いる方法もある。⇨利札

(菊田秀雄)

社債発行会社の弁済等の取消しの訴え（しゃさいはっこうがいしゃのべんさいとうのとりけしのうったえ)

社債発行会社が一部の社債権者に対してした弁済・和解等の行為が著しく不公正であるときは，その行為の相手方または転得者を被告として，社債管理者は（社債権者集会の決議があるときは，代表社債権者または決議執行者も)，その行為の取消しの訴えを提起することができる（会865，866)。本条は詐害行為取消権（民424）と同趣旨の規定であるが，責任財産の保全のみならず，社債権者間の平等確保を主たる目的とするため，取消権行使の要件として，社債発行会社の無資力や悪意は不要である。⇨社債管理者，社債権者集会

(南隅基秀)

社債申込証（しゃさいもうしこみしょう)

社債を募集する場合，募集社債の引受けの申込みをしようとする者に対して，①会社の商号，②募集事項，③法務省令で定める事項（会677Ⅰ）を通知するときに作成が要求され，申込者は，申込み社債数，住所を記載して署名するものとされていたが（平成17年改正前商301)，会社法の制定に伴い，この通知が不要式行為とされたことから，社債申込証の作成は不要となった（会677)。株式申込証と同様である。⇨株式申込証

(三原園子)

シャンシャン総会（しゃんしゃんそうかい)

株主総会が，実質的議論のないまま

短時間のうちに閉会する現象である。経営者の意向通りに株主総会の議事を進行させるためや，株主からの質問を避けるため，または総会屋対策のために行われる。一般株主は発言の機会が与えられず，適切な株主権の行使や，株主の経営者に対する監視監督機能を妨害することから問題視されている。企業間の株式持合（株式相互保有）や大部分の株主が経営に興味がないことによる経営者支配などが原因である。⇒経営者支配，株式の相互保有

(長畑周史)

従業員持株制度（じゅうぎょういんもちかぶせいど）

会社が奨励金を支給するなど何らかの便益を与えて，従業員に自社の株式を保有させる制度。従業員持株会が運営主体となって定期的に自社株を共同購入し，それを従業員にその拠出額に応じて分配するという形態をとるのが一般的である。従業員持株制度は，従業員の株式による財産形成を支援し，従業員の勤労意欲・愛社精神を高揚させるほか，会社にとっては安定株主作りに役立つなどの利点があるため，上場会社の95％以上が採用している。従業員持株制度の運用の円滑化を図るため，従業員以外には株式を譲渡しないとか，退職時には会社・持株会またはそれらが指定した者などに対して，一定の価額（例えば取得価額）で売り渡すなどの合意がなされることが多く，この合意の効力が問題となる。⇒契約による株式譲渡の制限 (来住野　究)

授権資本制度（じゅけんしほんせいど）

発行可能株式総数（授権資本）は定款記載事項であり（会37Ⅰ，113Ⅰ），公開会社では，発行済株式総数と等しいか4倍の範囲までで設定すべきこととされ（会37Ⅲ，113Ⅲ），両者の差に相当する数の株式（授権残枠）について原則として取締役会に新規発行の権限を与える（会201Ⅰ）ものとする制度をとっている。株式発行は，社団法上の行為であり，その権限は本来株主総会に帰属する（会199Ⅱ参照）が，資金調達の機動性の要請にも配慮した仕組みとするものである。株主（投資者）にとっては持株希釈化の予測可能性を与えられることにもなる。⇒発行可能株式総数 (杉田貴洋)

出資（財産出資・労務出資・信用出資）（しゅっし（ざいさんしゅっし・ろうむしゅっし・しんようしゅっし））

財産出資とは金銭その他の財産を目的とする出資（金銭出資・現物出資），労務出資とは労務に服することを目的とする出資，信用出資とは出資者の信用を利用させることを目的とする出資のことである。株式会社では財産出資のみ可能である（会27④，34Ⅰ）。持分会社の無限責任社員には労務出資

(民667Ⅱ)・信用出資（会576Ⅰ⑥参照）も認められているが，有限責任社員のみの合同会社は財産出資のみ認められている（会578）。　　　（内田千秋）

出資の払戻し（しゅっしのはらいもどし）

持分会社（合名会社および合資会社）の社員は，出資として払込みまたは給付をした金銭等の払戻しを請求することができる（会624）。これに対し，合同会社の社員は，定款を変更してその出資の価額を減少させる場合を除いて，出資の払戻しの請求をすることができない（会632）。また持分会社の社員が退社したときは，その出資の種類を問わず，その持分の払戻しを金銭の形で受ける（会611Ⅰ）。　（上田廣美）

出資の履行（しゅっしのりこう）

設立時においては，発起人・設立時募集株式引受人による金銭の払込みまたは発起人による金銭以外の財産の給付（現物出資）のことをいい（会34Ⅰ，63Ⅰ），募集株式発行時においては，株式引受人による金銭の払込みまたは金銭以外の財産の給付のことをいう（会208Ⅰ～Ⅲ）。発起人・設立時募集株式引受人・募集株式の引受人は，株式の発行価額の全額を遅滞なく払込取扱金融機関に払い込み，または金銭以外の財産の全部の給付を行わなければならない。⇒払込取扱金融機関

（内田千秋）

取得条項付株式（しゅとくじょうこうつきかぶしき）

会社が一定の事由が生じたことを条件に当該株式を取得できる株式をいう（会108Ⅰ⑥）。会社は定款の定めに従い，取得の対価として，他の種類株式（取得条項付株式を種類株式とする場合），社債，新株予約権，新株予約権付社債，またはこれら以外の財産を交付することができる。対価が他の種類株式である場合が従来の強制転換条項付株式にあたる。一定の事由が生じた日に会社が当該株式を取得する旨・その事由，対価の種類・額・算定方法等は定款で定められる。⇒強制転換条項付株式　　　　　　　（川島いづみ）

取得条項付新株予約権（新株予約権の取得）（しゅとくじょうこうつきしんかぶよやくけん（しんかぶよやくけんのしゅとく））

一定の事由の発生を条件として当該新株予約権を発行会社が取得することができる旨の条項（取得条項）を付して発行される新株予約権を取得条項付新株予約権と称する（会236Ⅰ⑦）。取得対価は広範に列挙されている（会236Ⅰ⑦ニ・チ）。会社が自己新株予約権（会255Ⅰ）を取得し得ることを正面から規定するものであるが，取得可能な場合を限定列挙するものではない

(会155参照)。会社は取得した自己新株予約権を行使できない(会280Ⅵ)。
（森脇祥弘）

取得請求権付株式（しゅとくせいきゅうけんつきかぶしき)

株主が会社に対して株式の取得を請求することができる株式をいう(会108Ⅰ⑤)。会社は定款の定めに従い、取得の対価として、他の種類株式(取得請求権付株式を種類株式とする場合)、社債、新株予約権、新株予約権付社債、またはこれら以外の財産を交付することができる。対価が他の種類株式である場合が従来の転換予約権付株式にあたり、対価が金銭の場合が償還株式に相当する。対価の種類・額・算定方法等や取得を請求できる期間は定款で定められる。⇒償還株式, 転換予約権付株式
（川島いづみ）

主要目的ルール（しゅようもくてきるーる）

新株や新株予約権の発行の主要目的が資金需要であるか経営陣の支配権維持であるかを、発行差止の訴え(会210, 247)における「著しく不公正な方法」の判断基準とする、下級審において採用されてきた判断枠組み。株式や新株予約権の第三者割当は既存株主の持株比率を低下させるため、特に支配権争奪の場面においてその不公正性が差止訴訟で争われることがある。この点につき、仮に資金需要があったとしても、発行が特定の株主の持株比率を低下させ…ることを主要な目的でされたときは、その新株の発行は不公正発行にあたる(東京地決平1.7.25)との考え方で不公正性を判断する下級審判例が多く存在してきた。近時係争例が増加している新株予約権の第三者割当事例では、新株発行に比して資金調達目的が認定されにくく、この枠組みが基準として機能しにくいと指摘されている。⇒第三者割当, 企業防衛
（森脇祥弘）

種類株式（数種の株式）（しゅるいかぶしき（すうしゅのかぶしき））

通常、株主の有する株式には、議決権を中心とする共益権と利益配当を中心とする自益権が付与され、各株主の有する株式の一つ一つの内容は均一平等であるのが原則である。しかし、資金調達の便宜を考慮して、権利の内容について異なる株式を発行することが認められている。これを、種類株式あるいは数種の株式という。会社法では、剰余金の配当、残余財産の分配、株主総会での議決権が行使できる事項、株式の譲渡制限、株式取得請求権、取得条項、取締役・監査役選任権などについて、異なる定めをした内容の異なる種類株式を認めている(会108)。⇒株主平等の原則
（池島真策）

種類株主総会（しゅるいかぶぬしそうかい）

内容の異なる複数種類の株式を発行する株式会社で，会社法に規定する事項および定款に定めた事項についてのみ決議する種類株主の総会をいう（会321，2 I ⑭）。複数の種類株式を発行している会社では，種類株主の利害が対立する場面も想定されるため，上記の事項については，当該種類株主で開かれる総会の決議がなければ，その効力を生じないこととして，種類株主の利益保護を図っている（会322 I）。ただし，定款で決議を要しないとすることや（会322 II），拒否権付種類株式を発行した場合の種類株主総会の決議を必要とする決議事項を定めること（会323）などは可能である。⇒種類株式，拒否権付株式　　　　　（長畑周史）

種類株主総会の運営（招集・議事）（しゅるいかぶぬしそうかいのうんえい（しょうしゅう・ぎじ））

種類株主総会の運営については，株主総会の規定および施行規則の多くが準用されている（会325，施規95）。招集は，所定の招集権者により日時等の必要事項を決定してなされ（会325，296 III，298 I・IV，297 IV，307 I）招集の通知（会325，299）が要求される。種類株主の出席機会と準備を確保し法的安定性を保つためである。ただし，一定の場合には，招集手続の省略が可能である（会325，300）。議事の方法は，特に定めがない限り定款・規則・慣行による。議事の進行は，総会の秩序を維持し議事を整理する議長が行い（会325，315），議事を充実させるため，取締役等に説明義務（会325，314）が課される。⇒種類株主総会

（宮島　司・金尾悠香）

種類株主総会の決議（しゅるいかぶぬしそうかいのけつぎ）

種類株主総会の決議は，決議事項により決議要件が異なる。原則として，定款に別段の定めがある場合を除き，総株主の議決権の過半数を有する株主が出席し，出席した当該株主の議決権の過半数である普通決議によりなされる（会324 I）。ある一定事項については，特別決議，特殊決議が要求され，さらに定款により要件の加重が可能である（会324 II・III）。決議の瑕疵には，株主総会決議と同様，決議の不存在または無効の確認の訴え（会830），決議の取消しの訴え（会831）が適用される。⇒株主総会決議の瑕疵

（宮島　司・金尾悠香）

種類株主総会の権限（しゅるいかぶぬしそうかいのけんげん）

種類株主総会の権限は，会社法に規定される事項および定款で定めた事項に限られる（会321）。法定事項に関する種類株主総会は法定種類株主総会と

もいわれ，会社法において権限がより明確化された。権限の例としては，株式の種類の追加・株式の内容の変更・発行可能株式総数または発行可能種類株式総数の増加に関する定款変更を行う場合において，ある種類の株式の種類株主に損害を及ぼすおそれがあるとき（会322Ⅰ）などであり，これらについては，当該種類株主総会の決議がなければその効力を生じない（会322）。ただし，円滑な決議と種類株主保護の双方を調整するため，法定事項でも一定の場合は，種類株主総会の決議を要しない旨の定款を定めることができる（会322Ⅱ・Ⅲ・Ⅳ）。また，定款で定めた事項に関する種類株主総会は任意種類株主総会ともいわれ，その権限は，ある種類の株式の内容として株主総会等の当該決議のほか，当該種類株主総会の決議を必要とすると定めた事項におよび，これらについても，種類株主総会の決議がなければ効力が生じない（会323）。例として，譲渡制限種類株式に関する譲渡の承認，取締役の選任に関わる事項がある。⇒種類株主総会

（宮島　司・金尾悠香）

種類創立総会（しゅるいそうりつそうかい）

　ある種類の設立時発行株式の設立時種類株主の総会。設立しようとする株式会社が種類株式発行会社（会2⑬）である場合，定款にある種類の株式の内容として種類株主総会の決議を必要とする旨の定めがあるときは，創立総会の決議のほか，種類創立総会の決議を要する（会84）。ただし，議決権を行使できる設立時種類株主がいない場合は，決議を要しない。種類創立総会の決議要件は，原則として創立総会と同じである（会85Ⅱ）。⇒種類株式

（藤田祥子）

純資産額（じゅんしさんがく）

　資産額と負債額の差額である（なお，合同会社につき，会635Ⅱ・Ⅲ・Ⅴ，計規194）。株式会社では，これが300万円を下回れば，剰余金の分配をすることができない（会458，461Ⅱ⑥，計規186⑥）。その意味で，それが最低資本金の役割を果たすと説明される。貸借対照表上，純資産は，①株主資本，②評価・換算差額等，③新株予約権に区分して計上される。このうち①は，払込資本と留保利益（または累積損失）から構成される株主の持分額を示す部分であり，資本金，資本剰余金，利益剰余金等の項目を含む（計規108Ⅰ・Ⅱ）。⇒資産，負債，最低資本金制度

（森川　隆）

準則主義（じゅんそくしゅぎ）

　法人設立に関する立法主義の一つで，あらかじめ法律に定められた要件を満たせば当然に法人格が付与されるとの立場をいう。特別の立法や，主務官庁

による許可，免許等を要する立場と対比される。会社法は会社法人設立について準則主義をとる。法定要件を満たしているか否かは，設立登記の際に登記官によって形式的に審査される。企業設立に関する自由主義政策の採用といえるが，事後に公益上の観点から法人格を剥奪する制度として解散命令（会824Ⅰ）がある。　　　　（杉田貴洋）

準備金（じゅんびきん）

株式会社が法令の規定により一定の場合に計上することを要求される計算上の数額である。計上の源泉が資本取引であるか，それとも損益取引であるかに応じて，資本準備金と利益準備金に区別される。純資産額が資本金と準備金の合計額を上回らなければ分配可能額が生じない。そのため，準備金は，資本金とともに剰余金の分配規制との関係で意味をもつ。他方で，欠損の塡補にあてる場合は，取崩しの手続が軽減され（会449Ⅰ但書。また，会459Ⅰ②），それにより分配の可能性を早期に回復させることができる。なお，持分会社では，準備金の制度は設けられていない。⇨資本準備金，利益準備金
　　　　　　　　　　　　（森川　隆）

準備金（の額）の減少（じゅんびきん（のがく）のげんしょう）

株式会社が準備金を減少することである。原則として，株主総会の決議（普通決議）と債権者保護手続が要求される。準備金をゼロまで減少できるがマイナスにはできない（会448, 449。なお，持分会社では，準備金の制度それ自体が設けられていない）。資本取引と損益取引を区別する観点から，資本金とする場合は，資本準備金を減少する。これに対して，剰余金とする場合は，資本準備金の減少額がその他資本剰余金の増加額となり，利益準備金の減少額がその他利益剰余金の増加額となる（計規48Ⅰ①，50Ⅰ②，52Ⅰ①）。また，資本金の減少と異なり形成訴訟としての無効の訴えの制度は設けられていない。⇨準備金　　（森川　隆）

準備金（の額）の増加（じゅんびきん（のがく）のぞうか）

株式会社が剰余金を減少して準備金を増加することである。株主総会の決議（普通決議）が要求されるが，債権者に不利はないため債権者保護手続は要求されない。剰余金をゼロまで減少できるがマイナスにはできない（会451。なお，持分会社では，準備金の制度それ自体が設けられていない）。資本取引と損益取引を区別する観点から，その他資本剰余金の減少額は資本準備金の増加額となる。これに対して，その他利益剰余金の減少額は利益準備金の増加額となる（計規49Ⅰ②，51Ⅰ）。⇨準備金　　　　　　　（森川　隆）

償還株式（義務償還株式・随意償還株式）※（しょうかんかぶしき（ぎむしょうかんかぶしき・ずいいしょうかんかぶしき））

平成17年改正前の商法では，株式の買受または利益をもってする株式の消却について定款に定めのある種類株式を償還株式といい，このうち，株主側に償還の請求権があるものを義務償還株式，会社側に償還の選択権があるものを随意償還株式といった。配当優先株式を償還株式にするといった利用が通例である。会社法では，それぞれ，取得の対価を金銭とする取得請求権付株式と取得条項付株式に相当するが，いずれも消却とは直結していない。
⇨取得請求権付株式，取得条項付株式

（川島いづみ）

消却義務（しょうきゃくぎむ）

株券振替制度において，振替機関等が超過記録を行い，これに基づく善意取得が生じた場合に，当該超過記録をした振替機関等は，その超過数の振替株式を取得して，発行会社に対して，その株式についての権利の全部を放棄する意思表示をしなければならない（社振145Ⅰ・Ⅲ）。これを振替機関等の消却義務もしくは超過記録解消義務という。従来の株券等保管振替制度では，振替機関およびすべての参加者が無過失の連帯責任を負うものとされていたが，株券振替制度では超過記録を行った振替機関等のみが消却義務を負うものとされている。また，振替機関等が消却義務を履行し終えるまでの間は，当該振替機関およびその下位機関の加入者は，その超過数について，保有株式数に応じて按分比例的に，その株式を発行会社に対抗することができなくなる（社振148Ⅰ）。⇨善意取得

（松井英樹）

償却原価法（しょうきゃくげんかほう）

債権または債券を債権金額または債券金額より低い価額または高い価額で取得した場合において，当該差額に相当する金額を弁済期または償還期に至るまで毎期一定の方法で貸借対照表価額に加減する方法（金融商品に係る会計基準注解5）。低い価額で取得した場合には帳簿価額に加算する方法（アキュムレーション）を，高い価額で取得した場合には帳簿価額に減額する方法（アモチゼーション）を，それぞれ採用する。

（松田和久）

常勤監査役（じょうきんかんさやく）

会社の営業時間中，原則として，その会社の監査役としての職務を行う者であり，監査役設置会社の場合に，組織監査を実施するため，監査役会の必要的構成員として1名の常勤監査役が要求される（会390Ⅲ）。法的には「常勤」概念は定められていないものの，常勤監査役の実効性を確保する点から，

複数の会社の常勤監査役を兼務することが認められるかが問題となるが，親会社と子会社の常勤監査役の兼務は，勤務形態によっては許容される場合がある。
（柿崎　環）

商号権（商号使用権・商号専用権）（しょうごうけん（しょうごうしようけん・しょうごうせんようけん））

他人に妨害されずに自己の商号を使用する権利を商号使用権といい，他人が自己の商号を不正に使用するのを排除する権利を商号専用権という。そしてこれらの権利を総称して商号権と呼ぶ。商号専用権を規定するものとして不正競争防止法2条1項1号・2号による不正な商号使用の制限が，商号使用権を規定するものとして同法12条1項2号～4号がある。　（久保大作）

商事会社・民事会社（しょうじがいしゃ・みんじがいしゃ）

商行為（絶対的商行為・営業的商行為）にあたる事業を「目的」（会27①，576Ⅰ①）にして設立された会社が商事会社であり，商行為以外の行為（民事行為）である事業を目的にして設立された会社が民事会社である。ただし，平成17年の会社法では，会社が事業として行う行為は，たとえ本来は民事行為であっても商行為とされており（会5），それゆえ会社はすべて商人（商4Ⅰ）になるために，商事会社と民事会社とで実際には差異はない。
（鳥山恭一）

譲渡制限株式（じょうとせいげんかぶしき）

譲渡による株式の取得に会社の承認を要する株式をいう。発行する全株式または一部の株式（種類株式）を譲渡制限株式にすることができる。定款の定めにより，株主間の譲渡など一定の場合には譲渡を承認したものとみなすこともできる。譲渡の承認機関は株主総会（取締役会設置会社では取締役会）であるが，定款による別段の定めも可能である（会139Ⅰ）。株主は，承認請求の他，承認しない場合に会社または指定買取人による取得を請求することもできる（会138①）。　（川島いづみ）

使用人兼務執行役（しようにんけんむしっこうやく）

執行役と委員会設置会社の支配人その他の使用人を兼ねる者。従来，報酬委員会が執行役の報酬を決定する権限を有し（旧商特21の8Ⅲ），使用人として受ける給与等については会社の業務執行の一環として執行役が決定していた。しかし，会社法では，取締役会の監督機能を強化する委員会設置会社の制度趣旨から，使用人分の給与等についてもその過半数が社外取締役で構成される報酬委員会において決定することとしている（会404Ⅲ）。⇒使用人

兼務取締役 （前原信夫）

使用人兼務取締役（しようにんけんむとりしまりやく）

支配人，部長，工場長等の使用人を兼務する取締役。わが国では終身雇用制を背景として，使用人兼務取締役は多数存在するが，委員会設置会社では監督と執行の分離の観点から禁止される（会331Ⅲ）。使用人兼務取締役も，権限，義務および責任は通常の取締役と変わらない。使用人兼務取締役の使用人給与部分について株主総会決議を経ていなくても，使用人として受けるべき給与の体系が明確に確立しており，かつそれによって給与の支給がなされている限り平成17年改正前商法269条（会361）に反しないとする判例がある（最判昭和60・3・26判時1159号150頁）。

（王子田　誠）

常務会（じょうむかい）

代表取締役を中心とした一定役職以上の取締役により構成される会議。経営会議と呼ばれることもある。会社法上の機関ではなく，審議事項，構成員，開催頻度等はそれぞれの会社によって異なる。取締役の数の多い会社において迅速な意思決定をするための制度である。会社経営の重要事項が常務会で事実上決定され，取締役会はそれを追認するにすぎないため，取締役会の形骸化につながるといわれていた。近時，執行役員制度を採用して取締役数を削減し，取締役会を活性化しようとする例もみられる。⇒執行役員

（王子田　誠）

剰余金（じょうよきん）

株式会社の剰余金は，最終事業年度の末日の①その他資本剰余金と②その他利益剰余金の合計額を出発点として，それに算出の期日までに生じた変動額を加味して算出する（会446，計規177，178。なお，合同会社につき，会626Ⅲ，計規192）。①は，資本剰余金のうち資本準備金以外のもの（資本金および資本準備金減少差益，自己株式処分差益等）である。これに対して，②は，利益剰余金のうち利益準備金以外のもの（任意積立金，繰越利益剰余金）である（計規108Ⅳ・Ⅴ）。剰余金は，分配可能額を算出する際の基礎となる（会461Ⅱ①）。また，剰余金の処分として，配当その他の分配（会453，454等）に加えて，資本金または準備金への計上（会450，451），損失の処理や任意積立金の積立てのような剰余金の項目間の計数変更（会452，計規181Ⅰ）があり，その手続として基本的に株主総会の決議（普通決議）が要求される。⇒剰余金の処分，剰余金の配当

（森川　隆）

剰余金の資本(準備金)組入れ(じょうよきんのしほん(じゅんびきん)くみいれ)

剰余金の額を減少させて、資本金または準備金の額を増加させることを指す(会448Ⅰ②,450,451)。資本金の増加については資本準備金またはその他資本剰余金を(計規48Ⅰ),準備金の増加については、その性格に応じて、その他資本剰余金またはその他利益剰余金を減少させることとなる(計規49Ⅰ②,51Ⅰ)。会社法の下では純資産の部の係数の変動として整理され、株主への分配を困難にする措置であることから、それぞれ株主総会決議が要求されている(会448Ⅰ,450Ⅱ,451Ⅱ)。⇒資本金,準備金,剰余金

(若林泰伸)

剰余金の処分(利益処分・損失処理)(じょうよきんのしょぶん(りえきしょぶん・そんしつしょり))

広義には、①剰余金の配当や有償の自己株式取得といった株主に対する分配、②資本金・準備金の額の増加、③損失処理や任意積立金の積立て等を行うために、剰余金を分配し、あるいはその額を変動させること。会社法は③にこの語を使う(会452,計規181)。剰余金の処分は、会社財産の流出を伴うもの(①)とそうでないもの(②③)に分かれ、両者とも手続的規制があるが、①にはさらに財源規制等が課せられる。剰余金の処分は株主総会決議によって行うのが原則であるが(会452等)、会計監査人設置会社で、取締役の任期が1年の監査役会設置会社または委員会設置会社は定款に規定することによって取締役会決議により①や③の一部の行為を行うことができる(会459Ⅰ)ほか、中間配当(会454Ⅴ)も取締役会決議による。会社法の下では、期中に何回でも剰余金の配当をなしうることから、株主資本等変動計算書にもその変動が開示される(会435,計規127)。平成17年改正前商法上利益処分とされていた役員賞与を剰余金の処分によって行うことができるかにつき、争いがある。⇒株主資本等変動計算書

(若林泰伸)

剰余金の配当(利益配当)(じょうよきんのはいとう(りえきはいとう))

株式会社が一定の手続の下でその株主に対して会社財産を分配することをいう(会453)。平成17年改正前商法の下では、「利益」を株主に配当することとされていたが(旧商290Ⅰ)、その原資には資本金・資本準備金の減少差益や自己株式処分差益といった「その他資本剰余金」も含まれていたため、これらを剰余金の配当として整理することとした。会社法では、期中にいつでも何回でも剰余金の配当をすることができ、期末後の剰余金の変動や臨時決算日までの期間損益を分配可能額に

114 じょうよき

反映させることもできる（会461Ⅱ）。剰余金の配当を行うには、原則として株主総会決議が必要であるが、会計監査人設置会社で、取締役の任期が1年の監査役会設置会社または委員会設置会社は定款に規定することによって取締役会決議で行うことができる（会459Ⅰ④）。金銭配当だけでなく、現物配当（会454Ⅳ）や連結配当（計規186④）も可能になった。ただし、純資産300万円未満の場合には配当できない（会458）。⇒連結配当，現物配当

（若林泰伸）

剰余金配当請求権（利益配当請求権・配当金支払請求権）（じょうよきんはいとうせいきゅうけん（りえきはいとうせいきゅうけん・はいとうきんしはらいせいきゅうけん））

剰余金配当請求権とは、株式会社の株主が持つ権利の一つであり（会105Ⅰ①）、ここでいう剰余金の配当には、平成17年改正前商法下での、株主に対する金銭等の分配（利益配当，金銭の分配〔中間配当〕，資本金および準備金の減少に伴う払戻し）および自己株式の有償取得が含まれる。剰余金の配当は、分配可能額の範囲内でなければならない（会446）。

（四竃丈夫）

職務代行者（しょくむだいこうしゃ）

職務代行者とは、民事保全法上の仮処分に基づき訴えの提起の前後に急迫の事情がある場合に、裁判所が当事者の申立てにより取締役等の職務執行を停止し、選任するものである（民保23Ⅱ、24）。職務執行停止・職務代行者の選任の仮処分命令等を決定するときは、会社の本店所在地で登記を要する（会917①、民保56）。取締役・代表取締役の職務代行者による裁判所の許可を得ないでした常務に属しない行為は無効であるが、善意の第三者には対抗できない（会352）。

（松岡啓祐）

所在不明株主の株式売却制度（株式の競売）（しょざいふめいかぶぬしのかぶしきばいきゃくせいど（かぶしきのきょうばい））

所在不明株主の増加は、会社の株主管理の負担となる。そこで株式事務の合理化を図るため、5年以上会社から株主名簿上の株主に対し通知・催告が到達しなかったため、以後、通知・催告を要しないとされた株式であり、かつ継続して5年間剰余金の配当を受領していない場合には、会社は、株式を競売し、代金を株主に交付することができる（会197Ⅰ）。市場価格のある株式はその市場価格をもって売却、市場価格のない株式は裁判所の許可を得て競売以外の方法により売却することができる（会197Ⅱ）。売却代金は、その株式の株主に交付しなければならないが、その株主は所在不明なので、会社は、株主に通知・催告し、株主からの

請求を待つか，売却代金を供託して債務を免れることになる。　　　　（池島真策）

除名の訴え（じょめいのうったえ）

　持分会社は社員相互の信頼関係を基礎としているので，特定の社員が会社に対する重要な義務違反や不正行為をして，その信頼を裏切る行為をした場合には，持分会社は，訴えをもって当該社員から強制的に社員資格を剥奪する除名（法定退社原因の一つ，会607Ⅰ⑧）を請求することができる（会859）。除名を行うには，①法定の除名事由の存在，②除名対象の社員を除く他の社員の過半数の決議，③裁判所の除名判決が必要である。　（南隅基秀）

書面投票制度（書面による議決権行使，議決権行使書面）（しょめんとうひょうせいど（しょめんによるぎけつけんこうし，ぎけつけんこうししょめん））

　株主総会に出席しない株主が書面によって議決権を行使すること。株主が千人以上の会社ではこれが強制されているが（会298Ⅱ），その他の会社でも任意でこれを採用することができる（会298Ⅰ③）。この場合には，会社は招集通知に際して株主に対して株主総会参考書類と議決権行使書面を交付しなければならない（会301，施規65，66）。書面による議決権の行使は総会の日時の直前の営業時間の終了時までに（施規69），議決権行使書面を会社に提出して行われる（会311Ⅰ）。⇨株主総会参考書類　　　　（渋谷光義）

所有と経営の一致（自己機関制）（しょゆうとけいえいのいっち（じこきかんせい））

　持分会社（合名会社，合資会社および合同会社）は，株式会社と異なり，出資者たる社員間の人的信頼関係が重視され，一方で経営者としての資質が社員に求められている。したがって，出資者として会社を所有する社員が，原則として自ら会社の業務を執行し（会590Ⅰ）会社を代表する（会599Ⅰ）。これを，所有と経営の一致といい，社員資格と機関資格が結合していることをもって，自己機関制と呼ぶことができる。⇨所有と経営の分離（第三者機関制）　　　　　　　　（上田廣美）

所有と経営の分離（第三者機関制）（しょゆうとけいえいのぶんり（だいさんしゃきかんせい））

　株式会社の基本的な特質の一つで，株主が株式会社に出資をして実質的所有者となるが，会社経営は経営の専門家である取締役（執行役）に委ねられること。

　本来，株主は，実質的な共同所有者として，株式会社の支配権・経営権を有しているはずである。しかし，株式会社では，社員の地位が株式化され，かつ，株主は間接有限責任を負うにす

ぎない（会104）。そのため，多数の株主の参加と大規模団体の形成が可能となり，株主と会社との関係が希薄になる。その結果，株主は自ら会社経営にあたることを望まず，また，自らあたることは事実上不可能であり，また，会社経営にあたらなければならないとすると，多大なコストがかかる。そこで，会社の経営・運営の合理化の観点から，株主総会において会社経営の専門家である取締役を選任して（会329Ⅰ，341）（委員会設置会社においては，取締役会によって選任された執行役（会402Ⅱ）会社経営が委ねられることになった（会348Ⅰ，418②）。そして，公開会社においては，社員資格と機関資格が明確に分離されている（会331Ⅱ，335Ⅰ，402Ⅴ）。⇒経営者支配，株主間接有限責任の原則，所有と経営の一致　　　　　　　　（新里慶一）

新株発行（しんかぶはっこう）

　会社成立後株式を発行すること。新たに株主となる者を募集し，引受人となった者に払込みをさせて新株を発行する場合を通常の新株発行といい，新たに株主となる者を募集しない場合の新株発行（株式分割，株式無償割当て，吸収合併，吸収分割，株式交換等の場合の新株発行）を特殊の新株発行という。通常の新株発行は，その発行形態に応じ，株主割当，第三者割当，公募による方法がある。⇒募集株式の発行

（岡本智英子）

新株発行不存在確認の訴え（しんかぶはっこうふそんざいかくにんのうったえ）

　会社法829条1号は，株式会社の成立後における株式の発行について，当該行為が存在しないことの確認を，訴えをもって請求することができる旨を定めている。これを新株発行不存在確認の訴えという。平成17年改正前商法の下では，新株発行不存在確認の訴えを定めた明文規定はなかったが，新株発行の実体が存在せず変更登記があるにすぎないような場合には，この訴えを解釈によって認めるのが判例・通説であった。会社法はこの解釈を明文化したわけである。新株発行不存在確認の訴えの提訴期間に制限はない。提訴権者の制限もないが，訴えの利益は必要である。被告は会社に限定される（会834⑬）。認容判決には対世効が認められる（会838）。⇒対世的効力

（河村賢治）

新株発行無効の訴え（しんかぶはっこうむこうのうったえ）

　新株発行発効後その効力を否定するには新株発行無効の訴えによることを要する（会828Ⅰ②）。法律関係の画一的確定のために，提訴権者は（新旧）株主・取締役・監査役等に限定され（会828Ⅱ②），提訴期間は発効日から6か月間（非公開会社は1年間，会

828Ⅰ②)，会社を被告とする（会834②）。無効判決は対世効を有するが遡及効はなく（会838，839。無効判決の効力につき840），専属管轄・担保提供・弁論の併合等は「会社の組織に関する訴え（会835～837，846）」に服する。判例は無効原因事由を限定的に解しており，取締役会決議・株主総会決議を経ずになされた新株の第三者に対する有利発行も無効事由とされない（最判平成6年7月14日判時1512・178）。ただし，授権株式数超過・定款規定を欠く種類株式の新株発行は無効事由と解され，新株発行事由の通知・公示を欠くときにも差止事由がない場合を除き無効事由となる。（最判平成9年1月28日民集51・1・71）⇒新株発行，対世的効力，遡及的効力　（米山毅一郎）

新株引受権（募集株式の割当てを受ける権利）（しんかぶひきうけけん（ぼしゅうかぶしきのわりあてをうけるけんり））

平成17年改正前商法では，会社が新株を発行する場合に，その新株を有する株式の数に応じて優先的に割り当てるべきことを請求することができる権利（改正前商280条ノ4）を新株引受権としていたが，会社法では新株引受権という用語は使用せず，募集株式の割当てを受ける権利（会202Ⅰ）と規定している。株主は当然に募集株式の割当てを受ける権利は有せず，会社が募集株式の発行の決定の際に株主に与えることができるとし，その場合は株主は，その有する株式の数に応じて募集株式の割当てを受ける権利を有することとなるが，自己株式には割当てをすることはできず，1株に満たない端数があるときはこれを切り捨てる（会202Ⅱ）。　（岡本智英子）

新株引受権の譲渡（しんかぶひきうけけんのじょうと）

平成17年改正前商法では，定款の定めまたは取締役会決議で定めた時は，株主は新株引受権を譲渡することができ（改正前商280ノ2Ⅰ⑥），その場合，会社は振替株式の新株引受権の場合を除き新株引受権証書を発行することを要し（同280ノ6ノ2Ⅰ），その交付によって新株引受権の譲渡が行われていた（同280ノ6ノ3Ⅰ）。会社法における割当てを受ける権利には譲渡性はなく，有価証券には表章されないが，新株予約権には譲渡性が認められているため（会254）新株予約権無償割当てを行うことにより（同277），新株引受権の譲渡と同様の効果を生じさせることができる。　（岡本智英子）

新株引受権の振替（振替新株引受権）（しんかぶひきうけけんのふりかえ（ふりかえしんかぶひきうけけん））

振替株式についての新株発行決議において振替法の規定の適用を受ける旨が定められた新株引受権で，振替機関

が取り扱うもの（改正前社振170）。振替新株引受権は新株引受権証書を発行することができず（改正前社振171Ⅰ）口座振替によって譲渡が行われる（同171，180）とされていたが，会社法では新株引受権証書という概念がなくなったので，新株予約権証券の不発行制度の中に吸収され（会236Ⅰ⑩），振替新株予約権は新株予約権証券を発行することができず（社振164Ⅰ）振替口座簿の記載または記録により定まる（社振163）。　　　　　　　（岡本智英子）

新株予約権（しんかぶよやくけん）

会社に対して行使することにより，当該株式会社の株式の交付を受けることができる権利（会2㉑，236以下）。平成17年改正前商法に存在した業績連動型役員報酬としてのストックオプション，旧新株引受権付社債・転換社債に付された新株引受権・転換権等につき，平成13年11月改正で新株予約権と総称し，一般的な規律を置いた。予約権自体の取得価額と行使時の出資財産価額との合計額が，予約権に基づく株式取得価額の総額となる。　（森脇祥弘）

新株予約権買取請求権（しんかぶよやくけんかいとりせいきゅうけん）

①発行される全部の株式につき譲渡制限および全部取得条項を設ける定款の変更を行う場合（会118Ⅰ①・②），②組織変更（会777Ⅰ），消滅会社が吸収合併・吸収分割・株式交換（会787Ⅰ①～③号）または新設合併・新設分割・株式移転（会808Ⅰ）を行う場合，定款変更会社および消滅会社等の新株予約権の新株予約権者は，当該会社等に対し，自己の有する新株予約権を公正な価格で買い取ることを請求することができる。この請求権を，新株予約権買取請求権という。　（肥塚肇雄）

新株予約権原簿（しんかぶよやくけんげんぼ）

株式会社は，新株予約権を発行した日以後遅滞なく新株予約権原簿を作成し（会249），それをその本店に備えなければならない（会252Ⅰ）。株主，債権者および当該株式会社の親会社社員は同原簿を閲覧または謄写等の請求をすることができる（会252Ⅱ・Ⅲ・Ⅳ）。株式会社の新株予約権者に対する通知または催告は同原簿の住所等に発すれば足りる（会253Ⅰ）。新株予約権の譲渡（無記名新株予約権等は除く〔会257Ⅲ〕）について，同原簿への記載等が会社その他の第三者に対する対抗要件である（会257Ⅰ。ただし，記名新株予約権等については会257Ⅱ）。無記名新株予約権等を除いては（会259Ⅱ，会260Ⅲ），当該株式会社が新株予約権を取得・処分した場合は同原簿に記載等が必要であり（会259Ⅰ），当該発行会社以外から取得した新株予約権の取得者は，同原簿に記載等の請求をする

新株予約権証券（しんかぶよやくけんしょうけん）

新株予約権を表章する有価証券が新株予約権証券である。株式会社は，証券発行新株予約権を発行した日以後遅滞なく，新株予約権証券を発行しなければならない（会288Ⅰ）。しかし，新株予約権者から請求がある時までは，同証券を発行しなくてもよい（会288Ⅱ）。新株予約権を譲渡するとき，同証券が発行されている場合は，それを交付して効力が生じ（会255Ⅰ），新株予約権を善意取得する（会258Ⅱ）。同証券の占有者は当該新株予約権についての権利を適法に有するものと推定されるからである（会258Ⅰ）。記名式の新株予約権証券を無記名式に，無記名式のそれを記名式に転換することを請求できる（会290）。⇨善意取得

（肥塚肇雄）

新株予約権付社債（しんかぶよやくけんつきしゃさい）

新株予約権を付した社債を新株予約権付社債という（会2㉒）。社債に新株予約権を付すことで，社債と株式のメリットを提供することができる。社債を償還しそれを新株予約権の行使の際の払込みにあてることを条件に発行される転換社債型新株予約権付社債も認められている。新株予約権付社債の募集事項の決定に際しては，株主総会の特別決議（取締役（会）設置会社の場合は取締役（会）〔会239Ⅰ〕。公開会社の場合は取締役会〔会240Ⅰ〕）を要する（会238Ⅰ⑥・Ⅱ，309Ⅱ⑥）。有利発行となるときは，公開会社では，株主総会の特別決議が求められるし（会238Ⅱ，240Ⅰ，309Ⅱ⑥），公開会社であるか否かと問わず，株主総会でその理由を説明する必要がある（会238Ⅲ，240Ⅰ，238）。

（肥塚肇雄）

新株予約権付社債券（しんかぶよやくけんつきしゃさいけん）

新株予約権付社債が表章されている有価証券を新株予約権付社債券という。債券を発行するか否かは募集の際に取締役会（取締役設置会社の場合は取締役〔会348〕）により決定される（会676⑥，362Ⅳ⑤）。社債券には新株予約権と社債とが表章されているから，社債を償還する場合，新株予約権が消滅していないときは，株式会社は，新株予約権付社債券と引換えに社債の償還の請求をし得ない（会292Ⅱ）。組織変更，合併，吸収分割，新設分割，株式交換および株式移転を行う場合，その効力が生じる日までにそれぞれにかかわる新株予約権付社債券を提出する旨を公告・通知しなければならない（会293Ⅰ）。⇨新株予約権付社債

（肥塚肇雄）

新株予約権付社債の譲渡（しんかぶよやくけんつきしゃさいのじょうと）

新株予約権付社債の譲渡は、意思表示のみによって行うことができるのが原則である。新株引受権と社債とが同一の証券に表章されているので、新株予約権または社債のどちらか一方が消滅した場合を除いて、分離して譲渡することはできない（会254Ⅱ・Ⅲ）。ただし、記名式または無記名式の証券発行新株予約権付社債の譲渡には、意思表示のほかに、社債券の交付が必要であり（会255Ⅱ）、記名式の証券発行新株予約権付社債に付された新株予約権の譲渡につき株式会社に対抗するためには、新株予約権原簿に記載等をしなければならない（会257Ⅱ）。⇒新株予約権原簿，社債券　　　　（肥塚肇雄）

新株予約権付社債の振替（振替新株予約権付社債）（しんかぶよやくけんつきしゃさいのふりかえ（ふりかえしんかぶよやくけんつきしゃさい））

新株予約権付社債の発行の決定において、当該決定に基づき発行する新株予約権付社債（当該新株予約権付社債に付された新株予約権の目的である株式が振替株式であるものに限り、譲渡制限新株予約権〔会236Ⅰ⑥〕は除く）の全部についてこの法律の規定の適用を受けることとする旨を定めた新株予約権付社債であって、振替機関が取り扱うものを新株予約権付社債の振替または振替新株予約権付社債という（社振192）。
　　　　　　　　　　　　（肥塚肇雄）

新株予約権の行使（しんかぶよやくけんのこうし）

新株予約権者は、当該新株予約権を行使した日に、当該新株予約権の内容に従った株式の株主となる（会282）。ただし、新株予約権者が取得することになる株式数は、発行可能株式総数から、自己株式を除いた発行済株式の総数を控除して得た数を超えてはならず（会113Ⅳ）、株式会社は自己新株予約権を行使することはできない（会280Ⅵ）。新株予約権証券が発行されている場合、当該証券を株式会社に提出し（会280Ⅱ）、出資を定めているときは、出資価額の全額を払い込まなければならない（会281Ⅰ・Ⅱ）。同証券が発行されていない場合、新株予約権の内容・数、行使日を明らかにする必要がある（会280Ⅰ①・②）。⇒新株予約権証券，発行可能株式総数，取得条項付新株予約権（新株予約権の取得）

　　　　　　　　　　　　（肥塚肇雄）

新株予約権の質入れ（しんかぶよやくけんのしちいれ）

新株予約権者が自己の新株予約権に質権を設定すること（会267Ⅰ）。新株予約権原簿への記載を対会社・第三者対抗要件とする（会268Ⅰ）。証券発行新株予約権証券・証券発行新株予約権

付社債については，証券の交付を効力発生要件とし（会267Ⅳ・Ⅴ），新株予約権原簿への記載と証券の占有の継続を対第三者対抗要件とする（会268Ⅱ・Ⅲ）。また物上代位の規定が置かれている（会272）。　　　（森脇祥弘）

新株予約権の消却（しんかぶよやくけんのしょうきゃく）

　株式会社が自己の有する自己の新株予約権（自己新株予約権，会255Ⅰ）を消滅させる（会287参照）行為。会社法276条が許容する。この場合，消却する新株予約権の内容・数を定めなければならない（会276Ⅰ）。この決定は，取締役会設置会社（会326Ⅱ，327Ⅰ）においては取締役会の決議によることを要する（会276Ⅱ）が，それ以外の会社においては業務執行権限（会348）に基づき取締役が行う。

（森脇祥弘）

新株予約権の承継（しんかぶよやくけんのしょうけい）

　株式会社間の合併，吸収分割，新設分割，株式交換および株式移転等による組織再編行為を行う結果，消滅会社の新株予約権も消滅させるが，その反面その新株予約権者を保護するために，存続会社の新株予約権を交付することができ，その場合は，その旨およびその条件を新株予約権の内容として定めなければならない（会236Ⅰ⑧）。このようにして，会社法は，組織再編行為の際に，消滅会社から存続会社へ新株予約権についての承継が実質的に図られるようにしている。実質的な承継がなされない場合の措置として，新株予約権者については，新株予約権の買取請求が認められている（会787Ⅰ，会808Ⅰ）。⇒組織再編行為　（肥塚肇雄）

新株予約権の譲渡（しんかぶよやくけんのじょうと）

　株式と同様に新株予約権も自由に譲渡できることを原則とする（会254Ⅰ）。ただし譲渡制限が付される場合がある（別項目）。また新株予約権付社債については，社債部分と新株予約権部分を分離して別々に譲渡できない旨の制限に服する（会254Ⅱ・Ⅲ）。新株予約権証券発行の場合は，証券の交付を効力要件とする（会255）。会社および第三者に譲渡を対抗するには新株予約権原簿への記載を要する（会257Ⅰ）。⇒新株予約権証券　　　　（森脇祥弘）

新株予約権の譲渡制限（しんかぶよやくけんのじょうとせいげん）

　新株予約権の譲渡による取得につき会社の承認を要することとされている場合（会236Ⅰ⑥，243Ⅱ②），会社法262条以下の譲渡承認手続の規定が適用される。譲渡人（会262）および譲受人（会263）は，会264条所定の事項を明らかにして，当該新株予約権の譲

渡の承認を会社に請求することができる。承認の決定機関につき会265条参照。会社が承認請求の日から2週間以内に決定を通知しない場合、承認を擬制される（会266）。　　（森脇祥弘）

新株予約権の発行（しんかぶよやくけんのはっこう）

会社法238条以下に従い新株予約権を発行する手続。会社は募集新株予約権の募集事項を原則として株主総会特別決議で決定し（会238Ⅱ、309Ⅱ⑥、ただし会239（委任）、会240（公開会社の特則））、引受人を定め（会243（割当自由原則）、会244（総数引受けの特則）、会241（株主割当））、引受人は割当日に新株予約権者となる（会245）。新株予約権者は期日までに払込金額全額を払い込まなければ予約権を行使できない（会246）。⇒割当自由の原則　　（森脇祥弘）

新株予約権の振替（振替新株予約権）（しんかぶよやくけんのふりかえ（ふりかえしんかぶよやくけん））

新株予約権の発行の決定において、発行される新株予約権の全部につき、社債、株式等の振替に関する法律の適用を受けることとする旨が定められ、振替機関が取り扱うものとされた新株予約権。かかる予約権については、権利の帰属は、口座振替簿の記載または記録により定まる（社振163）。振替新株予約権。かかる予約権については証券を発行することができない（社振164）。同制度に服する新株予約権につき、一連の会社法の特則が定められている（社振183以下）。　　（森脇祥弘）

新株予約権発行の差止（しんかぶよやくけんはっこうのさしとめ）

新株予約権の発行が法令または定款に違反する場合、および著しく不公正な方法により行われる場合に、株主が保有株式の経済価値の下落、持株比率低下などの不利益を受けるおそれがあるとき、株主が新株予約権の発行をやめることを事前に請求することができる制度（会247、平成17年改正前商280ノ39Ⅳ、280ノ10）。会社法制定に伴い、募集新株の発行等の差止に関する210条と並立する規定方式に変更された。
　　（森脇祥弘）

新株発行不存在確認の訴え（しんかぶはっこうふそんざいかくにんのうったえ）

会社法829条1号は、株式会社の成立後における株式の発行について、当該行為が存在しないことの確認を、訴えをもって請求することができる旨を定めている。これを新株発行不存在確認の訴えという。平成17年改正前商法の下では、新株発行不存在確認の訴えを定めた明文規定はなかったが、新株発行の実体が存在せず変更登記があるにすぎないような場合には、この訴え

を解釈によって認めるのが判例・通説であった。会社法はこの解釈を明文化したわけである。新株発行不存在確認の訴えの提訴期間に制限はない。提訴権者の制限もないが、訴えの利益は必要である。被告は会社に限定される（会834⑬）。認容判決には対世効が認められる（会838）。⇒対世的効力

（河村賢治）

新株発行無効の訴え（しんかぶはっこうむこうのうったえ）

新株発行後その効力を否定するには新株発行無効の訴えによることを要する（会828Ⅰ②）。法律関係の画一的確定のために、提訴権者は（新旧）株主・取締役・監査役等に限定され（会828Ⅱ②）、提訴期間は発効日から6か月間（非公開会社は1年間、会828Ⅰ②）、会社を被告とする（会834②）。無効判決は対世効を有するが遡及効はなく（会838、839。無効判決の効力につき840）、専属管轄・担保提供・弁論の併合等は「会社の組織に関する訴え（会835～837、846）」に服する。判例は無効原因事由を限定的に解しており、取締役会決議・株主総会決議を経ずになされた新株の第三者に対する有利発行も無効事由とされない（最判平成6年7月14日判時1512・178）。ただし、授権株式数超過・定款規定を欠く種類株式の新株発行は無効事由と解され、新株発行事由の通知・公示を欠くときにも差止事由がない場合を除き無効事由となる。（最判平成9年1月28日民集51・1・71）⇒新株発行，対世的効力，遡及的効力

（米山毅一郎）

新株予約権無償割当て（しんかぶよやくけんむしょうわりあて）

株主（種類株式発行会社の場合は、ある種類の種類株主）に対して新たに払込みをさせないで株式会社が行う当該株式会社の新株予約権の割当てをいう（会277）。新株予約権無償割当てに関する事項については、定款に別段の定めがある場合を除いて、株主総会（取締役会設置会社の場合は、取締役会）の決議により決定する（会278Ⅲ）。ただし、株式会社は、①株主に割り当てる新株予約権の内容および数またはその算定方法、②新株予約権が新株予約権付社債に付されたものであるときは、当該新株予約権付社債についての社債の種類および各社債の金額の合計額またはその算定方法に関する事項について、当該株式会社以外の株主（種類株式発行会社にあっては、その種類の種類株主）の有する株式（種類株式発行会社にあっては、その種類の株式）の数に応じて新株予約権および社債を割り当てることを内容として定めなければならない（会278Ⅱ）。（肥塚肇雄）

新事業創出促進法（確認株式会社・確認有限会社）※（しんじぎょうそうしゅつそくしんほう（かくにんかぶしきがいしゃ・かくにんゆうげんがいしゃ））

　新事業創出促進法は平成10年12月18日に公布された法律（平成10年法律第152号）であり、日本経済の活力を取り戻し雇用機会を創出するために、創業者に対する直接支援などを定めていた。その後、いわゆる「中小企業挑戦支援法」（平成14年法律第110号）による改正によって、経済産業大臣の確認を受けた「創業者」が設立する「確認株式会社」と「確認有限会社」に対する当時の最低資本金制度（平成17年改正前商168ノ4、有9）の適用を免除し、資本金1円でも会社の設立を認める最低資本金規制の特例制度が定められた（10条以下）。新事業創出促進法は平成17年4月13日の法律（平成17年法律第30号）により廃止され、最低資本金規制の特例制度は、同法律により改正された「中小企業の新たな事業活動の促進に関する法律」（平成11年法律第18号）に定められたが（3条の2以下）、会社法整備法（平成17年法律第87号）により最低資本金規制の特例制度は廃止された（整備447）。⇒最低資本金制度　　　　　　（鳥山恭一）

真実性の原則（しんじつせいのげんそく）

　企業会計原則において「一般原則」の最初に挙げられている、「企業会計は、企業の財政状態および経営成績に関して、真実な報告を提供するものでなければならない」という原則。損益計算書と貸借対照表に共通して適用される7つの一般原則の中でも最上位の原則である。会計処理には複数の方法が認められるため、真実性の原則にいう「真実」とは絶対的な真実ではなく、相対的な真実を意味している。⇒損益計算書、貸借対照表　　（白石智則）

新設合併（しんせつがっぺい）

　新設合併とは、2以上の会社が合併により、当事会社（消滅会社）のすべてが消滅（解散）し、消滅会社の権利義務のすべてを、清算手続を経ることなく承継する新しい会社（新設会社）が設立されるものである（会2㉘）。

　わが国においては、合併のほとんどが吸収合併であり、新設合併が利用されることは少ないのである。

　　　　　　　　　　　　（黒石英毅）

新設合併の効果（しんせつがっぺいのこうか）

　①新設合併により、当事会社の全部が清算手続を経ずに、解散し消滅し（会471Ⅰ）新設会社が設立されることになり、消滅会社の株主または社員は、合併対価として与えられるものに従い、新設会社の株主または社員、社債権者等になる。②新設会社は、その成立の

日に（登記の日に），消滅会社の権利義務を包括的に承継することになり，（会754Ⅰ，756Ⅰ）。個々の権利義務について個別的な移転行為は必要ではないが，不動産登記等の対抗要件を具備することは必要となる。⇨合併対価

（黒石英毅）

新設合併の手続（しんせつがっぺいのてつづき）

合併する当事会社間で，①法定の事項を定めた合併契約を締結する（会748，753，755）。②新設合併契約の内容および法務省令で定める事項を事前に開示し，株主および会社債権者の縦覧に供する（会803，施規204）。③合併契約の株主総会による承認を得る（会804，805）。④③と平行して，会社債権者の異議手続を行う（会810）。⑤新設合併の登記を行う（会922）。⑥新設合併の登記後遅滞なく，法務省令で定める事項を事後開示し，株主および会社債権者の縦覧に供する（会815，施規211，213）。　　　（黒石英毅）

新設合併無効の訴え（しんせつがっぺいむこうのうったえ）

新設合併の法定手続に瑕疵があった場合当該合併の無効を主張するには合併の効力発生日から6か月以内に，効力発生日において消滅会社の株主等であった者または設立会社の株主等・破産管財人等が，設立会社を被告として無効の訴えを提起することを要する（会828Ⅰ⑧・Ⅱ⑧，834⑧）。無効判決は対世効を有するが遡及効を否定される（会838，839。無効判決の効力につき会843）。その他の「会社の組織に関する訴え」関連規定（会835〜837，846）も適用される。⇨新設合併

（米山毅一郎）

新設分割（しんせつぶんかつ）

一または二以上の株式会社又は合同会社がその事業に関して有する権利義務の全部又は一部を分割により設立する会社に承継させること（会2㉚）。会社法762条以下参照。設立する会社にはその種類の制限はないが，新設分割計画の作成が義務づけられている（会762）。分社化による新会社設立がこれにあたる。

（西原慎治）

新設分割計画（しんせつぶんかつけいかく）

新設分割という社団法上の法律行為ないしその内容を定めた書面等。新設分割にあっては，あらかじめ権利義務を承継する会社は存在しないため，新設分割をする会社は，法定の意思表示の内容をその要素とする新設分割計画を作成しなければならない（会763，765）。　　　　　　　（西原慎治）

新設分割の効果（しんせつぶんかつのこうか）

新設分割設立会社は，原則として，その成立の日（会49，579）に，新設分割計画の定めに従った形での権利義務を承継するという効果が発生する（会764，766）。　　　　　（西原慎治）

新設分割の手続（しんせつぶんかつのてつづき）

新設分割という社団法上の法律行為を行うにあたっての手続には新設分割計画の作成（会762），株主総会特別決議または特殊決議による承認（会804Ⅰ，309Ⅱ⑫・Ⅲ③）あるいは総社員の同意（会813Ⅰ②）が必要となる。
　　　　　　　　　　　　（西原慎治）

新設分割無効の訴え（しんせつぶんかつむこうのうったえ）

新設分割の法定手続上の瑕疵を理由にその無効を主張するためには，当該新設分割発効日から6か月以内に，当該発効日において分割会社の株主等であった者または分割会社・設立会社の株主等が，分割会社および設立会社を被告として無効の訴えを提起することを要する（会828Ⅰ⑩・Ⅱ⑩，834⑩）。無効判決は対世効を有するが遡及効は否定される（会838，839。無効判決の効力につき会843）。その他の「会社の組織に関する訴え」関連規定（会835～837，846）に服する。⇒新設合併
　　　　　　　　　　　　（米山毅一郎）

人的会社・物的会社（じんてきがいしゃ・ぶってきがいしゃ）

社員が誰であるか（個性）を問題にする会社が人的会社であり，それを問題にせずに出資（投資）をする者に社員の地位を与える会社が物的会社である。社員の個性は，会社債権者との関係（社員が会社債権者に対して無限責任を負っている場合）と，社員相互の関係（閉鎖的な会社の場合）とで問題になり得る。それゆえ，合名会社は双方の関係において人的会社であるが，有限責任社員が存在する合資会社には，会社債権者との関係において物的会社の要素も含まれている。他方で，株式譲渡制限の定めがない株式会社は双方の関係において物的会社であるが，株式譲渡制限の定めがある株式会社と合同会社は社員相互の関係では人的会社である。　　　　　　　　（鳥山恭一）

人的分割・物的分割（じんてきぶんかつ・ぶってきぶんかつ）

会社分割を株式割当先の違いによって分類する方法であり，人的分割とは，分割された会社の株式を分割元の会社の株主に割り当てる方法であり，これに対して物的分割とは，分割された会社の株式を分割元の会社に割り当てる方法である。　　　　　（西原慎治）

す

スクイーズ・アウト（squeeze out）（すくいーず・あうと）

合併等により組織再編を行う際に，消滅会社等の株主に対し，存続会社等の株式以外の財産を付与することにより（会749Ⅰ，759Ⅰ，768Ⅰ），少数派株主を存続会社等から締め出すことである。平成17年会社法以前は，例えば，合併消滅会社の株主は，存続会社の株主となるものとされていたが（買取請求権を行使しない場合），会社法では，現金等を与えることにより，消滅会社の株主であった者を合併後の存続会社から完全に締め出すことができることとなった。⇒組織再編行為

（宮島　司）

ステークホルダー（すてーくほるだー）

ある事柄について利害を有している者のこと。会社法学ないし経営学では，企業統治論に関連して「誰が会社に対して利害を有しているのか」「誰の利益を配慮して経営されるべきか」という点が問題とされる。主なステークホルダーとしては経営者，株主，従業員，（主として継続的な）取引先，メインバンク，監督官庁，周辺住民や自治体を含めた地域社会などが挙げられる。⇒コーポレート・ガバナンス

（久保大作）

ストック・オプション（すとっく・おぷしょん）

株式会社が取締役・執行役または従業員に職務執行についてインセンティブを与えるために，あらかじめ新株予約権の募集のときに決定された条件（権利行使期間内〔例えば，5年内〕に権利行使価格〔例えば，3,000円〕）で与えられた当該株式会社の株式の交付を受けることができる権利（新株予約権）をいう。新株交付時の価額が権利行使時の価額より高い場合，その差額が利益となる。新株予約権者が取締役の場合には，ストック・オプションは職務執行の対価である財産上の利益にあたり，定款に定めがない限り，株主総会の決議が求められる（会361Ⅰ③。ただし，委員会設置会社の場合は報酬委員会が決定する〔会404Ⅲ，会

409Ⅲ③〕)。⇨新株予約権，報酬委員会　　　　　　　　　　　　　　　（肥塚肇雄）

スピンオフ（spin-off）（すぴんおふ）

　広くは，企業がその一部門を別会社として分離・独立させることを意味するが，アメリカでは，会社の株式を親会社の株主に現物配当で分配することにより，機能的には新設分割を行うこととをいう。会社法では，現物配当が明文をもって認められたため（会454Ⅳ），親会社が剰余金の配当として，親会社株主に対し，親会社が保有する子会社株式の全部を交付する場合，その株主が，親会社と従前子会社であった会社の両者の株主となることから，分割が行われたと同様になる。⇨現物配当，新設分割　　　　　　　　　（宮島　司）

せ

清算（せいさん）

　会社が合併・破産以外の原因によって解散した場合即時には消滅せず，解散会社の権利義務を処理し，社員に残余財産を分配する手続を経て消滅する。この手続を清算という。解散のほか，設立の無効の訴えに係る請求認容判決の確定，株式会社の株式移転の無効の訴えに係る請求認容判決の確定，持分会社の設立の取消しの訴えに係る請求認容判決の確定も清算開始原因である（会475，644）。清算には通常清算と特別清算がある。⇨特別清算，残余財産の分配　　　　　　　　　（齋藤雅代）

清算会社（せいさんがいしゃ）

　会社が解散し清算段階に入ったときには会社は即時に消滅するのではなく，清算が結了するまでの間は清算の目的の範囲内で存続する。このように解散後清算段階にある会社を，清算会社または清算中の会社という。清算会社の法人格は解散前の会社の法人格と同一であるが，その権利能力は清算の目的の範囲内に縮減される（会476，645）。⇨会社の権利能力　　　　（齋藤雅代）

清算人（せいさんにん）

　会社が解散して清算手続に入る場合に清算事務を遂行する者を清算人といい，1人または2人以上の清算人を置

かなければならない。原則として取締役・業務執行社員が清算人となるが，他の者を清算人に定款で指定または株主総会の決議・社員の過半数の同意によって選任することもできるほか，裁判所が選任する場合もある（会478，647）。清算人と会社との関係については役員に関する規定が準用され，清算人は株主代表訴訟の対象ともなる。

（齋藤雅代）

清算人会（せいさんにんかい）

　株式会社が清算手続を取る場合，監査役会を置く旨の定款の定めのある会社は清算人会を置かなければならず，それ以外の会社も清算人が3人以上いるときは清算人会を置くことができる（会477Ⅱ・Ⅲ，478Ⅵ）。清算人会はすべての清算人で組織され，業務執行の決定，清算人の職務の執行の監督，代表清算人の選定・解職を行う。清算人会の権限・運営については取締役会の規定の多くが準用される。（齋藤雅代）

清算人代理（せいさんにんだいり）

　特別清算手続において，清算人は，必要があるときには，裁判所の許可を得て，自らの職務を行わせる者を自己の責任で選任することができる（会525）。これを清算人代理という。清算人代理は1人でも2人以上でもよい。

（齋藤雅代）

清算持分会社の財産処分の取消の訴え（せいさんもちぶんがいしゃのざいさんしょぶんのとりけしのうったえ）

　合名会社・合資会社においては任意清算が認められ，定款または総社員の同意によって定めた方法で会社財産を処分することができるが（会668），会社債権者・社員の持分の差押債権者の保護手続が置かれている（会670，671）。この手続に違反する財産処分によって害される会社債権者・社員の持分の差押債権者は，処分行為の相手方または転得者を被告として，処分行為の取消しの訴えを提起することができる（会863，864）。詐害行為取消権（民424）と同趣旨の規定であるが，会社の詐害の意思は要件ではない。⇒清算

（南隅基秀）

責任限定契約（事前免責契約）（せきにんげんていけいやく（じぜんめんせきけいやく））

　社外取締役，会計参与，社外監査役または会計監査人の任務懈怠責任（自己のために直接に利益相反取引をした場合を除く）について，その職務を行うにつき善意でかつ重大な過失がないとき，定款で定めた額の範囲内であらかじめ会社が設定した額と最低責任限度額とのいずれか高い額を賠償責任の限度とする旨の契約（会427）。高額の賠償責任を負う可能性があると社外から有能な人材を登用することができな

くなってしまうために認められている。⇨社外取締役，社外監査役

(重田麻紀子)

設立行為（入社契約）（せつりつこうい（にゅうしゃけいやく））

　設立中の会社概念を認める見解は，株式引受の性質を次のように解している。発起人の株式引受は設立中の会社を創設する行為であるが，自らはその構成員となる行為でもあり，この2つの側面が不可分に結合している。募集設立における設立時募集株式の引受人の株式引受は，設立中の会社の構成員となる行為である。ここでは，入社契約という団体法上特有の契約が成立するものとしている。⇨設立中の会社

(三浦　治)

設立時取締役（せつりつじとりしまりやく）

　株式会社の設立に際して取締役となる者（会38Ⅰ）。会社成立後の取締役の職務と異なり対外的行為は行わず，設立に関する事項（会46Ⅰ）を調査するという内部的なものにとどまる。調査の結果，法令・定款違反または不当な事項があると認めるときは，発起人に通知しなければならない（会46Ⅱ）。なお委員会設置会社の場合，会46Ⅲ）。設立時取締役は，会社に対する任務懈怠責任（会53Ⅰ）や第三者に対する責任（会53Ⅱ）を負っており，株主代表訴訟の対象となる（会847Ⅰ）。⇨株主代表訴訟

(藤田祥子)

設立時発行株式（せつりつじはっこうかぶしき）

　株式会社の設立に際して発行する株式のこと（会25Ⅰ①括弧書）。設立時発行株式の総数は，平成17年改正前商法では定款の絶対的記載・記録事項とされていたが，会社法では，最低資本金制度が廃止されたために絶対的記載・記録事項から除外された。代わりに設立に際して出資される財産の価額またはその最低額が絶対的記載・記録事項とされた（会27④）。設立時発行株式の総数は，最初に定款で定めるか，または発起人全員の同意で定めることができる（会32Ⅰ，58Ⅰ・Ⅱ）。

(内田千秋)

設立時募集株式（せつりつじぼしゅうかぶしき）

　募集設立において，設立時発行株式を引き受ける者の募集（会57Ⅰ）に応じて設立時発行株式の引受けの申込みをした者に対して割り当てる設立時発行株式のこと（会58Ⅰ柱書括弧書）。発起人は全員の同意により設立時募集株式の数・払込金額・払込期日または払込期間等を定める（会58Ⅰ・Ⅱ）。平成17年改正前商法下での株式申込証制度に代わり，発起人は，引受けの申込者に対し一定の事項を通知し（会59

Ⅰ），申込者に対して割当てを行う（会60）。⇨株式申込証　　　（内田千秋）

設立時役員等の選任・解任（せつりつじやくいんとうのせんにん・かいにん）

　発起設立においては，定款に定めている場合（会38Ⅲ）を除き，発起人は議決権の過半数で設立時役員等を選任（会40Ⅰ，Ⅱ）し，会社の成立の時までの間，同様の方法（設立時監査役については3分の2以上）で解任することができる（会42，43Ⅰ）。取締役または監査役の選任に係る種類株式が発行される場合には，その種類の株式を有する発起人が設立時取締役または設立時監査役を，議決権の過半数で選任（会41）し，同様の方法（設立時監査役については3分の2以上）で解任することができる（会44）。募集設立においては，必ず創立総会の決議によって選・解任しなければならない（会88，91）。⇨設立時取締役，種類株式

（藤田祥子）

設立中の会社（せつりつちゅうのかいしゃ）

　同一性説は，会社の設立段階においても成立後の会社と本質を同じくする実体が存在する（比喩的に人間になぞらえれば誕生前の胎児）と認識し，これを設立中の会社と呼ぶ。発起人の株式引受により成立し，以後その組織が徐々に整えられていく存在であり，発起人はその執行機関，取締役・監査役は監督機関，創立総会は意思決定機関と位置づけられる。もっとも，その実質的権利能力や発起人の権限の範囲について見解は分かれる。⇨会社の権利能力，機関　　　　　（三浦　治）

設立登記（せつりつとうき）

　会社設立の際に本店所在地の登記所において，会社を代表すべき者の申請によって法定事項（会911～914）を登記すること。株式会社の場合には，所定の期間内に登記しなければならない（会911Ⅰ・Ⅱ）。また支店を設けた場合，本店の所在地における設立の登記をした日から2週間以内に登記しなければならない（会930Ⅰ①・Ⅱ）。本店の所在地における設立の登記によって会社は成立する（会49，579）。

（藤田祥子）

設立取消の訴え（せつりつとりけしのうったえ）

　持分会社設立行為に取消原因があるため，その設立を取り消す訴えをいい，会社成立日から2年以内になされる必要がある。提訴権者は，社員が設立の意思表示を取り消せる場合は社員，社員が債権者を害することを知って設立した場合は債権者（会832），被告は，前者が会社，後者が会社および社員（会834⑱・⑲）である。取消確定判決に対世効はあるが（会838），遡及し

い（会839）。株式会社には認められていない。⇨対世的効力，遡及的効力

(諏訪野　大)

設立に関する調査（せつりつにかんするちょうさ）

発起設立の場合には，設立時取締役等が現物出資財産等で検査役の調査が省略されたものの価額または証明の相当性，出資の履行，設立手続の法令・定款違反の有無の調査（会46Ⅰ）を行い，調査の結果，法令・定款違反または不当な事項があると認めるときは，発起人に通知しなければならない（会46Ⅱ。なお委員会設置会社の場合，会46Ⅲ）。募集設立の場合には，設立時取締役等が調査した結果を創立総会に報告しなければならない（会93Ⅱ。なお設立時取締役が発起人である場合，会94）。⇨設立時取締役　(藤田祥子)

設立費用（せつりつひよう）

変態設立事項であり，株式会社が負担する設立に関する費用（会28④）。会社設立に必要な費用は成立後の会社が負担すべきものであるが，すべて会社が負担するものとすると発起人により濫用されるおそれがあるため，検査役の調査を通った範囲内で会社に求償できるものとする。なお設立費用のうち，金額に客観性がある定款認証の手数料（会28④括弧書）や会社に損害のおそれのないもの（施規5）は，定款に記載がなくても当然に会社が負担する。⇨変態設立事項，定款の認証

(藤田祥子)

設立無効の訴え（せつりつむこうのうったえ）

会社設立行為に無効原因があるため，その設立を無効とする訴え。設立無効原因は法に明定されていないが，その設立が公序良俗や強行法規に反する場合等が挙げられる。設立無効の訴えは，会社成立日から2年以内にしなければならない（会828Ⅰ①）。提訴権者は，株式会社の株主や持分会社の社員等（会828Ⅱ①），被告は会社である（会834①）。無効確定判決に対世効はあるが（会838），遡及しない（会839）。
⇨対世的効力，遡及的効力

(諏訪野　大)

善意取得（ぜんいしゅとく）

株券占有者は，権利者として推定されるため，株券占有者が無権利者であることを知っているか，または知らないことに重過失がない限り，株券の交付を受けた者が当該株式についての権利を取得し（会131），その反面，その株券を喪失した者が当該株式についての権利を失うことを認める制度。公信の原則に基づき取引の安全をはかっている。株券喪失登録後株券失効までの間に善意取得が成立するかに関しては，解釈論に委ねられている。⇨株券喪失

登録制度　　　　　　　　（今泉邦子）

全員出席総会（ぜんいんしゅっせきそうかい）

　株主総会を招集するためには，株主に出席と準備の機会を与えるため，株主に招集通知を出さなければならない（会299）。しかし，株主全員が株主総会の開催を承諾した場合には，判例（最判昭和46・6・24民集25巻4号596頁，代理人を含む全員出席総会につき，最判昭和60・12・20民集39巻8号1869頁）・通説は，株主自身が総会の出席と準備の利益を放棄することは差し支えなく，招集手続を省略して開催された株主総会の決議は有効であると解した。平成14年商法改正では，株主全員の同意があるときには招集手続を経ることなく株主総会を開催できることが明文で認められ，会社法でも引き継がれている（会300）。⇒株主総会の招集

（鈴木千佳子）

全額払込制（全額払込主義）（ぜんがくはらいこみせい（ぜんがくはらいこみしゅぎ））

　株式引受人に，一時に，出資に係る金銭の全額を払い込ませまたは現物出資の全部給付を行わせる制度のこと（設立時について会34 I，63 I，募集株式発行時について会208 I・II）。昭和23年改正により株金分割払込制に代えて導入された。払込みおよび給付がなかった場合には，株式引受人は失権する（設立時募集株式引受人について会63 III，募集株式の引受人について会208 V）。発起人には失権予告付の催告がなされる（会36）。　　（内田千秋）

全部取得条項付種類株式（ぜんぶしゅとくじょうこうつきしゅるいかぶしき）

　会社が株主総会の特別決議によって当該株式の全部を取得することができる種類株式をいう（会108 I ⑦）。株主全員の同意を得ることなく100％減資等を円滑に行うことができるよう，会社法によって導入された。会社が2以上の種類株式を発行する場合に，定款に，株主総会決議により当該種類株式の全部を取得すること，取得と引替えに交付する取得対価の価額の決定方法等を定める。定款変更により，既発行株式の内容を変更してこの種類株式とすることもできる。⇒100％減資

（川島いづみ）

そ

総会検査役（そうかいけんさやく）

株主総会における招集手続および決議方法を調査させるため，一定の要件を具備した少数株主または会社からの申立てに基づき裁判所が選任する検査役（会306Ⅰ・Ⅱ・Ⅲ）。違法な手続を抑制し，かつ決議の瑕疵に関する事後の紛争を早期に解決できるようにするために，昭和56年改正において制度化された。会社法は，平成17年改正前商法下では争いのあった会社による申立ても認めている。総会検査役は，調査結果を裁判所に報告する義務を負う（会306Ⅴ，施則228）。報告を受けた裁判所は，必要があると認めるときには，総会の招集および（または）調査結果の株主への通知を命じなければならない（会307Ⅰ）。

（宮島　司・笹岡愛美）

総会参与権（そうかいさんよけん）

株主は一般に，株主総会に出席して，議案について質問し，意見を述べ，動議を出し，決議に加わることができるが，これらの権利を総括して，株主総会参与権という。これらのうち，最も重要なのは決議に加わる権利（＝議決権）であって，議決権はいわゆる共益権に属し，株主が有する共益権の中でも最も重要な権利である。⇒自益権・共益権，議決権

（渋谷光義）

総会屋（そうかいや）

株主総会の運営を妨害，協力するなどして，会社から金銭的利益を得ようとする株主の俗称。プロ株主，特殊株主とも称される。総会の運営を妨害することを示唆して金銭を要求する株主を総会荒らし，野党総会屋といい，反対に経営者側の都合のよい総会運営に協力する見返りに金銭を受け取る総会屋を御用総会屋，与党総会屋などと呼ぶ。昭和56年の利益供与禁止規定の創設やその後の改正によって，近年では活動が衰退している。⇒利益供与

（長畑周史）

総額引受け（そうがくひきうけ）

社債の募集の態様のうち，一人または数人が社債発行会社との間で，募集

社債のすべてを引き受ける契約をするもの。この場合，社債の引受人となることができるのは，有価証券関連業を行う金融商品取引業者（証券会社等）であり（金商36の4Ⅱ・Ⅰ，2Ⅷ⑥），社債発行会社は，資金をただちに入手できる。通常の社債の発行の場合と異なり，申込みおよび割当ての規定は適用されない（会679）。　　　（三原園子）

総株主通知（そうかぶぬしつうち）

　振替機関から発行会社に対して，当該振替機関およびその下位のすべての口座管理機関の振替口座簿に記録されている一定の時点における当該発行会社のすべての株主・登録質権者の氏名・住所・保有株式数等を通知するもの（社振151）。従来の株券保管振替制度における実質株主通知に相当する制度。発行会社が株主に関する情報を把握する必要がある議決権等の基準日を定めた場合等において行われる（社振151Ⅰ各号）。また，発行会社は，正当な理由があるときは，振替機関に対して，費用を負担したうえで，総株主通知を請求することができる（社振151Ⅷ）。
⇒登録質，基準日　　　（松井英樹）

贈収賄罪（ぞうしゅうわいざい）

　この罪は，「不正の請託」を受けて，いわゆる総会屋の株主総会における株主としての発言をはじめとする議決権の行使その他株主・取締役・社債権者等が会社法上の権利行使を賄賂によって左右する行為を罰するものである（会967～969参照）。贈収賄罪で規定する権利は，これらの者の個人的利益の確保を左右するものであるが，その行使がそれぞれの利益を受ける者全体および会社に及ぼす効果を考慮して設けられたものである。　　　（桑原茂樹）

相場操縦（株価操作）（そうばそうじゅう（かぶかそうさ））

　自由競争の原理に従い，市場における正常な需給関係に基づいて公正に形成されるべき有価証券の相場に人為的な操作を加えてこれを変動させる行為で，市場の公正性を損なう行為として禁止される（金商159）。禁止される行為類型は，仮装取引，馴合取引，現実取引および表示による相場操縦である。違反に対しては民事責任（金商160），刑事罰（10年以下の懲役もしくは1000万円以下の罰金―金商197Ⅰ⑤），行政上の措置として課徴金制度（金商174）が定められている。　　　（江口眞樹子）

創立総会（そうりつそうかい）

　募集設立における設立時株主の総会。発起人は払込期日または払込期間の末日のうち最も遅い日以後，遅滞なく創立総会を招集しなければならない（会65Ⅰ）。会社成立後の株主総会に相当するといえるが，会社法に規定する事項の他，設立に関する事項に限り決議

することができる（会66）。創立総会における決議は、原則として議決権を行使することができる設立時株主の議決権の過半数であって、出席した設立時株主の議決権の3分の2以上の多数で行う（会73Ⅰ）。⇒募集設立

（藤田祥子）

遡及的効力（遡及効）（そきゅうてきこうりょく（そきゅうこう））

無効または取消しの判決の効力が遡及的に生じることをいう。例えば、株主総会決議取消の判決には遡及効が認められるため、その決議の効力は決議時点にさかのぼって無効となる。ただし、その場合であっても、当該決議を前提としてなされた行為の効果は解釈に委ねられている。これに対して、例えば新株発行無効の判決は将来に向かってのみ効力を生ずる（将来効。会839）。⇒新株発行無効の訴え　（河村賢治）

組織再編行為（そしきさいへんこうい）

講学上、企業が会社組織を再編成する行為をいう。会社法は、組織変更、合併、会社分割、株式交換および株式移転を統一的に規定しているため（会5編）、組織変更、吸収合併、新設合併、吸収分割、新設分割、株式交換および株式移転の総称として組織再編行為を定義することが多い。合併、会社分割および株式交換・株式移転の3つをもって組織再成のための制度とみる場合や、組織変更および事業譲渡等・合併・会社分割・株式交換・株式移転を総称する用語として用いられる場合もある。⇒組織変更　（島田志帆）

組織再編行為に関する会計処理（そしきさいへんこういにかんするかいけいしょり）

合併、吸収分割、新設分割、株式交換または株式交換に際して資本金または準備金として計上すべき額については、企業結合会計にかかわる問題であるため、省令委任されている（会445Ⅴ、施規116、計規58～69、76～83）。例えば吸収合併において、その会計処理が持分プーリング法による場合には、共通支配下の取引等であるか否かによって異なるが、原則として、資本金、資本準備金および利益準備金に係る額はそのまま存続会社のそれに合算される（計規59）。その会計処理がパーチェス法による場合には、存続会社の株式の時価を基準に株主払込資本変動額を算定し、その範囲内で、資本金・資本準備金・その他資本剰余金に振り分けることとなる（計規58）。⇒持分プーリング法、パーチェス法　（島田志帆）

組織変更（そしきへんこう）

株式会社がその組織を変更して持分会社（合名会社、合資会社または合同会社）になること、または持分会社がその組織を変更して株式会社になるこ

と（会2㉖）。組織変更の意義は，会社がその同一性を保ちながら他の種類の会社になることにあるが，会社法のもとでは，株式会社と持分会社間の変更をもって組織変更と定義されている。持分会社相互間における会社の種類の変更は組織変更にあたらず，新社員の加入または既存社員の責任の変更のための定款変更（会638），合資会社社員の退社による定款のみなし変更（会639）により行われる。　（島田志帆）

組織変更計画（そしきへんこうけいかく）

　会社が組織変更するには，法定事項を定めた組織変更計画を作成しなければならない（会743）。株式会社の組織変更計画においては，変更後の持分会社が合名会社，合資会社または合同会社のいずれであるかの別，変更後の持分会社の目的，商号および本店の所在地，変更後の持分会社の社員の氏名および住所，無限責任社員または有限責任社員の別および出資の価額，その他変更後の持分会社の定款で定める事項，株主に対してその株式に代わる金銭等（当該持分会社の持分を除く）を交付するときは，その内容・数もしくは額またはその算定方法・割当てに関する事項，新株予約権者に対してその新株予約権に代えて交付する金銭の額または算定方法・割当てに関する事項，組織変更の効力発生日等を定めなければならない（会744）。持分会社の組織変更計画については会746参照。
　　　　　　　　　　　　（島田志帆）

組織変更無効の訴え（そしきへんこうむこうのうったえ）

　組織変更の効力の無効を主張するには組織変更の効力発生日から6か月以内に，組織変更の効力発生日において組織変更する会社の株主等であった者または組織変更後の会社の株主等・破産管財人等が訴えをもってすることを要し（会828Ⅰ⑥・Ⅱ⑥），被告は組織変更後の会社である（会834⑥）。無効判決は対世効を有し（会838），組織変更は将来的に失効する（会839）。その他の「会社の組織に関する訴え」関連規定（会835～837，846）に服する。
⇨組織変更　　　　　　（米山毅一郎）

訴訟参加（そしょうさんか）

　会社または株主代表訴訟によって，取締役等の責任を追及する訴えが提起された場合には，他の株主または会社は当該訴訟に参加することができる（会849）。提起された訴訟が，馴れ合い等によって必ずしも適正に追行されるとは限らないので，これを防止する趣旨である。参加の機会を保障するため，訴訟告知・公告・通知の制度がある。訴訟参加の形態は，共同訴訟参加または補助参加であるが（民訴52, 42），会社が被告側に補助参加する場合には，

監査役(または監査委員)全員の同意が必要である。　　　　　　(南隅基秀)

損益共通契約（そんえききょうつうけいやく）

　複数の企業が，法律上は独立しつつ，それぞれの事業（営業）上の損益を合算して，これを一定の割合で分配する契約。民法上の組合契約（民667）の一種とされている。株式会社が他人と事業上の損益の全部を共通する場合には，株主総会の特別決議を要するなど事業譲渡と同様の規律に服する（会467Ⅰ④，468以下）。企業結合の手段として利用することができる。⇒事業の譲渡　　　　　　　　　　(中濱義章)

損益計算書（P／L＝profit and loss statement）（そんえきけいさんしょ（ぴー／える））

　ある一定の期間に会社に生じた損益を，その要因別に区分・記載して純損益を算定することにより，当該期間における会社の経営成績を明らかにする書類。従来は，損益を経常損益（さらに営業損益の部と営業外損益の部に区分）と特別損益とに区分して記載していたが，会社法では売上高，売上原価，販売費および一般管理費，営業外収益，営業外費用，特別利益，特別損失の項目に区分して記載することとした（計規119～126）。　　　　(堀井智明)

損益分配（そんえきぶんぱい）

　持分会社の損益分配を行う場合，その割合について定款に定めがないときは，各社員の出資の価額に応じて定める（会622Ⅰ）。利益または損失の一方についてのみ分配の割合が定款で定められているときは，その割合をもって，利益および損失の分配に共通であると推定される（会622Ⅱ）。　(上田廣美)

損益法（そんえきほう）

　ある期間における収益と費用の差額からその期間の損益を計算する方法。期末と期首における純資産額の差額から損益を計算する財産法と対比される。日本の商法・会社法会計は当初財産法を原則としていたが，昭和37年の商法改正後は損益法を原則とし，財産法を補完的に用いている。⇒財産法
　　　　　　　　　　　　(白石智則)

た

大会社(だいがいしゃ)

①最終事業年度に係る貸借対照表(会439前段に規定する場合にあっては,同条の規定により定時株主総会に報告された貸借対照表をいい,株式会社の成立後最初の定時株主総会までの間においては,会435Ⅰの貸借対照表をいう。②において同じ)に資本金として計上した額が5億円以上の株式会社,または②最終事業年度に係る貸借対照表の負債の部に計上した額の合計額が200億円以上の株式会社のことをいう(会2⑥)。大会社では会計監査人を置くことが強制される(会328)など,法律上一般の株式会社に比べて厳格な規制を受けることとされている。

(鈴木達次)

大会社(みなし大会社)・**中会社**・**小会社**(だいがいしゃ(みなしだいがいしゃ)・ちゅうがいしゃ・しょうがいしゃ)

平成17年改正前には,同じ株式会社でも,監査等に関し会社の規模によって異なった規制をなすべきであるという観点から,商法特例法で「大会社」および「小会社」という概念を定め,商法典に対する特則を定めていた。そこでは,大会社とは①資本の額が5億円以上の株式会社または②最終の貸借対照表の負債の部に計上した金額の合計額が200億円以上の株式会社とされ(商特1の2Ⅰ),また,小会社とは資本の額が1億円以下の株式会社(ただし,最終の貸借対照表の負債の部に計上した金額の合計額が200億円以上の株式会社を除く)と規定されていた(商特1の2Ⅱ)。これに対して,以上のいずれにも該当せず商法典の原則が適用される株式会社を講学上「中会社」と呼んでいた。さらに,大会社には該当しないものの,定款でこれについての特例法の規定の適用を受ける旨定めた会社を「みなし大会社」と称していた(商特1の2Ⅲ②,2Ⅱ)。しかるに,大会社とそれ以外という会社区分に加えて会社の規模による差異を設ける実益は乏しいと考えられたため,会社法では大会社概念のみ残し(ただし,厳密には旧法のそれと若干異なる),小会社という概念は廃止された。その

140 たいかのじ

結果中会社という概念も意味を失った。また，みなし大会社という概念も姿を消した。⇨大会社　　　　（鈴木達次）

対価の柔軟化（たいかのじゅうなんか）

　吸収合併，吸収分割または株式交換の場合において，消滅会社の株主，分割会社もしくはその株主または完全子会社となる会社の株主に対して，存続会社，承継会社または完全親会社となる会社の株式を交付せず，金銭その他の財産を交付することができるものとされたことをいう（会749Ⅰ②，751Ⅰ③，758④，760⑤，768Ⅰ②，770Ⅰ③参照）。これにより，子会社が他の会社を吸収合併する場合に，対価としてその親会社の株式を交付する合併（いわゆる三角合併）や，消滅会社の株主に金銭のみを交付する合併（いわゆるキャッシュ・アウト・マージャー）などが可能になるとされる。⇨三角合併，キャッシュ・アウト・マージャー

（島田志帆）

第三者割当（だいさんしゃわりあて）

　株主に割当てを受ける権利を与えないで行われる募集株式の発行のうち，特定の者に対して募集株式を割り当てて発行すること。一部の株主に限られるなど，株主の持株数とは関係なく割り当てられる時も含む。公開会社の場合は取締役会の決議（会201Ⅰ），公開会社でない場合は株主総会の特別決議（同199Ⅱ，ただし202Ⅰ・Ⅲ）によらなければならない。支配権を維持することを主要な目的として行われた第三者割当による募集株式の発行は不公正な発行にあたる。⇨株主割当，公募

（岡本智英子）

貸借対照表（B／S＝balance sheet）（たいしゃくたいしょうひょう（びー／えす））

　一定の時点における静止した会社財産の構成状態を表す一覧表。表左側の「資産の部」には，流動資産（売掛金，商品等），固定資産（有形固定資産，無形固定資産等）および繰延資産が記載される。表右側には「負債の部」（流動負債と固定負債に区分）および「純資産の部」（従来の「資本の部」のこと。株主資本（資本金，資本剰余金，利益剰余金，自己株式等），評価・換算差額等，新株予約権に区分）が記載される（計規105～108）。株主への配当可能額は同表に基づき算定される。

（堀井智明）

退職慰労金（たいしょくいろうきん）

　取締役退任後に支給される退職慰労金については，取締役の報酬決定に関する規定（会361Ⅰ）を適用し，委員会設置会社以外の会社にあっては株主総会決議により決定すべきとの見解が有力であるが（最判昭和39年12月11日・民集18巻10号2143頁），規定の適用を

排除し総会決議を不必要とする見解もある。前者は、退職慰労金が取締役の在職中の職務執行の対価として支給される限り「報酬等」に含まれ、お手盛りの弊害があるのは報酬の場合と異ならないとするが、後者は、退任後に支給される退職慰労金にあっては受け取るべき取締役が取締役会に出席できないため、お手盛りの弊害はありえないとする。なお、委員会設置会社では報酬委員会が決定することとなる（会404Ⅲ）。⇨取締役の報酬

（横尾　亘）

対世的効力（対世効）（たいせいてきこうりょく（たいせいこう））

　認容判決の効力が当事者以外の第三者に対しても及ぶことをいう。例えば、株主総会決議取消の判決や新株発行無効の判決等の効力は当事者以外の第三者に対しても及ぶ（会838）。法律関係を画一的に確定するためである。

（河村賢治）

代表（権）（だいひょう（けん））

　会社（法人）の機関がある行為を行ったとき、法律上、その行為がそのまま会社（法人）が行った行為であると法的に評価されること。代理と酷似しているが、機関が会社（法人）と独立した地位を有しない点で代理と異なる。株式会社においては、取締役、代表取締役（会47①括弧書）、代表執行役が、持分会社においては、業務を執行する社員が、会社を代表する権限（代表権）を有する（会349, 420, 599）。⇨機関

（新里慶一）

代表権の濫用（だいひょうけんのらんよう）

　代表機関が、代表権の範囲内で、自己または第三者の経済的利益を図る目的で代表行為をした場合。

　代表機関の代表権の範囲は、取引の安全を確保するため、代表機関の主観的意図にかかわらず、客観的・抽象的に判断される。客観的・抽象的にみると代表権の範囲内に存する行為ではあるが、代表機関が、自己または第三者の経済的利益を図る目的で代表行為をした場合がある。

　このような場合、その行為の効力が問題となる。例えば、株式会社の代表取締役が代表権を濫用して行った行為の効力については、会社法は規定しておらず、そのため、学説上の争いがある。

（新里慶一）

代表執行役（だいひょうしっこうやく）

　委員会設置会社において会社を代表する機関。代表執行役は執行役の中から選定され、執行役が１人の場合にはその者が代表執行役となる（会420Ⅰ）。代表執行役は、取締役会決議によっていつでも解職することができる（会420Ⅱ）。委員会設置会社以外の会社の

代表取締役と同じように，会社の業務に関する一切の裁判上または裁判外の行為をなす権限を有し，この権限に制限を加えても善意の第三者に対抗することができない（会420Ⅲ，349Ⅳ・Ⅴ）。
⇨代表取締役　　　　　　（前原信夫）

代表清算人（だいひょうせいさんにん）

　清算会社を代表する清算人を代表清算人という。清算人会を置く場合には代表清算人を選定しなければならない（会489Ⅲ）。清算人会を置かない場合には各清算人が会社を代表するが，代表清算人を定めることもできる（会483，655）。また，取締役が清算人となる場合に代表取締役を定めていたときはその者が代表清算人となり，裁判所が清算人を選任するときは裁判所は代表清算人を定めることもできる。

（齋藤雅代）

代表取締役（だいひょうとりしまりやく）

　委員会設置会社以外の会社において，業務を執行し，かつ会社を代表する権限を有する取締役。取締役会設置会社では必要的機関であり，取締役会の決議で選定する（会362Ⅱ・Ⅲ）。取締役会設置会社以外では，定款，定款の定めに基づく取締役の互選または株主総会の決議によって，取締役の中から定めることができる（会349Ⅲ）が，選定されない場合には取締役全員が代表取締役である（会349Ⅱ）。代表取締役は内部的・対外的な業務執行機関として，株主総会決議・取締役会決議を執行するほか，取締役会から委ねられた範囲内で日常の業務を決定・執行する（会348Ⅰ，363Ⅰ）。また，対外的な業務執行をするために会社の業務に関する一切の裁判上・裁判外の行為に及ぶ包括的な代表権を有し，その制限は善意の第三者に対抗できない（会349Ⅳ・Ⅴ）。代表取締役は登記事項である（会911Ⅲ⑭）。⇨代表執行役

（王子田　誠）

代用自己株式（だいようじこかぶしき）

　合併，株式交換，会社分割において新株の代わりに交付される自己株式のことであり，自己株式の処分方法の一つとして用いられる。すなわち，吸収合併の存続会社，吸収分割の承継会社または株式交換により完全親会社となる会社が，新株発行に代えてその保有する自己株式を交付するものである（会749Ⅰ，758，768）。代用自己株式は以前から認められていたが，平成13年改正により，代用自己株式として利用できる自己株式の制限が撤廃された。

（江口眞樹子）

単位株（たんいかぶ）

　単位株制度とは，額面合計5万円を1株の額面金額で割った数を1単位の株式数と画一的に定め売買単位とした

もの。昭和56年商法改正により，会社の株式の出資単位は5万円以上に引き上げられることになった。そのため，既存の会社についても額面額が5万円になるように出資単位の引上げが求められたが，株券の交換手続や1株に満たない端数の処理には莫大なコストがかかるため，経過措置として創設されたものであった。上場会社には単位株制度の採用が義務付けられたが，非上場会社については任意であった。平成13年商法改正では出資単位についての法的規制が撤廃され，その決定は会社ごとの判断に委ねられることになったため，単位株制度は存在意義を失って廃止され，代わって単元株制度が導入された（平成17年改正前商221以下，会188以下）。　　　　　（四竈丈夫）

短期社債（コマーシャル・ペーパー）（たんきしゃさい（こまーしゃる・ぺーぱー））

　会社が発行する社債のうち，各社債の金額が1億円を下回らないこと，償還期限が1年未満であることなど，一定の要件を満たす社債をいう（社振66①）。企業が短期の資金調達目的で発行する無担保の約束手形もまたコマーシャル・ペーパー（CP）と呼ばれるが，短期社債については券面を必要とせず，特にペーパーレスCPないし電子CPと呼ばれる。（菊田秀雄）

単元株（単元株式数・単元未満株式）（たんげんかぶ（たんげんかぶしきすう・たんげんみまんかぶしき））

　平成13年10月の商法改正で，会社が定款で一定数の株式を1単元の株式とする旨を定めることができる単元株制度が導入された。単元株制度を採用する会社においては，1単元に満たない株式は単元未満株式とされ，議決権が認められない（会188Ⅰ）。株主管理コストの軽減を主たる目的とする制度である。
（四竈丈夫）

単独株主権・少数株主権（たんどくかぶぬしけん・しょうすうかぶぬしけん）

　単独株主権とは，株主の権利を保全するため，株式の保有数に関係なく行使することが認められている権利のこと。少数株主権に対応するもので，株主総会における議決権，株主代表訴訟の提起権，取締役の行為の差止請求権，新株発行の差止請求権，株主総会の決議取消の訴えの提起権等がある。少数株主権とは，一定数以上の株式を保有する株主に認められた株主の権利のこと。取締役・監査役の解任請求権や株主提案権などがある。大株主や取締役が少数株主の利益を害するような業務執行を行うことを予防する権利を認める必要がある一方で，1単元株主にもこれを認めると権利濫用の弊害が起こり得るため，定められている制度である。
（四竈丈夫）

担保付社債・無担保社債（たんぽつきしゃさい・むたんぽしゃさい）

担保付社債とは，担保付社債信託法に基づき，社債権を担保するために物上担保が付された社債をいう。担保権の取得・管理・実行は，社債発行会社との間で信託契約を結んだ受託会社がこれを行い，社債権者はその受益者となる（担信2Ⅰ）。担保付社債についてはこのように受託会社が社債発行会社と社債権者の間に入ることから，社債管理者の設置を要しない（担信2Ⅲ）。これに対し，無担保社債は，そのような物上担保が付されていない社債をいう。人的担保等が付されたものを含むことがある（広義の無担保社債）。
⇨社債管理者　　　　　　（菊田秀雄）

担保提供命令（たんぽていきょうめいれい）

株主（または設立時株主・債権者）が悪意によって会社の組織に関する訴えを提起する場合，裁判所は，被告の申立てにより，当該株主に対し，相当の担保を立てるべきことを命ずることができる（会836）。また，株主が悪意によって責任追及等の訴えを提起した場合も，裁判所は，被告の申立てにより，当該株主に対し，相当の担保を立てるべきことを命ずることができる（会847Ⅶ・Ⅷ）。濫訴を防止するための仕組みであり，これらを担保提供命令という。なお，悪意は被告が疎明しなければならない（会836Ⅲ，847Ⅷ）。
（河村賢治）

ち

中間配当（ちゅうかんはいとう）

取締役会設置会社が，1事業年度の途中に1回だけ取締役会決議によって行うことができる剰余金の配当のこと（会454Ⅴ）。定款規定を要し，配当財産は金銭に限定される。年2回配当を行う慣行を制度化した平成17年改正前商法とは異なり，事業年度が1年の会社に限られない。また計算書類確定時に欠損があった場合には，業務執行者は会社に対し連帯して欠損の額を支払う義務を負う（会465Ⅰ⑩）。
（若林泰伸）

調査委員（ちょうさいいん）

一般に，裁判所によって一定の事項

を調査し報告する委員のことを調査委員というが，会社法上の調査委員は，特別清算手続において調査命令がなされる場合（会522）に選任される。裁判所は，調査命令をするときにはその調査命令において調査すべき事項および裁判所に対して調査の結果を報告すべき期間を定めなければならない。
⇨特別清算　　　　　　　（齋藤雅代）

直接金融・間接金融（ちょくせつきんゆう・かんせつきんゆう）

　直接金融とは，第三者を介さずに投資家から資金を調達することをいう。新株発行や社債の発行等，通常発行された有価証券を取引する金融商品取引により行われる。投資家は証券会社（商法上の問屋〔商551以下〕）を通して経済的に金融商品取引によるリスクを直接引き受けることになる。これに対し，間接金融とは，資金を集めた第三者を介して資金の融資を受けることをいう。例えば，銀行等の金融機関は預金者から集めた資金を借り手に融資する。預金者が預けた金銭は金融機関を介して借り手に渡る。借り手に貸した資金のリスクは預金者ではなく，金融機関が負う。　　　　　（肥塚肇雄）

直接責任・間接責任（ちょくせつせきにん・かんせつせきにん）

　株主および合同会社社員の責任は株式または出資の引受価額に限定され（会104，580Ⅱ）るが，債権者から弁済責任を直接に請求される合名会社・合資会社の社員の責任（直接責任）と異なり，この出資は株式または持分の成立前に設立中の会社または会社に対して履行される建前になっており（会34，63，208，578），債権者に対して直接責任を負わない（間接責任）。
　　　　　　　　　　　　（柴崎　暁）

直接無限責任（ちょくせつむげんせきにん）

　持分会社の社員は利益配当請求権を有する反面，損失を分担する義務を負う。会社の財産をもって債務を完済できないか，会社の財産に対する強制執行が効を奏しなかった場合には，合名会社・合資会社の無限責任社員は（社員相互で）連帯（民432以下）して弁済する義務を負う（会580Ⅰ）。新入社員（会605）も既往の債務に責任を負う。退社員（会612）も一定の範囲で責任を負う。会社解散登記後は短期消滅時効に服する（会673）。社員は会社債権者に対し検索の抗弁権を有する（会580Ⅰ②但書。民453参照）（主たる債務者である会社とは連帯しない）。この責任には付従性（民448）があり，社員は会社が主張できる抗弁をもって債権者に対抗できる（会581Ⅰ）。弁済した社員は会社（民459参照）および他の社員（民442）への求償権を有する。　　　　　　　　　（柴崎　暁）

直接有限責任(ちょくせつゆうげんせきにん)

有限責任社員は,履行済の出資額を除く出資の価額を限度として,無限責任社員と同様の条件で,持分会社の債務につき弁済責任を負う(会580Ⅱ。ただし,合同会社社員について会578がある)。責任の範囲を変更して無限責任社員となった場合には既往の債務についても責任を負い,出資価額を減少した場合にはその登記をする前の既往の債務については従前の責任の範囲で責任を負う。無限責任社員が有限責任社員となった場合には,その登記をする前の債務については無限責任社員として責任を負う(会583)。合資会社の有限責任社員が無限責任社員であると誤認させ,または,責任の範囲を誤認させる行為をした場合には,誤認に基づいて合資会社と取引した者に対して,無限に,または,誤認させた責任の範囲内で弁済責任を負う(会588)。

(柴崎 暁)

つ

通常の新株発行(つうじょうのしんかぶはっこう)

会社が設立後に株式を発行することを総称して新株発行と称するが,このうち平成17年改正前商法280条ノ2以下,会社法199条以下の手続に基づき,会社が一定の対価と引換えに株式を発行して引受人に割り当て,資本金の増加を伴う形態を,通常の新株発行と呼ぶ。会社法では,自己株式を処分する場合を含め,株式を引き受ける者を募集する手続を「募集株式の発行等」と総称し,統一的に規律するという立法形式を採用している。⇒募集株式の発行,自己株式の処分

(森脇祥弘)

て

低価主義（低価法）（ていかしゅぎ（ていかほう））

原価または時価のうち低い方により資産を評価する方法または考え方。すなわち、低価主義によれば、原価より時価が高い場合には原価により、原価より時価が低い場合には時価により資産が評価される。会社計算規則は、事業年度の末日における時価がその時の取得原価より低い資産については時価または適正な価格を付することができると規定しており、低価主義の適用を認めている（計規5 Ⅵ①）。

（白石智則）

定款（ていかん）

実質的には、会社の組織・活動について定める根本規則そのものをさし、形式的には、その規則を記載した書面（電磁的記録で作成する場合、情報を記録したファイル）を意味する。株式会社の設立では発起人が、持分会社では社員になろうとする者が、作成する（会26, 575）。設立に際して定めた定款を原始定款と呼ぶ。定款の変更には、原則として、株式会社では株主総会の特別決議（会309 Ⅱ ⑪, 466）を、持分会社では総社員の同意を要する（会637）。株式会社は定款の備置義務を負い、株主・会社債権者等には閲覧等の権利が認められる（会31）。

（杉田貴洋）

定款自治（ていかんじち）

近時、会社法規の強行法規性を強調する伝統的立場に疑問を呈し、これを再検討する見方が出てきた。これに伴って、定款でどの程度まで各会社に特別な規範を定めることができるのか議論されるようになった。解釈論上考慮が必要な点は、会社の公開性、外部関係に関わるか否か、多数決による専横からの少数派関係者の保護といった事項である。会社法の各規定は、定款自治の範囲を広げるとともに、これを可及的に明示する立場をとっていることから、強行法規であることが原則とされる。⇒定款

（杉田貴洋）

定款による株式譲渡の制限（ていかんによるかぶしきじょうとのせいげん）

わが国では信頼関係のある少数の株主のみによって経営される小規模会社が株式会社の大半を占めるが，このような会社では，会社にとって好ましくない者が株主となることを防止して，会社経営の安定を図る必要がある。そこで，会社は定款をもって「譲渡による株式の取得（譲受）」につき会社の承認を要する旨を定めることができる（会107Ⅰ①）。すなわち，会社には譲受人の選択権が与えられる。一部の種類株式についてのみ譲受を制限することもできる（会108Ⅰ④）。「譲渡」と「譲受」は同一の行為であり表裏一体をなすはずであるが，判例（最判昭和48年6月15日民集27巻6号700頁，最判昭和63年3月15日判時1273号124頁）・通説は，承認を欠く株式譲渡も，会社に対する関係で無効となるにすぎず，譲渡当事者間では有効であると解するため，会社法は譲受を制限の対象とした。承認機関は，定款に別段の定めがない限り，取締役会設置会社では取締役会であり，そうでない会社では株主総会である（会139Ⅰ）。不承認の場合にも投下資本回収を可能にするため，株主には株式買取請求権が保障されている（会138①ハ・②ハ，140以下）。定款に株式譲受を制限する旨の規定を新設する場合，定款変更のための株主総会決議には頭数多数決をも加味した厳格な多数決が必要とされる（会309Ⅲ①）。

（来住野 究）

定款の記載事項（絶対的記載事項・相対的記載事項・任意的記載事項）（ていかんのきさいじこう（ぜったいてききさいじこう・そうたいてききさいじこう・にんいてききさいじこう））

絶対的記載事項とは，必ず定款に記載・記録しなければならない事項であって，その記載・記録を欠くときは定款全体が無効となる事項である（会27，37Ⅰ，576）。相対的記載事項とは，記載・記録を欠いても定款自体の効力には影響がないが，その事項について定款に記載・記録しないと効力を生じないとされる事項である（会29，577参照）。株式会社の設立の際，特に問題となる相対的記載事項として変態設立事項がある（会28）。任意的記載事項とは，絶対的記載事項にも相対的記載事項にもあたらないが定款に記載・記録される事項をいう（会29，577参照）。絶対的記載事項・相対的記載事項については会社法上その旨が明らかにされている。任意的記載事項は法律上は記載・記録する必要のない事項であるが，これを定款に定めることで内容が明確となり，その改廃には定款変更手続を要する（会466，637）ことにもなるので記載・記録する意味がある。なお，絶対的記載事項・相対的記載事項とされる事項でも設立の際にだけ問題とな

る事項については，会社成立後削除されるのが通常である。⇨変態設立事項
(杉田貴洋)

定款の作成（ていかんのさくせい）
　株式会社の設立では発起人が，持分会社では社員になろうとする者が，会社の根本規則を定め，これを書面または電磁的記録として作成する（会26, 575）。作成者は署名（記名押印）または電子署名しなければならない。なお，株式会社の設立の場合，作成された定款は，公証人の認証によって効力を生ずる（会30Ⅰ）。また，発起人は作成した定款を発起人が定めた場所に備置きしなければならず，発起人・設立時募集株式の引受人には閲覧等の権利が認められる（会31Ⅰ・Ⅱ）。(杉田貴洋)

定款の認証（公証人の認証）（ていかんのにんしょう（こうしょうにんのにんしょう））
　株式会社の設立の場合，定款は公証人の認証を受けなければ効力を有しない（会30Ⅰ）。定款の適法性を確保するためと，内容を明確にして後日の紛争を防ぐためである。発起人は複数の定款を用意し，1通を公証人が保存する。認証後会社成立までに定款を変更することができるのは，変態設立事項について裁判所の変更決定があった場合，発行可能株式総数の設定・変更の場合，創立総会決議による変更の場合に限定される（会30Ⅱ）。⇨変態設立事項
(杉田貴洋)

定款の変更（ていかんのへんこう）
　会社の成立後に定款の内容を変更する会社の行為。会社の設立に際し，書面または電子的記録により定款の作成が要求されるが（形式的意義の定款の作成），定款の変更は，定款記載内容（実質的意義の定款）を変更する行為であって，現条項の変更・削除，新条項の追加ができる。定款の変更には一定の手続を要し，原則として，株式会社では株主総会の特別決議（会466, 309Ⅱ⑪），持分会社では総社員の同意（会637）が必要である。 (中濱義章)

定時株主総会・臨時株主総会（ていじかぶぬしそうかい・りんじかぶぬしそうかい）
　株式会社は，毎事業年度の終了後一定の時期に株主総会を招集しなければならず，その他必要なときにはいつでも招集することができる（会296）。前者を定時株主総会といい，後者を臨時株主総会という。総会に出席して決議に参加する株主を確定するため基準日を設けた場合，基準日から3か月以内に権利行使しなければならないことから（会124Ⅱ），定時総会は営業年度末日を基準日としてその日から3か月以内に行われることが多く，前年度の計

算書類の承認と事業報告が行われる（会438Ⅱ・Ⅲ）。⇨基準日

（鈴木千佳子）

ディスクロージャー（開示制度）（でぃすくろーじゃー（かいじせいど））

会社の経営や財産状態などに関する情報を株主や債権者などに公開することをディスクロージャー（情報開示）という。一般に、取締役などの会社経営者は当該会社に関する情報へのアクセスが容易であるのに対して、経営に関与していない株主や債権者など会社外部者による情報へのアクセスは困難である。このため、投資決定や議決権行使、信用供与などに際しての情報取得コストが過大になり、投資や商取引の停滞につながる可能性がある。また、会社が自己に不利な情報を隠匿したり、虚偽の情報を流布したりした場合には、当該情報（または情報の不存在）を信じた株主や債権者などに不測の損害を与える可能性がある。このため、会社法や金融商品取引法は株主や債権者、一般投資家などに対して開示すべき情報および開示の方法について定めを置くとともに（開示制度）、民事責任や刑事制裁によってその真正性を担保しようとしている。 （久保大作）

適法性監査・妥当性監査（てきほうせいかんさ・だとうせいかんさ）

取締役の職務執行が法令・定款に適合しているかを監査することを「適法性監査」といい、職務執行の妥当性について監査することを「妥当性監査」と呼ぶが、監査役の権限が「妥当性監査」にまで及ぶのかについて争いがあった。この点、取締役の職務執行が法令・定款に違反していなくとも「著しく不当」であれば監査の対象となるが、そうでない場合に、業務執行の裁量は、経営判断に関する事柄であり、監査役の権限に属さないと解する説もある。しかし、そもそも監査役が調査を行ってみなければ、適法性に関する事柄か妥当性に関する事柄かは不明であること、また、会社法では、監査役が監査報告書に記載する「事業報告」の監査のなかには、取締役の「職務の効率性を確保するための体制」の整備も含む、内部統制に関する決議事項が相当であるかの判断も含まれるため、監査役の監査権限を適法性・妥当性に厳密に区別する意味はもはやないものと考えられる。⇨内部統制システム

（柿崎　環）

デット・エクイティ・スワップ（債務の株式化）（でっと・えくいてぃ・すわっぷ（さいむのかぶしきか））

債務を株式に転換すること。債務の圧縮による経営不振会社の支援などに用いられる。対会社債権を募集株式の引受けに際してする出資の目的とする現物出資（会199Ⅰ③）と構成される

（相殺構成の禁止につき会208Ⅲ参照）。金銭債権の現物出資財産としての価額が，当該金銭債権に係る負債の帳簿価額を超えない場合，現物出資財産の価額についての検査役の検査が免除されている（会207Ⅸ⑤）。⇨現物出資

（森脇祥弘）

転換予約権付株式※（てんかんよやくけんつきかぶしき）

　平成17年改正前の商法では，会社が数種の株式を発行するときに，定款をもって株主が引き受けた株式を他の種類の株式に転換することを請求できる旨を定める場合に，このような定めのある種類株式を転換予約権付株式といった。株主が他の種類株式への転換を請求できること自体は，従来株式の種類として扱われていなかったが，会社法では，株式の種類とされている。対価を他の種類株式とする取得請求権付株式が，転換予約権付株式に相当する。⇨取得請求権付株式　　（川島いづみ）

電子公告制度（でんしこうこくせいど）

　電子公告とは，電磁的方法により不特定多数の者が公告内容の情報提供を受けることができる状態に置く措置であって法務省令で定めるものをとる方法をいう（会2㉞）。具体的にはインターネットのホームページへの掲載を指す。公告期間は公告の区分により異なる（会940）。公告方法を電子公告とする場合はその旨ばかりでなく，ホームページのU.R.L.も登記しなければならない（施規220Ⅰ②）。⇨会社の公告

（諏訪野　大）

電子公告制度調査機関（でんしこうこくせいどちょうさきかん）

　電子公告を採用する会社が，公告期間中，公告内容の情報を不特定多数の者に提供される状態に置いているかについて調査を行う者をいう。法務大臣の登録を受けることが必要であり（会941），その登録は3年ごとに更新しなければならない（会945Ⅰ，施令4）。調査機関は，電子公告調査を行うことを求められたときは，正当な理由がある場合を除き，電子公告調査を行わなければならない（会946Ⅰ）。⇨電子公告制度　　（諏訪野　大）

電子投票制度（電磁的方法による議決権の行使）（でんしとうひょうせいど（でんじてきほうほうによるぎけつけんのこうし））

　株主総会に出席しない株主が電磁的方法によって議決権を行使すること。会社は株主総会に出席しない株主に対して電磁的方法によって議決権を行使することを認めることができる（会298Ⅰ④）。この場合には，会社は招集通知に際して株主総会参考書類を交付しなければならない（302条，施規65）。電磁的方法による議決権の行使は，政

152 どういつせ

令（施令1）に定めるところにより，会社の承諾を得て議決権行使書面に記載すべき事項を，法務省令（施規70）で定める時までに電磁的方法により会社に提出して行われる（会312Ⅰ）。⇒株主総会参考書類　　　　（渋谷光義）

と

同一性説（どういつせいせつ）

　会社の設立段階においても，成立後の会社と本質（実体）を同じくする設立中の会社という存在が認められるとする考え方。会社は設立登記によって突然社会に現れるものではなく，設立段階で徐々にその実体が整えられていき（設立中の会社），最後に設立登記によって法人格を付与されて会社として成立する（成立後の会社）と認識することを前提としている。この認識に基づいて，設立段階で作成された定款，選任された役員，出資された財産などが成立後の会社に引き継がれるのは当然である（特別の手続は不要である）と説明する。

　同一性説は現在一般的に受け入れられているが，上記の説明をする限りで同一性を承認すれば足りるとするか，設立段階において生じるその他の法律関係も同じ考え方で処理するのかについては，見解が分かれる。また，同一性説を採ると後者に傾きがちであるとして，同一性説に否定的な見解もある。⇒設立中の会社　　　　　（三浦　治）

登記の効力（消極的公示力・積極的公示力・不実登記の効力）（とうきのこうりょく（しょうきょくてきこうじりょく・せっきょくてきこうじりょく・ふじつとうきのこうりょく））

　登記の効力には，一般的効力として，消極的公示力と積極的公示力がある。

　消極的公示力とは，登記事項は登記するまでは，善意の第三者に対抗することができないことをいう（会908Ⅰ前段）。積極的公示力とは，登記後は，登記事項を善意の第三者に対しても対抗することができることをいう（会908Ⅰ前段反対解釈）。登記によって第三者の悪意が擬制される（通説）。ただし，第三者が正当な事由によって登記事項を知らなかったときは，当該第三者に対抗することができないが（会

908Ⅰ後段），正当な事由とは，天災による交通途絶・火災等で登記を知ることが不可能な客観的事情をいう（通説・判例）。登記後は，第三者の悪意が擬制されるとすると，会社法354条や民法112条等の外観保護規定との関係が問題になるが，説が分かれている。

さらに，不実登記には，本来，何の効力もないはずであるが，禁反言ないし外観法理に基づいて，不実登記を信頼した第三者が保護される。すなわち，故意または過失によって不実の事項を登記した者は，その事項が不実であることを善意の第三者に対抗することができない（会908Ⅱ）。　　（南隅基秀）

登記の嘱託（とうきのしょくたく）

　会社法の規定により登記すべき事項は，当事者が申請して，商業登記法の定めるところに従って商業登記簿に登記するが（当事者申請主義），一定の裁判により登記すべき事項が生じた場合には，裁判所の書記官が職権で登記所にその登記を嘱託しなければならない（会907，937，938）。例えば，設立無効判決，株主総会決議取消判決，募集株式発行無効判決，合併無効判決等が確定した場合，特別清算に関する裁判がなされた場合等である。

（南隅基秀）

登録機関（とうろくきかん）

　会社の株券番号を記録して，授権資本を超えて株券が発行され，または同一株式について二重に株券が発行されることを防止することを目的とする機関をいう。定款をもって定める。登録機関を置いた場合，株式申込証（平成17年改正前商175Ⅱ⑫）および登記（平成17年改正前商188Ⅱ③）に記載することを要する。名義書換代理人および会社以外の第三者たる，銀行および信託会社等が想定されていたが，ほとんど利用されなかった。会社法は採用していない制度である。　（今泉邦子）

登録質（とうろくしち）

　株主名簿に質権者の氏名（名称）および住所が記載（記録）される株式の質入れ。株券が発行されていない株式の質入れは当然に登録質となるが（会147Ⅰ），株券が発行されている場合であっても，質権設定者たる株主の会社に対する請求により登録質とすることができる（会148）。質権者は会社法151条各号所定の会社の行為により株主が受けられる金銭その他の財産に対して物上代位権を有するが，登録質権者は会社から直接金銭を受領することができ，被担保債権の弁済期が到来していれば，これを債権の優先弁済に充てることができる（会154Ⅰ）。

（来住野　究）

特殊な決議（とくしゅなけつぎ）

　特別決議以上に厳格な要件が課され

た株主総会の決議方法。これには次の2種類のものがある。一つは、議決権を行使できる株主の過半数で総株主の議決権の3分の2以上多数決をもって成立する決議方法（会309Ⅲ1文。定款でもってさらに厳格にできる）。①全部の株式につき譲渡制限をする旨の定款変更決議、②吸収合併により消滅する会社の吸収合併契約等の承認、③新設合併により消滅する会社の新設合併契約等の承認の場合がこれにあたる。もう一つは、総株主の過半数で総株主の議決権の4分の3以上の多数決をもって成立する決議方法（会309Ⅳ。定款をもってさらに厳格にできる）。公開会社ではない会社が、剰余金の配当、残余財産の分配、議決権について、株主ごとに異なる取扱いを行う旨を定款で定める場合（会109Ⅱ、105）がこれにあたる。⇒特別決議　　（渋谷光義）

特殊の新株発行（とくしゅのしんかぶはっこう）

会社が設立後に株式を発行することの総称である新株発行のうち、「通常の新株発行」の形態を除いた総称。株式分割（会183）、株式の無償割当て（会185）、転換予約権付株式・強制転換条項付株式（会108Ⅱ⑤ロ・⑥ロ）の転換、吸収合併など再編行為に伴う新株発行等のほか、新株予約権の行使（会280以下）に基づく新株発行も、資本金の増加を伴うものを含め、募集株式の発行とは別個の手続としてこれに含まれる。⇒通常の新株発行

（森脇祥弘）

特定目的会社（SPC－special purpose company）（とくていもくてきがいしゃ（えすぴーしー））

資産流動化や証券化といった限定された目的のために設立された会社。日本では、「資産の流動化に関する法律」に基づいて『特定目的会社（TMK＝Tokutei Mokuteki Kaisha＝specific purpose company）』という社団法人として設立される場合と、会社法上の株式会社や合同会社（株式会社で設立すると、資本金は小さいが、負債の額で「大会社」となることが予想されるため、合同会社の利用が多いと思われる）として設立される場合とがある。会社法上の会社として設立される場合には、定款で事業目的を証券化業務に限定する旨の規定を置く。企業等が所有している資産を担保に債権等（資産対応証券）を発行して資金調達を行うような場合に利用される。資金調達をしたい企業が担保財産を設立したSPCに一旦譲渡することで資産を企業から分離し、倒産リスクから資産を隔離するのである。企業からSPCに資産が譲渡されることにより、出資者は譲渡された資産から発生する収益を安定的に受け取ることができる。

（宮島　司）

特別決議（とくべつけつぎ）

議決権を行使できる株主の議決権の過半数（3分の1以上の割合を定款で定めた場合には、その割合以上）を有する株主が出席して（定足数）、出席株主の議決権の3分の2（これを上回る割合を定款で定めた場合には、その割合）以上による多数決をもって行われる株主総会の決議方法（会309Ⅱ）。なお、この場合においては、当該決議要件に加えて、一定の数以上の株主の賛成を要する旨その他の要件を定款で定めることを妨げない（会309Ⅱ2文）。これは有限会社の特別決議で認められていた頭数要件を配慮したものである。
⇒普通決議　　　　　　　　（渋谷光義）

特別支配会社（とくべつしはいがいしゃ）

ある株式会社の総株主の議決権の10分の9（これを上回る割合を当該株式会社の定款で定めた場合にあっては、その割合）以上を「他の会社」および「当該他の会社が発行済株式の全部を有する株式会社その他これに準ずるものとして法務省令で定める法人」が有している場合、当該「他の会社」を特別支配会社という（会468Ⅰ。なお「法務省令で定める法人」の意義については施規136参照）。事業譲渡や吸収合併等に関連して用いられている概念である（会468Ⅰ，784Ⅰおよび796Ⅰ）。
⇒事業の譲渡，吸収合併　（鈴木達次）

特別清算（とくべつせいさん）

特別清算は株式会社の清算手続について、債権者の保護のために裁判所の関与を強めた手続であり、清算株式会社において清算の遂行に著しい支障を来すべき事情がある場合または債務超過の疑いがある場合に特別清算開始の申立てがなされたとき、裁判所は特別清算の開始を命じる（会510）。この手続において清算人は裁判所の監督の下で清算事務を行い、債権者、清算会社および株主に対して公平誠実義務を負う（会523）。　　　　　　（齋藤雅代）

特別取締役（とくべつとりしまりやく）

取締役の数が6人以上であり、かつ取締役のうち1人以上が社外取締役である取締役会設置会社において、重要な財産の処分・譲受けと多額の借財について議決するあらかじめ選定された3人以上の取締役（会373Ⅰ）。取締役の員数が多数である会社において、取締役会の監督が機能しうる限り上記事項の迅速な意思決定を可能とするための制度である。同趣旨の重要財産委員会制度（旧商特1の3～1の5）は重要な財産の処分等について取締役会の委任を受ける必要があり、あまり利用されていなかったことから、会社法は重要財産委員会制度を廃止し、取締役数の要件を緩和したうえで特別取締役による取締役会決議として再構成した。取締役会の監督機能を確保するため、

特別取締役の互選で定められた者は、決議後、遅滞なく、決議の内容を特別取締役以外の取締役に報告しなければならない（会373Ⅲ）。　　（王子田　誠）

特別背任罪（とくべつはいにんざい）

わが国における株式会社の社会的重要性に鑑みて、会社法には刑法の背任罪（刑247）の特別規定（会960以下、なお会962の未遂罪参照）を設け、株式会社の役職員の背任に対する刑罰を加重しているのである。会社法が規定する特別背任罪は、刑法上の背任罪に比して、犯罪の主体が限定されており、刑罰が10年以下の懲役もしくは1000万円以下の罰金となっており、それらの併科もありうるのである（会960Ⅰ・Ⅱ各号）。　　　　　（桑原茂樹）

特別利害関係人（とくべつりがいかんけいにん）

特別の利害関係を有する取締役は取締役会において議決権を行使することができない（会369Ⅱ）。取締役の忠実義務違反を予防し、決議の公正を期するための措置である。特別利害関係を有する取締役の例としては、取締役の競業取引や利益相反取引（会356）の承認の場合等である。代表取締役の解任決議の対象となる代表取締役も特別利害関係人にあたる（最判昭和44・3・28民集23巻2号645頁）。他方、株主総会における特別利害関係人の議決権行使は許されるが、それにより著しく不当な決議がなされた場合は決議取消事由となる（会831Ⅰ③）。株主総会における特別利害関係は、取締役会の場合と異なり株主としての資格を離れた個人的利害関係と広く解されている。
　　　　　　　　　　　（王子田　誠）

匿名組合（とくめいくみあい）

当事者の一方（匿名組合員）が相手方（営業者）の営業のために出資をし、相手方は、その営業から生ずる利益を分配することを約する契約。経済実質的には合資会社に近い共同企業であるが、民法上の組合とは異なり、匿名組合員・営業者の二当事者間の契約であり、対外的には営業者が単独の営業主体で、出資された財産もまた営業者のみに属する。匿名組合員は出資額を限度とする有限責任しか負わないが、営業者は営業主体として無限責任を負う。
　　　　　　　　　　　（古川朋子）

特例有限会社（とくれいゆうげんがいしゃ）

会社法の施行時に、旧有限会社法に基づきすでに設立されている有限会社は、定款変更や登記申請等の特段の手続をせずに、会社法施行後は会社法上の株式会社として存続する（整備2Ⅰ）。こうした有限会社の文字をその商号中に用いる株式会社を、特例有限会社という（整備3）。特例有限会社は期限

なく旧有限会社法の規定内容が維持できるが、定款を変更して株式会社に商号変更し、その登記を行えば、特例から脱却できる。　　　　　　（上田廣美）

トラッキング・ストック（特定事業連動株式）（とらっきんぐ・すとっく（とくていじぎょうれんどうかぶしき）

　剰余金の配当や残余財産の分配に関する種類株式の中で、当該種類の株主に交付する配当や分配が、当該株式発行会社の特定の子会社または事業部門の業績に連動して決定される種類株式をいう。株主に交付する配当価額や残余財産の価額の決定方法として定款で定められる。子会社等に対する支配を維持しつつ、その価値を株式市場で現実化させたいというニーズに応える種類株式である。当該事業部門の業績の適正な把握に問題のある場合もある。
　　　　　　　　　　　（川島いづみ）

取締役（とりしまりやく）

　取締役は会社経営に関与する役員であり（会329Ⅰ）、取締役会設置会社では3人以上いる取締役は業務執行の決定・監督機関である取締役会の構成員として位置づけられ、それ以外では各取締役（1人でも可）が業務を執行する（会348。なお、委員会設置会社では会415参照）。取締役には一定の欠格事由（法人や成年被後見人等）が定められており、定款による資格制限も可能であるが、公開会社では株主に限定できない（会331Ⅰ・Ⅱ）。監査役等との兼任や、委員会設置会社では使用人等との兼任は認められない。
　　　　　　　　　　　（松岡啓祐）

取締役会（とりしまりやくかい）

　取締役会は、すべての取締役をもって組織される会社の機関である（会362Ⅰ）。公開会社、監査役会設置会社、委員会設置会社では取締役会の設置が強制される（会327Ⅰ）。取締役会は、①重要な業務執行の決定、②取締役の職務執行の監督、③代表取締役の選定・解職等を行い、委員会設置会社では経営の基本方針等を決定する（会362Ⅱ、416等）。取締役会の招集方法等は法定されており、3か月に1回以上定期的に職務状況が報告されるほか（会363Ⅱ等）、必要に応じ招集される。
　　　　　　　　　　　（松岡啓祐）

取締役会決議の瑕疵（とりしまりやくかいけつぎのかし）

　取締役会決議の瑕疵とは、その決議に手続または内容上の瑕疵（キズ）があることである。具体的には、招集通知もれや利害関係を有する取締役が参加した議決、議決内容の法令・定款違反等が問題となる。瑕疵のある取締役会決議には、株主総会の決議無効のような制度は設けられていないが、一般原則により無効になると解され（事案

により取引の安全も考慮），無効の主張方法や時期等の制限もない。判例等により決議無効確認や決議不存在確認の訴えも認められている。（松岡啓祐）

取締役会と代表取締役の関係（とりしまりやくかいとだいひょうとりしまりやくのかんけい）

　取締役会設置会社における取締役会と代表取締役との間の権限関係の理解については，派生機関説と並立機関説との対立がある。代表取締役を取締役会の派生機関と解する立場によれば，本来すべての業務執行権限は取締役会に属し，代表取締役は取締役会から委託された権限の行使のみ可能であると説明される。これに対して，代表取締役を取締役会と並立する別個独立の執行機関と解する立場によれば，取締役会には意思決定の権限が，代表取締役には執行自体の権限がそれぞれ専属するため，特別の委任のない限り業務執行はすべて個別事項ごとに取締役会の決議を必要とし，代表取締役は単にその決議の執行のみ可能であると説明される。もっとも，派生機関説では，会議体である取締役会の性格になじまない執行自体の権限と日常的業務執行に関する意思決定権限については当然に代表取締役に委託されていると推定され，並立機関説でも，日常的業務執行に関する決定権限については代表取締役に委託されているとみなされるので，両説間に決定的な差異はない。

（横尾　亘）

取締役会の議事（とりしまりやくかいのぎじ）

　取締役会の議事は一般の会議体の運営方式に従う。実務上は定款や取締役会規則を定め，取締役会長・社長等が議長となり，定足数の充足を確認して議事が運営されている。経営の専門家として選任された取締役による英知の結集を図るため，代理出席は許されず，利害関係を有する取締役も議決に参加できないが，一定の要件の下テレビ会議や電話会議も許容されている（会369，370。なお，委員会設置会社では会417参照）。議事録が作成され，株主等は一定の手続を満たせば閲覧等もできる（会371）。　　　（松岡啓祐）

取締役会の議事録（とりしまりやくかいのぎじろく）

　取締役会の議事については，書面または電磁的記録による議事録の作成が義務づけられており，出席した取締役および監査役は署名または記名押印等をしなければならない（会369Ⅲ・Ⅳ）。決議に参加した取締役で，議事録に異議をとどめないものは決議に賛成したものと推定される（会369Ⅴ）。議事録等は10年間本店に備え置かれ，株主のほか，取締役会設置会社の債権者，親会社の社員は一定の要件の下で閲覧・

謄写が可能である（会371Ⅰ～Ⅵ）。
⇨株主総会議事録　　　　（松岡啓祐）

取締役会の決議（とりしまりやくかいのけつぎ）

　取締役会の決議は取締役の過半数が出席し、その過半数で行うが（定足数・決議要件とも定款で加重可。1人1議決権)，特別の利害関係を有する取締役（競業取引の承認の際等）は議決に参加できない（会369Ⅰ・Ⅱ)。代理行使は認められない。なお，迅速な意思決定を図るため定例の会議等を除き，定款の定めにより利害関係人を除く取締役の全員が書面等により同意し，監査役設置会社で監査役が異議を述べなければ決議の省略も可能である（会370）。また，取締役会への報告の省略も一定の要件の下で認められる（会372)。⇨議決権の代理行使

（松岡啓祐）

取締役会の権限（とりしまりやくかいのけんげん）

　取締役会はすべての取締役で組織される主要な会社の機関であり（取締役会設置会社において)，株主総会と代表取締役等との適切な権限配分（役割分担）の下，数多くの重要な権限が付与されている。取締役会の主な職務権限は，重要な業務執行の決定（経営判断）・取締役の職務執行の監督・代表取締役の選定と解職である（会362Ⅱ。なお，委員会設置会社では会416等を参照）。取締役会の専決事項としては，①重要な財産の処分・譲受け，②多額の借財，③支配人その他の重要な使用人の選任・解任，④支店その他の重要な組織の設置等，⑤社債募集上の重要事項，⑥いわゆる内部統制システムの整備，⑦取締役等の責任免除が例示されているが（会362Ⅳ)，それ以外にも多数存在する。このうち①と②は，委員会設置会社を除く取締役会設置会社において取締役が6人以上で社外取締役のいる会社では経営の機動性・効率性を高めるため，3人以上の特別取締役の決議で可能な旨を定めることもできる（会373Ⅰ)。⇨社外取締役，特別取締役，内部統制システム

（松岡啓祐）

取締役会の招集（とりしまりやくかいのしょうしゅう）

　取締役会の招集権は原則として各取締役にあり，取締役会等により招集権者を定められるが，各取締役には招集権者への招集請求権があり，自ら招集も可能である（会366Ⅰ～Ⅲ)。招集権は監査役設置会社では監査役にも（会383Ⅱ），監査役設置会社・委員会設置会社を除く会社の株主にも（会367)，認められる（委員会設置会社では会417参照)。1週間前の招集通知等の手続を要するが，構成員全員の同意があれば省略でき（会368)，通知は口頭で

も文書でもよく，議題の提示も要しない。　　　　　　　　　　（松岡啓祐）

取締役・監査役の選任に関する種類株式（クラス・ボーティング）（とりしまりやく・かんさやくのせんにんにかんするしゅるいかぶしき（くらす・ぼーてぃんぐ））

当該種類株式を保有する株主を構成員とする種類株主総会において取締役または監査役を選任する種類株式をいう（会108Ⅰ⑨）。出資比率と関係なく一定数の取締役・監査役選任権を確保したいという，ベンチャー企業創業者やジョイントベンチャー等のニーズに対応する種類株式である。種類株主総会で選任された取締役・監査役は，原則として当該種類株主総会の決議により解任される。委員会設置会社と公開会社では，この種類株式を発行することはできない。⇨ベンチャー企業
（川島いづみ）

取締役等の説明義務（とりしまりやくとうのせつめいぎむ）

取締役，会計参与，監査役および執行役は，株主総会において，株主から説明を求められた場合には，その質問に答えなければならない義務がある（会314）。昭和56年商法改正の際，株主総会活性化策の一環として，株主の質問権の重要性を確認するために規定された。しかし，質問の内容が株主総会の目的である事項に関しないものである場合や，説明することで株主の共同の利益を著しく害する場合，その他正当な理由がある場合として法務省令（施規71）が定める場合（株主が説明を求めた事項について説明をするために調査をすることが必要である場合等）には，取締役等は説明をしなくてよい。
（鈴木千佳子）

取締役（執行役）の違法行為の差止（とりしまりやく（しっこうやく）のいほうこういのさしとめ）

取締役（執行役）が違法行為による損害から事前かつ予防的に会社ひいては株主を救済する制度。取締役（執行役）が会社の目的の範囲外の行為または法令・定款違反行為をしようとしているとき，会社に著しい損害（委員会設置会社または監査役設置会社では回復することのできない損害）が生ずるおそれがあれば，株主は会社のために取締役の違法行為の差止を請求することができる（会360Ⅲ，422）。
（重田麻紀子）

取締役の会社に対する責任（とりしまりやくのかいしゃにたいするせきにん）

取締役と会社とは委任関係にあるため（会330），取締役が善管注意義務および忠実義務をもって職務にあたらなかった場合には会社に対して任務懈怠責任（会423Ⅰ）を負うことになる。

かかる任務懈怠責任が会社に対する責任の一般規定であるが、他に会社法上、剰余金の配当等に係る責任（会462Ⅰ）、株主の権利の行使に関する利益の供与に係る責任（会120Ⅳ）などが定められている。会社に対する責任は、平成17年改正前商法下では原則として無過失責任とされてきたが、会社法では一定の例外を除き（会120Ⅳ、428Ⅰ）、原則として過失責任であることを明文化した。その根拠は、すでに過失責任化が図られていた委員会設置会社と無過失責任とされていたそれ以外の会社との規定の調整を図る必要があったこと、また、近代私法における過失責任の原則に照らし取締役の責任を無過失責任とするのは厳格にすぎるとの主張などを考慮したことによる。⇒ 取締役の善管注意義務・忠実義務、委員会（等）設置会社　　　　　（重田麻紀子）

取締役の監視義務（とりしまりやくのかんしぎむ）

　取締役は、他の取締役の行為が法令・定款を遵守し適法かつ適正になされていることを監視する義務を負う。これを取締役の監視義務という。一般に、監視義務は取締役会構成員としての地位に由来する義務であると解されており、監視義務を負うべき取締役および監視の対象となる取締役の範囲は、当該取締役の代表権の有無によって限定されないと解されている。また、監視義務の内容も、取締役会に上程された事項につき監視する受動的監視義務にとどまらず、上程されない事項についても監視する能動的監視義務まで含むものとされ（最判昭和48年5月22日・民集27巻5号655頁など）幅広い。しかし、いわゆる名目的取締役に監視義務を負わせるべきか否かは議論の対象となっており、これを肯定する最高裁判決（最判昭和55年3月18日・判時971号101頁）が存在するにもかかわらず、否定する下級審裁判例も多くみられる。⇒名目的取締役　　　（横尾　亘）

取締役の競業避止義務（とりしまりやくのきょうぎょうひしぎむ）

　取締役が自己または第三者のために会社の事業の部類に属する取引をしようとするときには、当該取引につき重要な事実を開示して、取締役会設置会社では取締役会の承認を、それ以外の会社では株主総会の承認を事前に受けなければならない（会356Ⅰ①、365Ⅰ）。この義務を取締役の競業避止義務といい、この義務に違反した取締役は会社に対して損害賠償義務を負うこととなる（会423Ⅰ）。競業取引を自由に認めると、取引先やノウハウを奪うなど会社の利益を害するおそれが大きいために、このような規制が加えられている。

（横尾　亘）

取締役の責任の減免（とりしまりやくのせきにんのげんめん）

取締役の任務懈怠責任，剰余金の配当等に関する責任（分配可能額を超えて分配された部分を除く）および株主の権利の行使に関する利益の供与に関する責任は，総株主の同意がある場合に限り取締役の責任を免除することができる（会424，120Ⅴ，462Ⅲ）。また，任務懈怠責任（自己のために直接に利益相反取引をした場合を除く）については，職務を行うに際し善意でかつ重大な過失がない限り，株主総会の特別決議または定款に基づく取締役会決議（ただし監査役設置会社あるいは委員会設置会社に限る）によって一定額まで損害賠償額を減じることが可能である（会425，426）。⇒取締役の利益相反取引，利益供与 　　　（重田麻紀子）

取締役の善管注意義務・忠実義務（とりしまりやくのぜんかんちゅういぎむ・ちゅうじつぎむ）

株式会社と取締役を含む役員との関係は委任に関する規定に従うため（会330），取締役は善良な管理者の注意をもってその職務を遂行する義務を負う（民644）。これを会社に対する取締役の善管注意義務という。また，取締役は，法令および定款並びに株主総会の決議を遵守し，会社のため忠実にその職務を行わなければならないが（会355），これを会社に対する取締役の忠実義務という。そこで，これら2つの義務は相互にどのような関係にあるのかが問題となるが，有力説は忠実義務をアメリカ法の受認者義務（fiduciary duties）に由来するものととらえ，2つの義務を適用場面や違反の要件・効果が異なる別個の観念として理解すべきとする（異質説）。これに対し，多数説は別個のものと理解しない（同質説）。最高裁は，忠実義務は善管注意義務を敷衍し，かつ一層明確にしたにとどまるのであって，善管注意義務とは別個の高度な義務を規定したものとは解することができないとして（最判昭和45年6月24日・民集24巻6号625頁），多数説と同様の見解にたつ。
　　　　　　　　　　　　（横尾 亘）

取締役の選任・退任（とりしまりやくのせんにん・たいにん）

取締役は株主総会によって選任され（会329Ⅰ），その任期は原則として2年であるが，委員会設置会社でない非公開会社では定款で10年以内まで伸長が可能であり，委員会設置会社では1年である（会332）。会社と取締役との関係は委任に関する規定に従うことから（会330），任期満了や辞任，死亡，破産手続開始の決定，成年被後見，会社の破産手続の決定も終任事由になる（民651等）。そのほか，解任や資格の喪失，会社の解散によっても退任する。
　　　　　　　　　　　（松岡啓祐）

取締役の第三者に対する責任（とりしまりやくのだいさんしゃにたいするせきにん）

　取締役は職務を行うについて悪意あるいは重大な過失がある場合，または取締役が重要事項等について虚偽記載・虚偽登記等をした場合，そのことによって第三者に生じた損害について第三者に対して損害賠償責任を負う（会429）。取締役は第三者とは契約関係に立たず本来責任を負わないはずであるが，本責任の性質について，法が第三者保護の観点から特別に認めた法定責任と解するのが通説・判例（最判昭44.11.26民集23巻11号2150頁）である。それによれば，取締役に任務懈怠についての悪意・重過失があることが必要であり，損害賠償の範囲は取締役の行為により直接第三者が損害を被った場合（直接損害），取締役の行為により会社が損害を被った結果第三者に損害が生じた場合（間接損害）の両者を含むとする。以上に対し，本責任の性質を取締役の保護を図った一般不法行為責任の特則と解する立場などもある。

（重田麻紀子）

取締役の報酬（とりしまりやくのほうしゅう）

　会社と取締役との関係は委任に関する規定に従うため（会330），取締役は無報酬が原則であるとの考え方が有力だが（民648Ⅰ），多くの場合は特約により報酬が付与される。委員会設置会社以外の会社にあっては，報酬額および算定方法については定款または株主総会の決議で定めることとされているが（会361Ⅰ），この規定については政策規定説と非政策規定説とで説明が分かれる。前者によれば，お手盛りの弊害があるために株主総会に決定権限を留保していると説明され，後者によれば，取締役の選任権者たる株主総会が本来的に関与すべきことを定めていると説明される。なお，委員会設置会社では報酬委員会（社外取締役が過半数を占める）が報酬額および算定方法を執行役等の個人別に定める（会404Ⅲ）。⇒委員会（等）設置会社，社外取締役

（横尾　亘）

取締役の利益相反取引（自己取引）（とりしまりやくのりえきそうはんとりひき（じことりひき））

　取締役が自己または第三者のために会社と取引をする場合，また，会社が取締役の債務につき債権者に対して保証や債務引受等をする場合には，会社の利益が害されるおそれがあるため，これらの取引は取締役の利益相反取引（特に前者は直接取引または自己取引，後者は間接取引）と呼ばれ，会社法による規制を受けている。すなわち，当該取引につき重要な事実を開示して，取締役会設置会社では取締役会の承認を，それ以外の会社では株主総会の承

認を事前に受けなければならない（会356Ⅰ②・③，365Ⅰ）。また，承認のない取引は相対的無効になると解するのが有力説であるが（最裁昭和46年10月13日・民集25巻7号900頁），無権代理無効になると解する少数説もある。

（横尾　亘）

な

名板貸（ないたがし）

会社あるいは商人が，自己の商号を使用して事業（営業）を行うことを他人に対して許諾すること。許諾者を名板貸人という。名板貸によって，第三者が当該他人の事業（営業）を名板貸人の事業（営業）と誤認して取引に入った場合，名板貸人は当該他人と連帯して取引から生じた債務の弁済を行う責任を負う（会9，商14）。営業主体に関する第三者の信頼を保護するためである。

（久保大作）

内部者取引（インサイダー取引）（ないぶしゃとりひき（いんさいだーとりひき））

有価証券の投資判断に影響を及ぼす重要な情報を入手できる一定の立場にある者が，その立場において当該情報を知って，その情報の公表前に有価証券の取引を行うこと。証券市場の公正性・健全性を維持し，証券市場に対する投資者の信頼を確保するために，金融商品取引法166条（会社関係者等が重要事実を知ってその公表前に取引を行う場合）および同167条（公開買付関係者等が公開買付け等の事実を知ってその公表前に取引を行う場合）により禁止される。違反に対しては刑事罰（5年以下の懲役もしくは500万円以下の罰金―金商197の2⑬），課徴金が課され（金商175），内部者取引規制に反して得た財産は没収され，または追徴される（金商198の2Ⅰ・Ⅱ）。

（江口眞樹子）

内部統制システム（ないぶとうせいしすてむ）

財務報告の信頼性を確保し，業務の有効性および効率性を高め，事業活動に関わる法令等の遵守を促し，かつ資産の保全を図ることを目的として企業内部に設けられ，運用される仕組み。従来内部統制とは財務報告の信頼性確保の観点から捉えられていたが，1990年代になると，米国トレッドウェイ委員会支援組織委員会の内部統制の基本的枠組みに関する報告書にみられるように法令遵守・リスク管理・業務の有効性および効率性の向上等のコーポレー

ト・ガバナンス機能の側面も重視されるようになった。わが国においても監査の実効性を確保するために平成14年商法改正においてまず委員会等設置会社に内部統制システム構築が義務づけられた。現行法では、企業不祥事防止・適正なガバナンス確保のために、すべての大会社の取締役に内部統制システム構築の基本方針の決定を義務づけ、その決定を代表取締役等に委任することはできないとする（会348Ⅲ・Ⅳ、362Ⅳ・Ⅴ、416Ⅰ・Ⅱ）。会社法施行規則98条、100条、112条は内部統制システムの内容を定めている。内部統制システムの構築・運用は、取締役の監視義務としての善管義務違反認定の重要な要素となりうる。なお、内部統制システム整備についての決議は事業報告における開示事項とされ（施規118②）、監査役等による監査の対象でもある（施規129Ⅰ⑤、130Ⅱ②、131Ⅰ②）。他方、財務報告の信頼性確保においても、平成17年証券取引法改正によって内部統制システムの整備状況が有価証券報告書の記載事項となった。さらに、金融商品取引法では財務報告に係る内部統制について経営者による評価および監査人の監査が導入された（金商24の4の4、25Ⅰ⑥、193の2Ⅱ）。
⇨取締役の監視義務、コーポレート・ガバナンス　　　　　　　　（王子田　誠）

に

任意積立金（にんいつみたてきん）

　株式会社が定款の定め（計規181Ⅱ①）または株主総会の決議（会452。なお、会459、460）により任意に積み立てる計算上の数額である。①目的を特定して積み立てるもの（事業拡張積立金等）と、②目的を特定しないで積み立てるもの（別途積立金）に区別される。①について、目的に従って取り崩す場合は、基本的に業務執行の一環として行える（計規181Ⅱ）。これに対して、目的外で取り崩す場合や②を取り崩す場合は、積立ての根拠に応じて定款の変更または株主総会の決議が要求される。なお、持分会社では、任意積立金の制度は法定されていない。

（森川　隆）

の

能力外（ウルトラ・ヴァイレス）の理論（のうりょくがい（うるとら・ばいれす）のりろん）

ウルトラ・ヴァイレス（Ultra Vires）とは，もともとはイギリス法上の概念であり，法人の定款所定の目的の範囲外の行為は無効であるという考え方を指す。わが国の民法34条（平成18年改正前民43）は沿革的にはこれを継受したものといわれている。しかし，イギリスでは1989年の法改正で相手方の善意・悪意にかかわらず会社は能力外の抗弁を出せないことが規定されたとされ，イギリス法を継受したアメリカ各州の会社法でも，その後これが撤廃されたといわれている。

⇒会社の権利能力　　　　（鈴木達次）

のれん（のれん）

多年の営業を通じて商人が得ている無形の経済的利益で，営業上の名声・信用，ノウハウ，得意先，仕入先等経済的価値を有する事実関係からなる。それ自体が財産権として認められているわけではないが，その侵害は不法行為として取り扱う（判例）。事業の譲渡や合併に際しては評価の対象となり，有償で譲受けまたは承継した場合には，法務省令の定めるところにより，取得価額をもって資産計上が認められる。⇒固定資産，固定負債

（柴崎　暁）

は

パーチェス法（ぱーちぇすほう）

企業結合（ある企業またはある企業を構成する事業と他の企業または他の企業を構成する事業とが一つの報告単位に統合されることをいう〔企業結合会計基準二 1〕）に係る会計処理方法の一つで，被結合企業から受け入れる資産および負債の取得原価を，対価として交付する現金および株式等の時価とする方法。共同支配企業の形成および共通支配下の取引以外の企業結合が取得と判定される場合（持分の結合（持分プーリング法参照）と判定されなかったもの〔企業結合会計基準三 1 (1)〕）に適用される。⇒持分プーリング法　　　　　　　　　　　　（島田志帆）

パーティション（ぱーてぃしょん）

一般的には，間仕切り，区分のこと。また，コンピューター用語としては，ハードディスク内部の領域を分けること。株式振替制度では，帳簿への入力ミス等により振替口座簿に超過記載がなされた場合に，その超過数分の振替株式を取得し，会社に対して，当該振替株式についての権利を放棄しなければならない消却義務を，自己の加入者の口座に過誤により超過記載をした振替機関等のみが負うことをいう。従来の株券保管振替制度が，超過記載の場合に保管振替機関および全参加者がその解消義務を広範囲に負うものとされていたのに対して，株式振替制度では，権利の縮減がなされるのが超過記載をした振替機関等とその参加の加入者に限定されるという仕切りが設定されている（社振148 I 参照）。　　（松井英樹）

配当財産（はいとうざいさん）

株式会社が剰余金の配当をする場合における配当する財産のこと（会2㉕）。配当財産の種類には金銭とそれ以外の現物があり，配当財産の種類・帳簿価額の総額や割当てに関する事項を原則として株主総会で決定しなければならず（会454 I ①），現物配当には特別の規制がかかる（会309 II ⑩，454 IV，455，456）。配当財産の割当ては株式数に応じて平等に行わなければならず（会454 III），交付方法や交付に要する

費用負担についても規制がある（会457）。　　　　　　　（若林泰伸）

端株（はかぶ）

端株とは、株式の1株に満たない端数のうち、一定のものを端株として存在を認め、それに一定の自益権を与える制度。昭和56年商法改正により株式の出資単位が5万円に引き上げられ、これに満たない端数の経済的価値も無視できないものとなったため、導入された制度である。すなわち、1株に満たない端数で、1株の100分の1の整数倍に当たるものに限り、端株として一定の保護を与えることにした。平成13年6月の商法改正では、端株制度の採用の有無および採用する場合に端株として認める端数の決定については、会社ごとの判断（定款自治）に委ねられることになった。会社法では、端株制度は廃止され、単元株制度に一本化された。⇒単元株　　（四竃丈夫）

破産手続（はさんてつづき）

破産手続とは、支払不能（破産15Ⅰ）・債務超過（破産16Ⅰ）のように、債務者がその総債権者に対する債務を完全には履行しえない破産状態に陥ったときに、債務者の総財産を金銭化し、金銭化された総債務を弁済することを目的とする清算型倒産処理手続である。実質上破産状態において開始するという意味では会社法上の特別清算手続に類似するが、法人のみでなく個人をも適用対象に含む点、破産管財人が任命される点で異なる。⇒特別清算
　　　　　　　　　　　　　　（齋藤雅代）

パス・スルー（ぱす・するー）

事業体自身に発生した利益について課税せず、利益分配によりその構成員に発生した所得について課税する税制上のしくみ。構成員課税。一段階課税であり、まず事業体に法人税が、次いで利益分配時には構成員に配当所得課税がなされるという二段階課税がされない。これにより、構成員は他の所得と利益をもって損益通算でき、事業体が赤字の場合は自己の課税所得を減らすことができる。わが国では、有限責任事業組合等の法人格のない事業体にしか認められない。⇒有限責任事業組合
　　　　　　　　　　　　　（古川朋子）

発行可能株式総数（はっこうかのうかぶしきそうすう）

株式会社が発行することができる株式の総数のこと（会37Ⅰ）。定款の絶対的記載・記録事項である。ただし、最低資本金制度が廃止され、かつ失権による打切り発行が認められたために、授権資本制度との関係上（会37Ⅲ、公開会社のみ4分の1ルール）、定款認証時までに定める必要はなく、会社成立時までに定めればよい。登記事項である（会911Ⅲ⑥）。⇒最低資本金制度，

170 はらいこみ

授権資本制度　　　　　　（内田千秋）

払込担保責任※（はらいこみたんぽせきにん）

平成17年改正前商法では，会社設立の際に発行する株式について，発行価額全額の払込み（現物出資財産の給付）が要求されていた。それでも会社成立後に払込みがない株式がある場合には，発起人および会社成立時の取締役が払込み（あるいは給付未済財産の価額の支払）をなす義務を負うという規制があった。資本充実責任の一環であったが，出資の履行がない株式は失権することとされたため，払込み・給付担保責任も廃止された。　　（三浦　治）

払込取扱金融機関（はらいこみとりあつかいきんゆうきかん）

発起人の指定により払込取扱事務を担当する銀行，信託会社等のこと（会34Ⅱ，施規7）。発起人等の不正行為等を防止し，払込みを確実にするため，払込みは，払込取扱金融機関の払込みの取扱いの場所において行われなければならない（会34Ⅰ，63Ⅰ）。募集設立の場合，払込取扱金融機関は会社成立まで払込金を保管しなければならず，保管証明責任を負う（会64）。募集株式の発行時においても払込みは払込取扱金融機関を利用して行われる（会208Ⅰ）。⇒払込金保管証明

（内田千秋）

払込金保管証明（はらいこみきんほかんしょうめい）

募集設立において，払込取扱金融機関は，払込金の保管証明書を交付した場合に払込金保管証明責任を負い（会64Ⅰ），払込みがなかったなど主張して払込金の会社への返還を拒むことはできない（最判昭和37年3月2日，会社百選5版26）。設立登記の申請書にはこの保管証明書の添付が要求される（商登47Ⅱ⑤）。なお，発起設立においては預金通帳の写しなどを添付するだけでよい（募集株式の発行についても同様，商登56②）。　　（内田千秋）

番頭・手代（ばんとう・てだい）

商人の営業のある種類・特定の事項の委任を受けた使用人は，当該事項に関する一切の裁判外の行為をする代理権を有するものとされ，平成17年改正前の商法の文言は番頭・手代を例示した（平成17年改正前商43Ⅰ）。委任を受けたある種類・特定の事項に関しては包括的な権限を有し，商人がこれに制限を加えても善意の第三者には対抗できない（商43Ⅱ）。平成17年改正により，番頭・手代の文言は廃止された。会社の事業に関するある種類・特定の事項の委任を受けた使用人について，同様の規定が置かれている（会14Ⅰ・Ⅱ）。　　（柴崎　暁）

ひ

非按分型分割（ひあんぶんがたぶんかつ）

　平成17年改正前商法の下，いわゆる人的分割に際して吸収分割承継会社または新設分割設立会社の株式を分割会社の株主に対してその持株数に比例しない形で交付することを非按分型分割と呼び，その可否につき，学説上，株主平等原則から原則としてできないが，総株主の同意による分割契約（計画）書の承認があれば可能であると解されていた。会社法では人的分割は，会社分割（＝物的分割）＋剰余金配当または全部取得条項付種類株式の取得と構成されたが，やはり剰余金配当あるいは全部取得条項付種類株式の取得の部分について，株主平等原則との関係が問題となる。⇨株主平等の原則，剰余金の配当，人的分割・物的分割

（黒野葉子）

引当金（ひきあてきん）

　将来の費用また損失の発生に備えて，負債の部に計上されるもの。会社計算規則においては，1年内に使用されるか否かにより，流動負債もしくは固定負債に区分され（計規107Ⅱ①ニ・②ハ），事業年度の末日においてその時の時価または適正な価格を付すことができる（計規6Ⅱ①）。なお貸倒引当金などの各資産に係る引当金については，各資産に対する控除項目として表示される（計規109）。　（松田和久）

引受担保責任※（ひきうけたんぽせきにん）

　平成17年改正前商法では，会社設立の際に発行する株式すべての引受けが要求されており，引受けの無効・取消しを可及的に防止する規制もあった。それでも会社成立後に引き受けがない株式がある場合には，発起人および会社成立当時の取締役がそれを引き受けたものとみなされ，引受人と共同して払込みをなす義務を負うことになっていた。資本充実責任の一環であったが，前記の規制が廃止されたのに伴い，引受担保責任も廃止された。⇨資本充実責任，資本充実・維持の原則

（三浦　治）

非公開株式の評価（ひこうかいかぶしきのひょうか）

譲渡制限株式の売買価格の決定（会144），株式買取請求に基づく買取価格の決定（会470等）において，市場価格のない株式の評価が問題となる。その方法には，配当還元方式，純資産価額方式，類似業種比準方式，収益還元方式などがある。配当還元方式は将来会社から得られると予想される配当を一定の資本還元率（割引率）で還元して算出する方法であり，理論的には最も妥当であるといわれ，これに従った判例もあるが（大阪高決平成1年3月28日判時1324号140頁），将来の予測が困難であるため，複数の方法により算出された価値を何らかの割合で加重平均する方法（併用方式）が判例ではよく採用されている（東京高決平成1年5月23日判時1318号125頁等）。

（来住野　究）

非訟（ひしょう）

会社法第7編第3章は，裁判所が株主や会社債権者の利益保護のために後見的役割を果たすことが期待される非訟事件についての規定を置く（会868〜906）。通常の訴訟事件が，法規を適用して紛争を解決する作用を果たすのとは異なる。非訟事件の例として，検査役の選任（会33Ⅱ），譲渡制限株式の売買価格の決定（会144Ⅱ），一時役員の職務を行うべき者の選任（会346Ⅱ），取締役会議事録等閲覧・謄写の許可（会371Ⅲ），特別清算（会879〜902）等がある。

（南隅基秀）

一株一議決権の原則（ひとかぶいちぎけつけんのげんそく）

株主はその有する株式1個につき1個の議決権を有するという原則のこと（308Ⅰ本文）。これは「株主はその有する株式の数に応じて平等の取扱いを受ける」という原則（＝株主平等の原則）が議決権の側面で現われたものである。ただし，その例外として，単元株制度を採用した会社では，株主は1単元の株式につき1個の議決権を有することになるため，単元未満株式については議決権が与えられない（会308Ⅰ但書）。⇒株主平等の原則，単元株

（渋谷光義）

100％減資（ひゃくぱーせんとげんし）

発行済株式の全部を消却して一旦減資の効力を生じさせ，同時に新株を発行して株主を総入替する手法を100％減資という。従来会社更生手続で用いられている。平成17年改正前の商法では，強制消却の方法で100％減資を行うには株主全員の同意を要すると解釈されたため，これを株式会社の任意整理に利用することは困難であった。会社法は，全部取得条項付種類株式を創設し，株主総会の特別決議によって株主の総入替を行うことを可能にしてい

る。⇨全部取得条項付種類株式

(川島いづみ)

表見支配人（ひょうけんしはいにん）

　実質的に支配人としての権限授与がなされていない者に対して会社が本支店における事業の主任者であることを示す名称を付している場合には、裁判外の行為に限り、当該本支店の事業に関する支配人としての権限があるものと看做される（会13）。この者を表見支配人という。商法においては、実質的に支配人としての権限授与がなされていない者に対して営業主たる商人が営業の主任者であることを示す名称を付している場合には、裁判外の行為に限り、支配人としての権限があるものと看做される（商24）旨が規定される（商人の表見支配人）。ここにいう「主任者であることを示す名称」とは、平成17年改正前商法の解釈としては、「支配人・支店長・営業所長」等がその例とされている。また「営業所」がその実体を具備していることを要件とするか否かについては見解が分かれる。
⇨表見代表取締役

(柴崎　暁)

表見代表執行役（ひょうけんだいひょうしっこうやく）

　委員会設置会社以外の会社における表見代表取締役（会354）と同じ制度。委員会設置会社では、代表執行役が会社の代表権を有する。したがって、代表執行役に選定されていなくても、執行役に社長・副社長その他委員会設置会社を代表する権限を有するものと認められる名称が付された場合には、会社は、当該執行役がなした行為について、善意の第三者に対しその責任を負うこととなる（会421）。⇨表見代表取締役

(前原信夫)

表見代表取締役（ひょうけんだいひょうとりしまりやく）

　社長、副社長その他株式会社を代表する権限を有すると認められる名称を付されているが、代表権を有しない取締役。このような取締役の行為については、善意の第三者に対して会社が責任を負う（会354）。このような取締役は、外部から見て代表取締役であると誤認しやすいので、取引の安全のため、禁反言または権利外観理論によって名称の使用を明示または黙示的に承認した会社の表見責任を認めたものである。判例は使用人に常務取締役の名称を付した場合にも表見代表取締役の規定を類推適用する（最判昭和35・10・14民集14巻12号2499頁）。執行役にも同趣旨の規定が置かれている（会421）。
⇨表見支配人

(王子田　誠)

表見取締役（登記簿上の取締役）（ひょうけんとりしまりやく（とうきぼじょうのとりしまりやく））

　適法な選任手続を経ていないが、登

記簿上は取締役として登記されている者。または，かつては正規の取締役であったが，辞任後の退任登記がなされておらず登記が残存している者。法律上の取締役ではないが，登記簿上の取締役が不実の登記の出現に加功した場合（最判昭47.6.15民集26巻984頁）や，不実の登記の残存に明示的に承諾した場合（最判昭62.4.16判時1248号127頁）には善意の第三者との関係で責任を認めた裁判例がある。

（重田麻紀子）

日割配当（ひわりはいとう）

　事業年度の途中に新株発行があった場合に，新株について，新株発行の効力発生日から事業年度の末日までの日割りで計算した配当金額を支払うこと。投下資本の稼働期間に応じて配当すべきとの考えに基づく。平成17年改正前商法下の実務慣行（なお，旧商280ノ20Ⅱ⑪）。会社法下の解釈では日割配当の可否を巡って見解の対立がある。

（若林泰伸）

ふ

負債（ふさい）

　負債は，法律上の債務（停止条件付債務や不確定債務を含む）に限られない。適正な期間損益計算の観点から，引当金のように将来発生する費用または損失の見積額にすぎないもの（会計的負債）も含む（計規6Ⅱ①。ただし，退職給付引当金等は法律上の債務にあたる）。そのため，会計技術的な概念である側面をもつ。貸借対照表上，流動負債と固定負債に区分して計上される。その区分基準は，流動資産と固定資産のそれに対応する（正常営業循環基準・1年基準。計規107）。⇒流動負債，固定負債

（森川　隆）

不足額てん補責任（財産価格てん補責任）（ふそくがくてんぽせきにん（ざいさんかかくてんぽせきにん））

　会社設立に際して現物出資・財産引受がなされても，検査役による調査が不要とされる場合がある。その場合，会社成立時においてその価額が，定款に記載・記録された価額に著しく不足するときは，発起人および設立時取締役が連帯して当該不足額を支払う義務

を負う（会52）。過失責任だが、募集設立の場合は無過失責任である。法定の証明をした専門家も過失責任を負う。

募集株式の発行等においても同様の規制がある（会213）。⇒現物出資、財産引受　　　　　　　　　（三浦　治）

附属明細書（ふぞくめいさいしょ）

株主に対し、より詳細かつ正確な会社情報を開示する目的で、有形・無形固定資産、引当金、販売費および一般管理費の各明細等、計算書類および事業報告の内容を補足する重要な事項を記載した書面（計規145、施規128）。株式会社では、作成および（計算書類の附属明細書についてはさらに）10年間の保存が強制され（会435Ⅱ・Ⅳ）、監査役、監査委員会、監査役会および（計算書類の附属明細書についてはさらに）会計監査人の監査・監査報告を要し（会436Ⅰ・Ⅱ、計規149～160、施規129～132）、当該会社が取締役会設置会社の場合には取締役会の承認も要する（会436Ⅲ）。　　（堀井智明）

普通決議（通常決議）（ふつうけつぎ（つうじょうけつぎ））

議決権を行使できる株主の議決権の過半数を有する株主が出席して（定足数）、主席株主の議決権の過半数の多数決をもって行われる株主総会の決議方法（会309Ⅰ）。この決議の成立要件については、定款で別段の定めをすることができ、実際には、多くの会社が定款で定足数の緩和ないし廃止を行っている。ただし、取締役等の役員の選任・解任決議については、たとえ定款の定めをもってしても、定足数を議決権を行使することができる株主の議決権の3分の1未満に引き下げることはできないし、決議要件を定款の定めによって引き上げることができることが明文をもって認められている（会341）。⇒特別決議　　　　　　　（渋谷光義）

ブックビルディング方式（ぶっくびるでぃんぐほうしき）

証券会社が機関投資家等へのヒアリングを行い、需要の積上げ（ブックビルディング）を通じて募集株式の価格を決定する方式（日本証券業協会「有価証券の引受けに関する規則（公正慣習規則14号）」7条の2、「有価証券の引受け等に関する細則」3条の2）。公開会社において、市場価格のある株式を引き受ける者の募集をするときは、払込金額（会199Ⅰ②）に代えて、公正な価額による払込みを実現するために適当な払込金額の決定の方法を定めることができるが（同201Ⅱ）、実務上認知されているのが平成9年に導入されたこの方式である。　（岡本智英子）

不提訴理由（書）（ふていそりゆう（しょ））

株主代表訴訟は、会社が株主の提訴

請求に応じない場合に認められるが（会847Ⅲ），会社は，不提訴の理由を，提訴請求をした株主または提訴対象にされた取締役等の請求があれば，書面・電磁的方法により通知しなければならない（会847Ⅳ，施規218）。これは，会社に十分な調査と合理的な判断を促して，取締役等役員間の馴れ合いによる不提訴を防止するとともに，株主や提訴対象の取締役等が必要な訴訟資料を収集することを容易にする趣旨である。⇨株主代表訴訟　　　（南隅基秀）

ブラック・ショールズ・モデル（ぶらっく・しょーるず・もでる）

Fischer BlackとMyron Scholesが開発した理論に基づくオプション価格の算出方法。オプションによる取得対象となる株式の株価，予想配当利回り，株価の予想変動率，金利（リスクフリーレート）と，オプション行使時の行使価格，オプションを行使されるまでの予想残存期間，を計算式に当てはめることにより，オプションの取得価格（プレミアム）を算出する。新株予約権の対価となる払込金額の決定などにしばしば用いられる。（森脇祥弘）

振替株式（ふりかえかぶしき）

株式振替制度の対象となる株式。株式の譲渡について会社の承認を要する旨の定款の定めがない株券廃止会社の株式で振替機関が取り扱うものである（社振128Ⅰ）。平成16年の社債等振替法の一部改正によって，同法による振替制度の適用対象に，株券廃止会社の株式が追加された。なお，株式振替制度は，平成16年6月9日から5年以内の政令で定める日が施行日となり，公開会社は，その日に株券廃止の定款変更がなされたものとみなされ，同法の適用対象となる。⇨株券廃止会社・準株券廃止会社　　　（松井英樹）

振替機関（ふりかえきかん）

社債等振替法および業務規程の定めるところにより，社債等の振替に関する業務を行うもので，同法3条1項により主務大臣により指定を受けたものをいう（社振2Ⅱ）。振替機関は資本金額5億円以上の株式会社で，同法3条に定める要件を充足するものでなければならない。　　　（松井英樹）

振替口座簿（ふりかえこうざぼ）

株式の振替制度により譲渡・質入れがなされる株式に関する権利の帰属を明らかにするため，振替機関等（振替機関または口座管理機関）が作成し備えなければならない帳簿（社振129Ⅰ）。電磁的記録で作成することができる（社振129Ⅵ）。①加入者の氏名または名称および住所，②銘柄，③銘柄ごとの数，④株式数の増加・減少の別，数，および当該記録がされた日等，社債等振替法および政令で定められた事項が

記載される（社振129Ⅲ）。（松井英樹）

分割交付金（ぶんかつこうふきん）

会社分割に際して，分割会社（または分割会社株主）に対して交付される金銭。会社分割の対価が株式に限定されていた平成17年改正前商法の下，分割交付金は，いわゆる人的分割に際し，分割会社株主に対する承継会社株式の割当比率の調整のため，あるいは数社が共同して新設分割するときにその数社の株主間の株式割当比率の調整のためなど限定的に利用されるのみであったが，会社法の下では，分割対価を金銭（分割交付金）のみとする吸収分割も可能である。⇨合併交付金

（黒野葉子）

分割条件算定理由書（ぶんかつじょうけんさんていりゆうしょ）

吸収分割の分割会社および承継会社，新設分割の分割会社は，各備置開始日（会782Ⅱ，794Ⅱ，803Ⅱ）から効力発生日・設立会社成立日後6か月を経過する日までの間，分割契約・計画の内容その他法務省令で定める事項（事前開示事項）を記載・記録した書面または電磁的記録を本店に備え置き，株主・会社債権者の閲覧・交付請求に応じなければならない（会782，794，803，施規183，192，205）。事前開示事項の一つとして，分割対価等の相当性に関する事項があり，分割契約・計画に定められた分割条件の算定理由が記載・記録される。

（黒野葉子）

分割報告書（ぶんかつほうこくしょ）

会社分割の当事会社は，効力発生日・設立会社成立日後遅滞なく，承継された権利義務その他の分割に関する事項として法務省令に定める事項を記載・記録した書面または電磁的記録（分割報告書）を作成し，効力発生日・設立会社成立日から6か月間本店に備え置かなければならない。株主・会社債権者その他の利害関係人は，その閲覧や謄本・抄本の交付を請求できる（吸収分割会社→会791Ⅰ・Ⅱ・Ⅲ，施規189，吸収分割承継会社→会801Ⅱ・Ⅲ・Ⅴ，施規201，新設分割会社→会811Ⅰ・Ⅱ・Ⅲ，施規209，新設分割設立会社→会815Ⅱ・Ⅲ・Ⅴ，施規212）。

（黒野葉子）

分配可能額（配当可能利益）（ぶんぱいかのうがく（はいとうかのうりえき））

剰余金の分配として，株主に対して交付することができる金銭等の帳簿価額の総額。債権者保護のための財源規制として機能する数値。分配時の剰余金の額から，自己株式の帳簿価額，最終事業年度の末日後に処分した自己株式の対価の額および法務省令で定める勘定科目に計上した額（計規186）の合計額を控除して得た額に，臨時決算を行った場合における期間損益を反映

させた額をいう（会461Ⅱ）。　　　　　　　　　　　　（若林泰伸）

へ

変態設立事項（危険な約束）（へんたいせつりつじこう（きけんなやくそく））
　株式会社設立の際に、発起人が自己または第三者の利益をはかって会社の財産的基礎を危うくさせる危険な事項（会28）。危険な約束とも呼ばれ、定款の相対的記載事項である。会社法33条10項各号に該当する場合を除き、発起人の請求に基づく裁判所選任の検査役の調査を必要とする（会33Ⅰ）。変態設立事項が不当なときは、発起設立の場合には裁判所、募集設立の場合には創立総会がこれを定款変更することができる（会33Ⅶ、96）。⇒定款の記載事項、検査役　　　　　　　（藤田祥子）

ベンチャー・キャピタル（venture capital）（べんちゃー・きゃぴたる）
　新しい技術や独創的な開発力をもって新たに市場を開拓していこうとする、中小規模の新興企業（ベンチャー企業）に対し、投資事業を行うことを目的とする企業・団体。これらの企業の将来性を評価し、株式の取得を通じた資金的支援、または、人材や新規取引先の紹介などの支援を行う。その一方で、比較的近い将来に出資先企業が株式公開したときに、当該株式を売却することにより、保有株式の値上がり益を獲得することを目的としている。
　　　　　　　　　　　　　　　（古川朋子）

ベンチャー企業（べんちゃーきぎょう）
　産業の最先端分野において、新たに創出された技術や独創的な開発力をもって、市場を開拓していこうとする、中小規模の新興企業。近年における情報化社会の急速な進展を反映して、情報・通信業を営む企業が数多く誕生している。以前は、創業間もない企業は信用力に欠けるため資金調達が困難であったが、近年は、その成長可能性に注目し、証券取引所がベンチャー企業向け市場を創設するなど、資本市場からの資金調達の途が開かれ、株式公開を目指す企業も増加している。（古川朋子）

ほ

ポイズンピル（ぽいずんぴる）

　敵対的買収者を撃退する効果を持つ事前防衛策を，「毒薬」になぞらえて比喩的に表現した呼称。新株予約権（ライツ）を用いるのが一般的であることから，ライツプランと呼ばれることも多い。会社法の下では，一定数以上の議決権を有する株主が出現した場合に，その者の議決権行使の機会を奪う議決権制限株式や，その者の株式を会社が強制的に取得してしまう取得条項付株式などを防衛策として導入することも可能となっている。⇨ライツプラン，新株予約権，議決権制限株式，取得条項付株式　　　　　（野村修也）

報酬委員会（ほうしゅういいんかい）

　執行役・取締役・会計参与が受ける個人別の報酬等の内容を決定する機関。執行役が会社の支配人その他の使用人を兼任していれば，支配人・使用人分の報酬についても報酬委員会が決定する（会404Ⅲ）。報酬の決定方法は，①報酬額が確定していればその額，②報酬額が確定していなければ個人別の具体的な算定方法，③金銭でないものは個人別の具体的な内容，に基づいて行われることになる（会409Ⅲ，会計参与は①の方法による）。　　（前原信夫）

法人格否認の法理（法人格の濫用・法人格の形骸化）（ほうじんかくひにんのほうり（ほうじんかくのらんよう・ほうじんかくのけいがいか））

　ある紛争において法人とその支配者（例えば親会社や一人株主など）との間の法人格の独立性を貫くことが正義や公正の観点から妥当でない場合に，当該紛争の解決に限って法人格の独立性を否定し，法人とその支配者を一体のものとして事案の解決を図る理論。いわゆる一般条項的な法理であり，法令や契約の合理的解釈のみでは妥当な解決を導けないときに初めて援用されるべきものである。最高裁は昭和44年2月27日判決（民集23巻2号511頁）において，「法人格が全くの形骸にすぎない場合」（形骸化）または「法人格が法律の適用を回避するために濫用される場合」（濫用）に法人格の独立

性を否認することができる旨を判示している。ただし，形骸化や濫用が認められるための要件は必ずしも明確でなく，事案の類型ごとに異なる考察が必要であるとされる。　　　（久保大作）

法人無限責任社員（ほうじんむげんせきにんしゃいん）

法人は株式会社の取締役となることができないが（会331Ⅰ①），持分会社の業務執行社員となることはできる。法人が業務執行社員である場合には，その法人が，職務を行うべき者を選任し，その者の氏名・住所を他の社員に通知する義務を負うものと定めている（会598）。善管注意義務，忠実義務，報告義務（会593），競業避止義務（会594），対会社責任（会596），対第三者責任（会597）の規定は，この職務執行者に適用される。なお，平成17年改正前商法会社編においては，会社は他の会社の無限責任社員となる能力がないものと定められていたが（平成17年改正前商55），会社法は，このような規制を廃止している。⇨取締役の善管注意義務・忠実義務，会社の権利能力
　　　　　　　　　　　　（柴崎　暁）

法人理論（法人学説：法人実在説・法人擬制説・法人否認説）（ほうじんりろん（ほうじんがくせつ：ほうじんじつざいせつ・ほうじんぎせいせつ・ほうじんひにんせつ））

法人の本質とは何か，自然人以外のものになぜ法人格が与えられるのかについて，過去にさまざまな学説が主張された。法人擬制説は，権利義務の主体は本来自然人に限られるべきであって，ある団体に法人格を認められるのは法による擬制に過ぎない，とする。法人否認説はこの「擬制」という点を徹底し，団体そのものの社会的実在を否定して，個人から独立した財産そのもの，もしくはそこから利益を得る個人こそが法人の本体である，などと説明する。逆に法人実在説は，団体の社会的実在を強調し，社会的有機体ないし組織体として内部秩序と団体意思を有しているとして，法人格の付与は単なる擬制ではない，と主張した。これらの学説は法人制度の理解の深化に大きな意義を持っているものの，主張された当時の歴史的文脈を踏まえて理解しなければならず，現代にそのまま妥当すると考えるのは適当ではない。
　　　　　　　　　　　　（久保大作）

法律による株式譲渡の制限（ほうりつによるかぶしきじょうとのせいげん）

会社法上の制限としては，株券発行前の株式譲渡の制限（会128Ⅱ）・自己株式取得の制限（会155以下）・子会社による親会社株式の取得の制限（会135）がある。独占禁止法では，事業支配力の過度の集中または一定の取引分野における競争の実質的な制限をも

たらす株式の取得が禁止されるなど（独禁9Ⅱ，10等），他の法律による制限もある。　　　　　　　（来住野　究）

保管振替機関（ほかんふりかえきかん）

　株券等の保管および振替に関する法律3条1項の規定により，法務省および金融庁長官から，保管振替業を営む者として指定を受けた株式会社。現在，株式会社証券保管振替機構が，わが国唯一の保管振替機関となっている。
　　　　　　　　　　　（松井英樹）

補欠役員（補欠取締役・補欠監査役等）
（ほけつやくいん（ほけつとりしまりやく・ほけつかんさやくとう））

　株式会社において，役員（会329Ⅰ括弧書）が定員を欠くこととなる場合に備えて，あらかじめ選任することができる役員（会329Ⅱ）。

　役員の選任決議をする場合に（会341），法務省令で定めるところにより（施規96），役員が欠けた場合（会331Ⅰ，332，333Ⅰ・Ⅲ，334，335Ⅰ），または，会社法（会331Ⅳ，335Ⅲ）もしくは定款で定めた役員の員数を欠くことになるときに備えて，補欠の役員を選任することができる。
　　　　　　　　　　　（新里慶一）

募集株式の発行（ぼしゅうかぶしきのはっこう）

　会社成立後，株式会社がその発行する株式を引き受ける者，またはその処分する自己株式を引き受ける者を募集し，当該募集に応じてこれらの株式の引受けの申込みをした者に対して割り当てる株式（募集株式）を発行するという法律行為。募集株式の発行権限のある機関が募集事項を決定し（会199～202），株式会社が行う募集に応じて株式の引受けの申込みをしようとする者に対して（同203），株式会社が割当てを行うことによって（同204）募集株式引受契約が成立し（同206），募集株式引受人に払込義務が生じ（同208），払込金額を払い込むことにより募集株式発行の効力は生じる（同209）。募集株式の決定手続は，募集株式の割当てを受ける権利を与える場合（会202Ⅰ・Ⅲ）と与えない場合（公開会社は同201Ⅰ，それ以外の会社は同199Ⅱ・Ⅳ，200Ⅰ）によって異なる（さらに有利発行の場合も異なる）。会社成立後に発行される場合であるので，既存株主の利益の保護が重要である。

　募集株式発行に瑕疵がある場合には，差止め（会210），無効の訴え（同828Ⅰ②・③），不存在確認の訴え（同829①・②）によって争うことができる。
⇒有利発行　　　　　　（岡本智英子）

募集株式発行の差止（新株発行の差止・自己株式処分の差止）（ぼしゅうかぶしきはっこうのさしとめ（しんかぶはっこうのさしとめ・じこかぶしきしょぶんのさしとめ））

募集株式の発行が法令・定款違反、または著しく不公正な方法により行われ、株主が不利益を受けるおそれがあるときは、株主が株式会社に対し、その募集株式の発行または自己株式の処分をやめることを請求することができること（会210）。事前の救済方法である。株主が差止請求権を行使する機会が失われないよう、公開会社は、募集事項を取締役会の決議によって定めたときは、払込期日または期間を定めたときはその期間の初日の2週間前までに、募集事項を通知あるいは公告をしなければならない（会201Ⅲ・Ⅳ）。差止めの方法は別段の制限はないが、募集株式発行差止めの訴えを提起し、その訴えに基づく仮処分によって募集株式発行を差し止めることが多い。

（岡本智英子）

募集設立（ぼしゅうせつりつ）

株式会社の設立に際して、設立時発行株式のうち一部を発起人が引き受けて、残部につきこれを引き受ける者を募集する方法（会25Ⅰ②）をいい、発起設立と対比される。発起人以外に株主を募集し（会57Ⅰ）、会社成立当初の株主として外部の者も加わるので、設立手続は複雑になる。払込金の保管証明制度が採用され（会64）、また原則として創立総会を開く必要がある（会65）。創立総会は株式引受人（設立時株主）によって構成され、発起人による設立事項の報告聴取（会87）、設立時取締役等の選任（会88）、設立経過の調査（会93、94）等の権限が与えられている（会66）。⇨発起設立、払込金保管証明

（杉田貴洋）

発起設立（ほっきせつりつ）

株式会社の設立に際して、発起人のみが設立時発行株式の全部を引き受けてする方法（会25Ⅰ①）をいい、募集設立と対比される。各発起人は1株以上の株式を引き受けなければならない（会25Ⅱ）ので、会社成立当初の株主は発起人の全員のみとなる。このため設立手続は簡便なものとなる。株式の払込みは払込取扱機関になす（会34Ⅱ）が、払込金の保管証明制度はない（会64対照）。設立時取締役等の選任（会38Ⅰ・Ⅱ）は、原則として発起人が引き受けた株式の議決権の過半数により行われる（会40Ⅰ・Ⅱ本文）。⇨募集設立

（杉田貴洋）

発起人（ほっきにん）

株式会社の設立企画・実行者をいう。形式的には、定款に発起人として署名（記名押印）または電子署名した者（会26）として把握される。1人以上

でよく(平成2年改正前商法165では7名以上),自然人・法人を問わない(会27⑤参照)。発起人は,設立時発行株式の引受義務がある(会25Ⅱ)ので,必ず設立当初の株主となる。株式会社では募集設立の方法(会25Ⅰ②)も認められていることから,設立企画者の権限と責任を明確にするため特に発起人の地位を定めている。なお,形式的には発起人でない者が,一定の場合に,疑似発起人として責任を負わされる場合がある(会103Ⅱ)。⇒一人会社,擬似発起人の責任　　　　　(杉田貴洋)

発起人組合(ほっきにんくみあい)

　発起人が複数の場合,発起人相互間に会社の成立を目的とする契約が成立し(民法上の組合契約),それにより発起人組合が成立し,共同して設立事務が進められる。発起人組合は,その目的達成(会社の成立)または目的達成が不可能(会社不成立の確定)になるまで存続する。設立中の会社が成立した後,会社が成立するまでは併存している。設立中の会社の機関としての発起人の権限内の行為は,発起人組合契約の履行行為でもある。⇒設立中の会社　　　　　　　　　(三浦　治)

発起人の権限(ほっきにんのけんげん)

　設立中の会社概念を認め,発起人をその執行機関と位置づける見解では,発起人が設立中の会社のために行った行為の効果は実質的には設立中の会社に帰属しており,会社成立とともに当然に成立後の会社に引き継がれるものと解している。もっとも,発起人の行為すべてではなく,当然にその効果が引き継がれるべき行為とはどのような行為か(設立中の会社の機関としての発起人の権限の範囲)が争われる。

　会社財産の確保という観点から会社が成立したとたんに債務を負うことは避けられるべきとする見解は,発起人の権限を設立自体の行為に限るが,発起人と取引をした相手方は会社成立後は会社に債権を行使できるべきとする見解は,設立に必要な取引行為まで発起人の権限に含める。さらに,会社設立には成立後の迅速な開業を確保するという目的も含まれるとする見解は,財産引受と同様の手続を踏めば開業準備行為の効果も当然に成立後の会社に帰属すると解している。⇒財産引受,開業準備行為　　　　　　(三浦　治)

発起人の責任(ほっきにんのせきにん)

　発起人は,現物出資および財産引受の財産の実価が定款に定めた価額よりも著しく不足するときは,不足額を支払う義務を負う(会52Ⅰ)。ただし検査役の調査を受けたときまたは発起人がその職務を行うにつき注意を怠らなかったことを証明したとき(発起設立の場合。募集設立の場合には無過失責任)は,その財産の給付者または譲渡

者である発起人を除き，責任を負わない（会52Ⅱ，103Ⅰ）。そのほか会社に対する任務懈怠責任（会53Ⅰ）や第三者に対する責任（会53Ⅱ）を負う。また会社不成立の場合も責任を負う（会56）。⇨発起人　　　　　　（藤田祥子）

発起人の特別利益（ほっきにんのとくべつりえき）

　変態設立事項であり，会社設立の企画者としての功労に報いるため，発起人に対して与えられる特別の利益（会28③）。無制限に認めると会社に重大な負担を課すことになるので，定款に記載され，検査役の調査を要するものとした。発起人の報酬と異なり，通常，会社の継続的負担となるもので，剰余金配当の優先権や会社の設備利用権などがこれにあたる。⇨発起人，変態設立事項　　　　　　（藤田祥子）

発起人の報酬（ほっきにんのほうしゅう）

　変態設立事項であり，会社設立事務執行という労務に対し発起人に支払われる対価（会28③）。発起人によるお手盛り防止のため規制される。発起人は，定款に記載され，検査役の調査を通った範囲内で会社に請求でき，会社費用として取り扱われる。⇨発起人，変態設立事項　　　　　　（藤田祥子）

補填義務（ほてんぎむ）

　株券保管振替制度の下で，口座簿への過誤による超過記載などに基づいて預託株券に不足が生じたときに，保管振替機関および証券会社等の全参加者が連帯して，その不足分を補填しなければならない義務をいう（保振25Ⅰ）。参加者は，保管振替制度から離脱した後も，この補填義務を負い，参加者でなくなった時から5年を経過したときに，この責任は消滅する（保振25Ⅱ）。
　　　　　　　　　　　　（松井英樹）

ホワイト・ナイト（ほわいと・ないと）

　敵対的買収の対象となった企業を守るために，株式の買取りなどに応じてくれる救世主のこと。姫を外敵から守る「白馬の騎士」になぞらえて，この名が付けられた。具体的には，株式や新株予約権の第三者割当に応じたり，敵対的な公開買付けに対抗して，より高い価格で公開買付けを実施したりすることによって，企業防衛に協力する。その見返りとして，配当優先株の割当てを受けたり，業務提携の機会を得たりすることもある。⇨企業防衛，第三者割当，公開買付け　　（野村修也）

み

見せ金（みせがね）

　典型的には，発起人・取締役等が払込取扱金融機関以外の者から借り入れた金銭を株式の払込みにあて，会社の成立後または募集株式の効力発生後にそれを引き出して借入金の返済にあてることをいう（最三小判平成3年2月28日，会社法百選99）。金銭の移動による現実の払込みが存在するが，一連の行為が払込み仮装の計画の一環であることから，一般に無効と解されている。払込取扱金融機関は一定の場合に責任を負うことがある。　（内田千秋）

む

無限責任・有限責任（むげんせきにん・ゆうげんせきにん）

　原則として債務者はその全財産（責任財産）をもって債務を弁済しなければならない（無限責任，明治23年民法債権担保編1Ⅰ）。しかし，法は，責任財産を債務者の財産中のある物に限定したり，債務の一定額を限度として責任財産とする取扱いを認めている。法定の物的有限責任として，限定承認をした相続人の責任（相続財産に限定する。民992），法定の人的有限責任として，持分会社の有限責任社員の責任（会580Ⅱ），船主責任制限法による責任制限（船主3），株主の責任（会104）が挙げられる。免責約款による運送業者の責任制限，責任財産限定特約による責任制限は，私人間の合意によるものであるので，契約当事者との関係でのみ効力を有する。差押禁止動産（民

執131)・差押禁止債権（民執152）の制度も法定の責任制限である。

（柴崎　暁）

め

名義書換（めいぎかきかえ）

　株主名簿の名義書換は、株券発行会社における会社に対する株式取得の対抗要件であり、それ以外の株式会社における会社その他第三者に対する株式取得の対抗要件である（会130）。株式取得の原因が相続その他の一般承継である場合、法務省令の別段の定めがない限り利害関係人と共同して株主名簿の名義書換を請求する。会社から株主に対する通知催告等に関して株主名簿に従う限り会社は免責される（会126）。⇒株主名簿　　　　　（今泉邦子）

名目的取締役（めいもくてきとりしまりやく）

　株主総会において適法に選任手続を経ているが、職務遂行を行わない約束で就任した取締役。平成17年改正前商法下では、最低限3名の取締役を置く必要があったため、小規模かつ閉鎖的な株式譲渡制限会社で員数合わせのために選任されることが多かった。名目上の存在ではあるが、取締役として就任してその登記もなされる以上、監視義務違反を理由に第三者に対する責任を負う場合がある（最判昭44.11.26民集23巻2150頁）。⇒取締役の監視義務

（重田麻紀子）

明瞭性の原則（めいりょうせいのげんそく）

　企業会計原則の「一般原則」の一つで、「企業会計は、財務諸表によって、利害関係者に対し必要な会計事実を明瞭に表示し、企業の状況に関する判断を誤らせないようにしなければならない」という原則。ディスクロージャーの原則ともいう。貸借対照表等の所定の形式による区分表示（計規105など）、重要な会計方針に係る事項の注記表への記載（計規132）などの要請は、この原則に基づくものである。⇒財務諸表、個別注記表　　　（白石智則）

も

申込証拠金（もうしこみしょうこきん）

　実務では，募集設立または募集株式の発行の際に，申込者に，申込みとともに，払込金額と同額の申込証拠金を払込取扱金融機関に支払わせることを要求することが多い。申込証拠金は，その後払込金に充当される。この慣行については，早期に失権株を確定させるなど実際上の必要から生じたもので不合理といえず，短期間なら無利息とする事務処理も許されるものとされる（最判昭和45年11月12日，会社法百選5版72）。⇒払込取扱金融機関

（内田千秋）

目論見書※（もくろみしょ）

　平成17年改正前商法には，擬似発起人の責任規定や取締役の第三者に対する責任規定中に，この語があった。株式を引き受けようとする者に対して一定の情報を提供する書面を指すが，目論見書の作成が強制されていたわけではなく，定義規定もなかった。会社法においても作成が強制されるものではなく，この語は削除された。金融商品取引法上は目論見書の作成が強制される場合があり（金商13Ⅰ），定義規定もある（金商2Ⅹ）。⇒取締役の第三者に対する責任，擬似発起人の責任

（三浦　治）

持株会社（純粋持株会社・事業持株会社）（もちかぶがいしゃ（じゅんすいもちかぶがいしゃ・じぎょうもちかぶがいしゃ））

　独占禁止法上，持株会社とは，総資産の額に対する子会社の株式の取得価額の合計額の割合が100分の50を超える会社をいう（独禁9Ⅴ①）。一般に持株会社とは，他の会社の株式を保有することによってその他の会社を支配することを目的とする会社のことをいい，典型的なのはA会社がB会社の発行済株式の全部を有し，A会社がB会社の完全親会社となり，B会社がA会社の完全子会社となる場合のA会社である。持株会社のうち，他会社の支配を専一の事業目的とするものを純粋持株会社といい，他会社の支配と並んで自らも固有の事業を営むものを事業

持株会社という。独占禁止法においては、株式を所有することにより国内の会社の事業活動を支配することを主たる事業とする持株会社が禁止されていた（平成9年改正前独禁9Ⅲ）が、平成9年の同法改正によって事業支配力が過度に集中することとなる場合を除いて解禁された（独禁9Ⅰ・Ⅱ）。これを受けて平成11年の商法改正で持株会社を円滑に創設する制度として株式交換・株式移転の制度が創設され、会社法にも受け継がれている。⇒株式交換, 株式移転　　　　　　　（山本真知子）

持分（もちぶん）

株式会社の株式に相当する、持分会社の社員の法律上の地位を持分という。持分は各社員につき1つとされ、社員によって持分の大きさが異なる。すなわち、株式会社の株式が割合的単位をとるのに対し、持分会社の社員はそれぞれ1個の持分を有し（持分単一主義）、その持分の量が、出資の価格および損益分配の結果を反映してそれぞれ異なる（持分不均一主義）。⇒持分単一主義・持分複数主義, 持分不均一主義・持分均一主義　　　　　　　（上田廣美）

持分会社（もちぶんがいしゃ）

会社法上の会社のうち、株式会社以外の、合名会社、合資会社、合同会社の3つの会社の総称。持分会社の社員の法律上の地位を持分という。株式会社と異なり、いずれも社員間の人的信頼関係を前提とし、原則として企業の所有と経営とが一致している。会社の内部関係に関する規律は3社でほぼ共通しており、また、定款に別段の定めがない限り総社員の一致により各種事項が決定されるので、広く定款自治に委ねられている。⇒定款自治

（古川朋子）

持分単一主義・持分複数主義（もちぶんたんいつしゅぎ・もちぶんふくすうしゅぎ）

持分会社の各社員は、それぞれ1個の持分を有する（会585Ⅰ・Ⅱ参照）。これを持分単一主義という。社員が有する持分はどれも1個ではあるが、出資の価額や損益分配の割合に応じて、1個の持分の大きさ（割合）が異なる（会576Ⅰ⑥、622Ⅰ）。これに対して、株式会社の持分（株式）の大きさはすべて均一化され同一であるため、株主は、出資額に応じて複数の持分（株式）を所有することになる。これを持分複数主義という。持分複数主義は、証券市場を形成する株式会社制度の本質である。⇒持分　　　　　　（中曽根玲子）

持分の譲渡（もちぶんのじょうと）

持分会社における持分の譲渡は、原則として、定款に別段の定めがない限り、他の社員全員の同意が必要とされる（会585Ⅰ・Ⅳ）。業務執行を行わな

い有限責任社員の持分の譲渡は、業務執行社員の全員の承諾があれば足りる（会585Ⅱ）。持分会社は、その持分の全部または一部を譲り受けることができず、仮に会社が持分を取得したときはその持分は消滅する（会587Ⅰ・Ⅱ）。

（上田廣美）

持分プーリング法（もちぶんぷーりんぐほう）

　企業結合（パーチェス法参照）に係る会計処理方法の一つで、すべての結合当事企業の資産、負債および純資産を、それぞれの適正な帳簿価額で引き継ぐ方法。共同支配企業の形成および共通支配下の取引以外の企業結合が持分の結合と判定される場合（①結合の対価が議決権のある株式である、②結合後の議決権比率が50対50の上下概ね5％ポイント以内、③②以外にも支配関係を示す一定の事実がない、のすべての要件を満たすもの〔企業結合会計基準三1(1)、企業結合会計基準注解注(2)～注(4)〕）に適用される。⇨パーチェス法

（島田志帆）

持分不均一主義・持分均一主義（もちぶんふきんいつしゅぎ・もちぶんきんいつしゅぎ）

　会社における出資持分の大きさを割合的単位として表さない制度を持分不均一主義といい、持分会社がこの制度を採用している。持分が単一であれば持分は不均一になり、不均一なら通常単一になるため、両者は密接な関係にある。他方、株式会社は持分均一主義を採用し、出資の大きさにより、株主は複数の持分（株式）を有し、その持株数だけ株主の地位（権利）を有することになる。一つ一つの持分の大きさをどれも同質のものとすることで、持分の譲渡（売買）を簡便にし、証券市場の形成を可能とする。

（中曽根玲子）

や

役員（やくいん）

株式会社の機関のうち，取締役，会計参与および監査役をいう（会329Ⅰ括弧書）。

役員は，株主総会の決議によって選任される（会329Ⅰ，341）。役員と株式会社との関係は，委任の関係に従う（会330，民643以下）。そのため，会社に対し善管注意義務を負う（取締役は，さらに，忠実義務を負う（会355））。そして，任務懈怠があった場合には，株式会社に対して損害賠償の責任を負う（会423）。また，株主総会は，役員を解任することができる（会339Ⅰ，341）。⇨機関，取締役の善管注意義務・忠実義務　　　　　　　（新里慶一）

役員解任の訴え（**役員解任請求権**）（やくいんかいにんのうったえ（やくいんかいにんせいきゅうけん））

株式会社の役員（取締役・監査役・会計参与）は，株主総会で解任することができるが（会339），役員は通常，多数派株主によって選任されているので，解任議案は常に否決されかねない。そこで，役員の職務執行に関し不正行為や法令または定款違反の重大な事実があったにもかかわらず，解任決議が否決された場合には，少数株主は当該役員および会社を被告として，訴えをもって解任を請求することができる（会854，855）。多数決の濫用があった場合に，少数株主にその修正を認める制度である。⇨役員　　　　（南隅基秀）

役員賞与（やくいんしょうよ）

役員賞与とは，毎月定額が付与される報酬と異なり，特定時に付与される職務執行の対価である。会社法制定前の商法の下では，役員賞与は報酬に含まれず，利益処分（剰余金処分）案の承認決議によってのみ定めることができると解するのが通説であった。これに対して，現行会社法の下では，役員賞与は職務執行の対価として「報酬等」に含まれ，委員会設置会社以外の会社にあっては定款または株主総会において額または算定方法を定めることとされている（会361Ⅰ）。この規定については，剰余金の処分として賞与を支給

する従前の取扱いを禁ずる趣旨であると解するのが有力説であるが，従前の取扱いを禁じる趣旨ではないとの少数説もある。⇒取締役の報酬，剰余金の処分　　　　　　　　　（横尾　亘）

役員等責任査定決定に対する異議の訴え（やくいんとうせきにんさていけっていにたいするいぎのうったえ）

特別清算が開始した場合，簡易迅速に役員等（会542Ⅰ参照）の会社に対する損害賠償責任を確定して履行を実現させる必要があるため，裁判所は役員等の損害賠償責任の査定決定をすることができるが（会545Ⅰ），この決定に不服がある役員等または清算株式会社は，相互に相手方を被告として，異議の訴えを提起することができる（会858Ⅰ・Ⅱ）。査定決定を認可し，または変更した判決には，強制執行に関しては，給付を命じる判決と同一の効力が与えられる（会858Ⅴ）。⇒特別清算
（南隅基秀）

役員賠償責任保険（やくいんばいしょうせきにんほけん）

取締役が損害賠償責任を追及されることによって生ずる損害を填補する責任保険。近年，取締役に対する損害賠償請求が厳しくなり，そうした責任リスクに対応する有効な手段として，わが国のほとんどの損害保険会社はアメリカ等で使用されている保険約款を基にした役員賠償責任保険を販売している。填補される対象となる取締役の責任は，会社に対する責任および第三者に対する責任である。会社が保険契約者となり，会社が取締役に代わって保険料を支払うことについては議論がある。
（重田麻紀子）

ゆ

有価証券（株式・社債）のペーパーレス化（ゆうかしょうけん（かぶしき・しゃさい）のぺーぱーれすか）

有価証券の無券面化のこと。平成14年6月に成立した「証券決済制度等の改革による証券市場の整備のための関係法律の整備等に関する法律（証券決済システム改革法）」に基づいて，社債等の振替に関する法律が施行され，国債，社債，株式を網羅した統一的な

証券決済制度の構築が図られている。ペーパーレス化の目的として，①証券の紛失や盗難のリスクがなくなり，紛失や盗難に係る証券の再発行手続の費用等が不要となり，偽造証券を取得するリスクがなくなる。②株式併合や会社の合併，株式交換等の上場会社の企業再編において，投資家が占有している証券を発行会社に提出する等の手続が不要となる。③売買の際の証券の受渡しが不要となり，証券取引に係る手間や時間が短縮される。④発行会社では，証券の発行に伴う印刷代や印紙税，企業再編時等における株券の回収，交付に係る費用等が削減される。また，証券会社等では，証券の保管や運搬に係る費用等が削減される，などの諸点が挙げられている。⇨組織再編行為

(松井英樹)

有限会社（ゆうげんがいしゃ）

　有限会社とは，有限会社法によって設立される間接有限責任会社であるが，会社法の施行に伴い有限会社制度は廃止された。既存の有限会社はそのまま特例有限会社（⇨特例有限会社の項をみよ）という株式会社として存続できる。有限会社では，社員の地位は均分化された割合的単位に分けられるが，その持分の譲渡については，社員でない者に譲渡する場合は社員総会の承認を要するものとされた（非公開性）。社員数は原則として50人以下，最低資本金は300万円とされた。設立手続は株式会社の発起設立にならい原始社員が定款を作成し，定款所定の資本の総額を引き受け，取締役が社員に全額の払込みまたは現物出資の給付を行わせる。有限会社の機関は最高かつ万能機関とされる社員総会のほか，業務執行機関である取締役の員数は1名でもよく，監査役は定款の定めによって置くものとされ会計監査のみを行う。このように，有限会社は設立についても機関についても，平成17年改正前商法上の株式会社に比べ簡素化されていたため，中小規模の会社に適していた。

(上田廣美)

有限責任事業組合（ゆうげんせきにんじぎょうくみあい）

　企業同士の提携，共同研究開発，専門性の高い人材による共同事業等を促進するため，平成17年に民法上の組合の特例として導入された事業組織体（日本版LLP）。各組合員の出資額を限度とする有限責任が確保されつつ，内部関係は広範な定款自治に委ねられている。労務，ノウハウ等による貢献により出資比率に比例しない利益配分が可能である。法人格がないため構成員課税（パス・スルー）が行われる。社員全員が有限責任しか負わないので，株式会社と横並びの債権者保護規制がかけられている。⇨パス・スルー，合弁企業

(古川朋子)

優先株（ゆうせんかぶ）

他の株式に優先して，剰余金の配当や残余財産の分配につき優先的な取扱いを受ける株式をいう。こうした分類は相対的なものである。会社法では，定款で発行可能種類株式総数および取扱いの内容や価額の決定方法などを定めなければならない（会108Ⅱ）。

例えば，資金が必要な会社においては，普通株式を発行するよりは，優先株を発行することで株を買ってもらいやすくなる。優先して利益が得られるなら購入しようとする者を増やすことで，資金調達に結びつけようという手法である。⇨劣後株　　　（池島真策）

有利発行（ゆうりはっこう）

株式を引き受ける者にとって特に有利な払込価額で新株を発行する場合，および特に有利な条件・金額で新株予約権を発行する場合をともに有利発行という。新株を有利発行する場合には，募集事項を決定する株主総会において（特別決議。会199Ⅱ，309Ⅱ⑥，201Ⅰ），その払込価額で募集する必要性を説明しなければならない（会199Ⅲ）。特に有利な払込価額とは，株式を発行する場合に，通常払込価額とされるべき公正な価額に比べて特に低い価額をいう。新株予約権を有利発行する場合には，株主総会の特別決議を必要とし（会238Ⅱ，309Ⅱ⑥，240Ⅰ），取締役は，その株主総会において，特に有利な条件・金額で発行する理由を説明しなければならない（会238Ⅲ）。特に有利な条件にあたるものとして典型的に考えられるのは，新株予約権と引換えに金銭の払込みを要しないとするような場合である。　　　　　　　（宮島　司）

よ

横滑り監査役（よこすべりかんさやく）

取締役であった者が，当該監査対象期間の途中で監査役に選任された場合の監査役。その場合，監査役に就任する以前の取締役としての行為を自ら監査することになり，兼任禁止規定（会335Ⅱ）との関係で問題とされるが，同条は会社または子会社の取締役・支配人その他の使用人を監査役に選任することを禁止しておらず，会社法336

条は，監査役の任期と監査対象期間が一致することまで要求していないので，兼任禁止規定には反しないとするのが判例の立場である。　　　（柿崎　環）

予備株券（よびかぶけん）

　株券の分割，併合および汚損に備えて，株式会社が保管する株券用紙を予備株券という。予備株券は，発行株式にかかる株券と外見上区別がつかない。誤って社外に流出した予備株券を事情を知らない者が取得した場合，善意取得が成立することはない。予備株券は有効な有価証券ではないからである（東京地判昭和36年10月23日下民12巻10号2508頁）。　　　（今泉邦子）

ら

ライツプラン（らいつぷらん）

　敵対的買収に対する事前防衛策（ポイズンピル）のうち新株予約権を用いて組成されるもの。最もポピュラーな方策であるため，ポイズンピルの同義語として用いられることも多い。具体的には，買収者の行使を禁ずる差別的行使条件を付した取得条項付新株予約権をあらかじめ発行し，その管理を信託銀行等に委ねるタイプ（信託型）と，買収提案の当否を，会社が任意に設置した第三者機関（独立評価委員会などと呼ばれる）に諮り，必要とあらば，信託型の場合と同様の新株予約権を発行するタイプ（事前警告型）とに分かれる。⇨取得条項付新株予約権

（野村修也）

り

利益供与（株主の権利行使に関する利益供与の禁止）（りえききょうよ（かぶぬしのけんりこうしにかんするりえききょうよのきんし））

　会社は，自己またはその子会社の計算において何人に対しても，株主の権利の行使に関し，財産上の利益を供与してはならない。会社財産の浪費を防止する趣旨であるが，いわゆる総会屋対策としても重要な規定である。株主以外に対する利益供与も禁止されている（会120）。利益供与が株主の権利行使に関してなされたことの証明は困難であることが多いため，会社が，会社またはその子会社の計算において，特定の株主に対して①無償で財産上の利

益を供与し，または，②会社または子会社の受けた利益が供与した利益よりも著しく少ないときは，その供与は株主の権利の行使に関してなされたものと推定される（会120Ⅱ）。（四竈丈夫）

利益供与罪（りえききょうよざい）

本項の「利益供与罪」は，昭和56年商法改正の際に総会屋対策として新設された規定であるが，「贈収賄罪」とは異なり「不正の請託」という概念は必要とされていない（旧商295，497，会120，970参照）。なお，会社法においては，利益供与罪を犯した者が自首した場合には，罰則を減軽または免除することができるとする規定（会970Ⅰ・Ⅵ）が新設されたことに注意を要する。（桑原茂樹）

利益準備金（りえきじゅんびきん）

株式会社がその他利益剰余金から配当をする場合に計上することを要求される計算上の数額である。この場合に，準備金（資本準備金を含む）が資本金の4分の1に達するまで，配当をする額の10分の1をその他利益剰余金から計上することを要求される（会445Ⅳ，計規45Ⅱ，46②ロ。なお，合併等の組織再編につき，会445Ⅴ，計規58〜69，76〜83）。このほか利益準備金が増加する場合として，その他利益剰余金から任意に計上する場合（会451，計規51Ⅰ）がある。⇒資本準備金

（森川　隆）

利益剰余金（りえきじょうよきん）

会社計算規則においては，利益準備金とその他利益剰余金とに区分される（計規108Ⅴ）。利益準備金の額は，剰余金の額を減少する場合（会451）などにおいて増加し，準備金の額を減少する場合（会448）に減少する（計規51）。またその他利益剰余金の額は，準備金の額を減少する場合，当期純利益金額が生じた場合などにおいて増加し，剰余金の額を減少する場合，当期純損失金額が生じた場合などにおいて減少する（計規52）。（松田和久）

利益配当（りえきはいとう）

持分会社の社員は，会社に対し利益の配当を請求することができる（会621Ⅰ）。持分会社は利益の配当を請求する方法その他の利益の配当に関する事項を定款で定めることができる（会621Ⅱ）。社員の持分の差押えは，利益の配当を請求する権利に対してもその効力を有する（会621Ⅲ）。（上田廣美）

利札（りふだ）

社債券には利札を付することができる（会697Ⅱ）。利札とは，社債に関する利息の支払のために，社債券とは別に発行される有価証券をいう。利札の所持人は，各利払期において利札と引換えに券面に記載されている金額を利

息として受け取ることができる。社債券と切り離して、独立してこれを流通させることもできる。⇨社債券

（菊田秀雄）

略式合併（りゃくしきがっぺい）

特別支配会社（子会社の議決権の90％以上を支配する会社。会468Ⅰ）が被支配会社を吸収合併する場合は、消滅会社（被支配会社）の合併承認のための株主総会決議は不要とされる（会784Ⅰ）。ただし、合併対価の全部または一部が譲渡制限株式等であり、消滅会社が公開会社であり、かつ種類株式発行会社でない場合は省略できない（同但書）。

また、消滅会社が存続会社の特別支配会社である場合も、被支配会社である存続会社の決議は不要である（会796Ⅰ）。ただし、存続会社が公開会社でなく、合併対価の全部または一部が譲渡制限株式等である場合は、存続会社（被支配会社）の総会決議は省略できない（同但書）。⇨特別支配会社、簡易合併、合併対価　（黒石英毅）

略式株式交換（りゃくしきかぶしきこうかん）

株式交換の一方当事会社が他方当事会社（従属会社）の特別支配会社である場合に、原則として両当事会社の株主総会の特別決議による承認が不要となる株式交換（会784Ⅰ本文、796Ⅰ本文）。承認決議の成立が確実視されることを理由として会社法で新設されたが、株主利益保護のため差止制度がある（会784Ⅱ、796Ⅱ）。例外として対価の全部または一部が譲渡制限株式等であるうちの一定の場合がある（会784Ⅰ但書、796Ⅰ但書）。⇨特別支配会社

（山本真知子）

略式質（りゃくしきしち）

株券発行会社において、単に株券の交付のみをもってする株式の質入れ。略式質権者は会社法151条各号所定の会社の行為により株主が受けられる金銭その他の財産に対して物上代位権を有するが、それを行使するためには、金銭等が会社から質権設定者たる株主に引き渡される前に、これを差し押さえることを要する（民362Ⅱ、350、304Ⅰ但書）。⇨株券の発行

（来住野　究）

略式組織再編行為（ショート・フォーム・マージャー）（りゃくしきそしきさいへんこうい（しょーと・ふぉーむ・まーじゃー））

支配関係のある会社間で吸収合併、吸収分割または株式交換を行う場合に、被支配会社における株主総会決議の省略を認めること（会784Ⅰ、796Ⅰ、なお784Ⅰ但書・Ⅱ、796Ⅰ但書・Ⅱ、事業譲渡等については468Ⅰ）。会社間に支配関係が認められるのは、ある株

式会社の総株主の議決権の10分の9（これを上回る割合を定款で定めた場合には，その割合）以上を，他の会社および当該他の会社が発行済株式の全部を有する株式会社その他これに準ずるものとして法務省令で定める法人（施規136）が有している場合である（会468 I）。⇒組織再編行為，簡易組織再編行為 （島田志帆）

略式分割（りゃくしきぶんかつ）

吸収分割において，当事会社間に一定の支配・従属関係がある場合に，従属会社における株主総会の承認決議を省略して行う会社分割。略式分割は，吸収分割の当事会社の一方（A社）が他方（B社）の特別支配会社である場合（A社がB社の総株主の議決権の10分の9以上をA社およびA社が発行済株式の全部を有する株式会社その他これに準ずる法人（施規136）が有している場合（会468））に認められる（会784 I，会796 I。ただし，会796 I 但書）。⇒特別支配会社 （黒野葉子）

流動資産（りゅうどうしさん）

短期間で現金化することが予定されている資産。会社計算規則においては，①通常の取引（当該会社の事業目的のための営業活動において，経常的にまたは短期間に循環して発生する取引）に基づいて発生した資産（受取手形や売掛金など），および②①以外の資産で1年内（計規106Ⅳ参照）に履行期が到来すると認められるもの（有価証券，前払費用など）を，それぞれ流動資産に属するものとする（計規106Ⅲ①）。⇒固定資産 （松田和久）

流動負債（りゅうどうふさい）

短期間で弁済されることが予定されている負債。会社計算規則においては，①通常の取引（当該会社の事業目的のための営業活動において，経常的にまたは短期間に循環して発生する取引）に基づいて発生した負債（支払手形や買掛金など），および②①以外の負債で1年内（計規106Ⅳ参照）に履行期が到来すると認められるもの（未払費用，前受収益など）を，それぞれ流動負債に属するものとする（計規107Ⅱ①）。⇒固定負債 （松田和久）

両罰規定（りょうばつきてい）

会社法975条は，法人の代表者または法人もしくは人の代理人・使用人その他の従業員がその法人または人の業務に関して，会973条所定の電子公告調査機関に関する業務停止命令違反罪並びに会974条所定の同調査機関の虚偽届出等の罪を犯した場合は，行為者を罰するほか，その法人または人に対しても，各条所定の罰金刑を科すとしている。法人は懲役刑に服することが不可能であり，当然に罰金刑のみである。 （桑原茂樹）

臨時計算書類（りんじけいさんしょるい）

最終事業年度の直後の事業年度に属する一定の日（臨時決算日）における貸借対照表および臨時決算日の属する事業年度の初日から臨時決算日までの期間に係る損益計算書をいう（会441Ⅰ）。会社法によって，剰余金の配当がいつでも可能となった結果，会社の財産状況を把握するため作成される。原則として株主総会の承認を必要とするが，記載内容が正当であると認むべき一定の要件に該当する場合（計規163各号）には，株主総会の承認は不要である（会441Ⅳ但書）。

（堀井智明）

る

類似商号規制（るいじしょうごうきせい）

他人の商号として需要者に広く認識されているものと同一ないし類似のものを自己の商号・商標などの商品等表示として用いることによって他人の商品・営業と混同を生じさせる行為，および他人の著名な商号と同一ないし類似のものを自己の商号・商標などの商品等表示として用いる行為は，不正競争として侵害停止・予防および損害賠償の対象となる（不正競争2Ⅰ①・②，3，4）。商号専用権の表れである。

（久保大作）

累積的優先株・非累積的優先株（るいせきてきゆうせんかぶ・ひるいせきてきゆうせんかぶ）

剰余金の配当について優先的な取扱いをする種類株式（優先株式）の中で，支払われる優先配当の金額が所定の額に不足する場合に，不足額を次年度に繰り越し，次年度の優先配当額に加えて前年度の不足額も配当することとする種類株式を累積的優先株といい，このような扱いを行わず，不足額は支払わないものとする種類株式を非累積的優先株という。累積的な取扱いをするか否かは，剰余金の配当に関する取扱いの内容として定款で定められる。

（川島いづみ）

累積投票制度 (るいせきとうひょうせいど)

　累積投票制度とは，少数派株主に取締役を選出する可能性を与える，一種の比例代表制度である（会342）。具体的には，同じ株主総会において2人以上の取締役を選任する場合，株主の請求により1株（単元株制度採用会社では1単元）につき選任される取締役の数と同数の議決権を認め，各株主に議決権を1人のみか，2人以上に投票するかの選択を認め，最多数を得た者から順次選任されるものである。もっとも，定款により排除している会社が多い。⇨単元株
　　　　　　　　　　　　（松岡啓祐）

れ

劣後株 (れつごかぶ)

　株主の権利内容が限定されない標準的な株式である普通株式より，剰余金配当や残余財産分配について劣後的扱いを受ける株式をいう。例えば，会社に十分な利益がないのに普通株を発行してしまうと，発行株式が増加するため，既存株主の配当が下がってしまう場合がある。そこで，この既存株主の利益を損なわないようにするために，剰余金の配当の面で劣後的な扱いを受ける劣後株を発行し資金を調達する方法である。また，剰余金の配当という点では魅力が薄くても，会社が安定成長していれば，その会社の株式を取得しようという場合もある。こうした点をとらえて，劣後株が発行されることがある。⇨優先株，剰余金の配当
　　　　　　　　　　　　（池島真策）

レバレッジド・バイアウト (LBO—leveraged buy-out) (ればれっじど・ばいあうと (える・びー・おー))

　企業買収の一方法で，買収者が，被買収企業の資産や将来キャッシュフローを担保にして借入れを行い，それを買収資金として被買収企業を買収し，買収後に被買収企業の資産により借入金を返済するというものである。自己資金が少なくても買収対象企業の資産等を担保に大規模な買収を行うことができる。被買収企業の資産構成が，有形固定資産や無形固定資産よりも換金しやすい流動資産が多い場合に用いられ

る手法である。被買収企業の経営陣が買収側に参加する場合をMBOと呼ぶ。⇨MBO（マネジメント・バイアウト），企業買収　　　　　　　（宮島　司）

連結計算書類（れんけつけいさんしょるい）

　当該会社が子会社を有し，企業集団を形成している場合に，当該企業集団全体の財産および損益の状況を開示するために作成される書類。連結貸借対照表，連結損益計算書，連結株主資本等変動計算書，連結注記表からなる（計規93）。会計監査人設置会社に作成が認められるが，大会社であって金融商品取引法24条1項により有価証券報告書の提出義務がある会社は，会社法上も連結計算書類の作成義務がある（会444Ⅰ・Ⅲ）。　　　　（堀井智明）

連結子会社（れんけつこがいしゃ）

　もともと，証券取引法（現金融商品取引法）に基づく財務諸表規則は，平成17年改正前商法とは異なる範囲のものを「子会社」と定義していた（財規8Ⅲ・Ⅳ参照）。平成14年の法改正で，商法特例法上の大会社に連結計算書類の作成を義務づけ，かつ右規則にいう子会社に相当するものを連結の対象とするため，法は商法典上の子会社概念とは別に，新たに「他の株式会社により経営を支配されているものとして法務省令で定める会社その他の団体」という概念を作り出した（＝連結子会社。平成17年廃止前商法特例法1の2Ⅳ）。しかし，会社法は，子会社概念を改めて右に近いものとしたため（会2③。これにより，財務諸表規則の基準に実質上収斂したと評価されている），連結子会社という概念は法典から姿を消した。　　　　　　　　　（鈴木達次）

連結配当（れんけつはいとう）

　平成17年商法改正前までは，連結貸借対照表上剰余金の配当原資が存在しない場合でも，親会社の単体の貸借対照表上剰余金の配当原資がある限り，親会社がその株主に配当を行うことは問題ないとされていた。連結貸借対照表制度が導入されてからも開示規制にとどまっていたからである。平成17年会社法では，法務省令において，連結ベースでの配当規制を限定的にではあるが承認した（計規186条④）。したがって，親会社単体ではプラスでも，子会社等を連結するとマイナスとなってしまうような場合，配当はできないこととなった。とはいえ，逆に連結が黒字で親会社単体が赤字の場合に配当できるというものではないから，完全な意味での連結ベースでの配当規制に到達したというものではない。⇨剰余金の配当，連結計算書類　　　　（宮島　司）

わ

割当自由の原則（わりあてじゆうのげんそく）

募集設立において発起人が，株式の引受けの申込者の中からどの者に何株割り当てるかを自由に決めることができる原則のこと（会60Ⅰ参照）。割当ての方法をあらかじめ定めない場合には，発起人は，申込みの株式数や申込みの順序等にかかわらず自由に割当てをすることができる。募集株式の発行においても割当自由は原則として認められるが，買収の防衛のために不当に一定の者に多数の株式を割り当てることは認められないものといえる。⇨企業防衛，募集株式の発行　（内田千秋）

割当日（わりあてび）

募集新株予約権を割り当てる日（会238Ⅰ④）。新株予約権を発行する際，取締役会等において決定する募集事項の一つである。新株予約権の申込者は割当日において募集新株予約権者となる（会245Ⅰ）。有償で発行する場合は，払込期日までに払込金額の全額の払込み（金銭以外の財産の給付または当該株式会社に対する債権をもってする相殺を含む）がなければ権利行使できないため（会246Ⅲ），払込期日が経過した時に当該新株予約権は消滅することとなる（同287）。　（岡本智英子）

索 引

※見出し項目に含まれる用語は，頁を太字にしています。

あ

アキュムレーション ……110
預合い ……1
預合罪 ……1
後入先出法 ……71
アモチゼーション ……110
安定株主工作 ……2
安定株主作り ……104

い

ESOP ……1
委員会 ……2
委員会（等）設置会社 ……2
委員会設置会社の取締役 ……2
委員会設置会社の取締役会 ……2
意思の欠缺 ……37
一段階課税 ……169
一人会社 ……3
一般条項 ……179
委任状 ……59
違法行為の差止（取締役の）……160
違法な剰余金分配 ……3
インサイダー取引 ……165

う

打切り発行 ……4
訴えの利益 ……87, 123
ウルトラ・ヴァイレスの理論 ……167

え

営業 ……86
営業所 ……18
営業の譲渡 ……86
営業の賃貸借 ……86
SPC ……154
M&A ……4
MBO ……5
LLC ……5
LLP ……5
LBO ……200
縁故募集 ……76

お

応預合罪 ……1
黄金株 ……6
お手盛り ……141, 163
親会社 ……6

か

買取消却 ……101
外観法理 ……153
開業準備行為 ……7
（公正な）会計慣行 ……75
会計監査 ……7
会計監査人 ……7
会計監査人の権限 ……7
会計監査人の責任 ……8
会計監査人の選任・退任 ……8
会計監査報告 ……8
会計参与 ……9
会計参与報告 ……9
（組織再編行為に関する）会計処理 ……136
会計帳簿 ……9
会計帳簿閲覧 ……9
外国会社 ……10
解散 ……10
解散請求権 ……10
解散の訴え ……10
解散判決 ……11
解散命令 ……11
開示規制 ……201
開示制度 ……150
会社財産危殆罪 ……11
会社訴訟 ……19
会社の意義 ……11
会社の営利性 ……12
会社の機会 ……12
会社の寄附 ……12
会社の継続 ……13
会社の権利能力 ……13
会社の公告 ……14
会社の支配人 ……14
会社の社会的責任（CSR）……14
会社の社団性 ……14
会社の住所 ……15

会社の種類 ……15
会社の商号 ……16
会社の使用人 ……16
会社の商人性 ……16
会社の整理 ……17
会社の代理商 ……17
会社の登記 ……17
会社の不法行為能力 ……17
会社の法人性 ……18
会社の本店・支店 ……18
会社不成立の場合の責任 ……18
会社分割 ……19
会社法 ……19
会社法施行規則 ……19
会社法上の訴え ……19
会社法の施行に伴う関係法律の整備等に関する法律（整備法）……20
解職 ……141, 157
（株式）買取請求権 ……31
（新株予約権）買取請求権 ……118
買取引受 ……20
介入権 ……20
解任（設立時役員等の）……131
確認株式会社 ……124
確認有限会社 ……124
額面株式 ……20
額面発行 ……76
瑕疵ある意思表示 ……37
過失責任 ……3, 60, 161, 175
仮装取引 ……135
仮装払込み ……21
合併 ……21
合併覚書 ……21
合併仮契約 ……21
合併期日 ……21
合併契約 ……22
合併交付金 ……22
合併条件算定理由書 ……23
合併対価 ……23
合併貸借対照表 ……23
合併比率 ……23
合併報告書 ……23
合併本質論 ……24
加入者保護信託 ……24

204 索引

株価操作 …………………135
株券 ………………………25
株券失効制度 ……………25
株券喪失登録制度 ………25
株券の提出 ………………25
株券の発行 ………………26
株券の分割・併合 ………26
株券廃止会社 ……………26
株券発行前の株式譲渡 …27
株券不所持制度 …………27
株券保管振替制度 ………27
株式 ………………………27
株式移転 …………………28
株式移転計画 ……………28
株式移転交付金 …………28
株式移転条件算定理由書 …29
株式移転の効果 …………29
株式移転の手続 …………29
株式移転報告書 …………30
株式移転無効の訴え ……30
株式債権説 ………………15
株式会社財団論（説）……14, 38
株式会社等の監査等に関する
　商法の特例に関する法律
　（商法特例法・監査特例法）
　…………………………30
株式買取請求権 …………31
株式交換 …………………31
株式交換契約 ……………31
株式交換交付金 …………31
株式交換条件算定理由書 …32
株式交換対価の柔軟化 …32
株式交換の効果 …………32
株式交換の手続 …………32
株式交換報告書 …………33
株式交換無効の訴え ……33
株式譲渡 …………………27
株式譲渡自由の原則 ……33
（契約による）株式譲渡の
　制限 ……………………70
（定款による）株式譲渡の
　制限 ……………………148
（法律による）株式譲渡の
　制限 ……………………180
株式大量保有報告制度 …33
株式担保 …………………34
株式超過発行の罪 ………34
株式等決済合理化法 ……98
株式等評価差額金 ………34
株式と資本の関係 ………35
株式の共有 ………………35
株式の公開 ………………35

株式の質入れ ……………35
株式の消却 ………………36
株式の上場 ………………36
株式の譲渡 ………………36
株式の譲渡担保 …………36
株式の相互保有 …………37
株式の相続 ………………37
株式の引受け ……………37
株式の分割 ………………38
株式の併合 ………………38
株式の本質 ………………38
株式の無償割当て ………39
株式売却制度
　（所在不明株主の）……114
株式配当 …………………39
株式払込責任免脱罪 ……39
株式不可分の原則 ………40
株式振替制度 ……………40
株式申込証 ………………40
株主間契約 ………………40
株主還元策 ………………39, 49
株主間接有限責任の原則 …41
株主 ………………………41
株主資本等変動計算書 …41
株主総会 …………………42
株主総会議事録 …………42
株主総会決議取消の訴え …42
株主総会決議の瑕疵 ……43
株主総会決議不存在確認の
　訴え ……………………43
株主総会決議無効確認の
　訴え ……………………44
株主総会参考書類 ………44
株主総会招集請求権 ……44
株主総会の延期・続行 …45
株主総会の議事 …………45
株主総会の議長 …………45
株主総会の決議 …………45
株主総会の権限 …………46
株主総会の招集 …………46
株主代表訴訟 ……………47
株主代表訴訟と和解 ……47
株主提案権 ………………47
株主の権利行使に関する
　利益供与の禁止 ………195
株主の権利濫用 …………48
株主の誠実義務 …………48
株主平等の原則 …………48
株主名簿 …………………48
株主名簿管理人 …………49
株主名簿の閉鎖 …………49
株主優待制度 ……………49

株主割当 …………………49
株の買占め ………………4
株優 ………………………49
仮役員 ……………………50
簡易合併 …………………50
簡易株式交換 ……………50
簡易組織再編行為 ………51
簡易分割 …………………51
監査委員 …………………51
監査委員会 ………………52
監査証明 …………………7
監査特例法 ………………30
監査費用 …………………52
（会計）監査報告 ………8
監査報告 …………………52
監査役 ……………………52
監査役会 …………………53
監査役の義務 ……………53
監査役の権限 ……………53
監査役の責任 ……………54
監査役の選任・退任 ……54
監査役の報酬 ……………54
監視義務（取締役の）…160
間接金融 …………………145
間接責任 …………………145
間接損害 …………………163
完全親会社 ………………54
完全子会社 ………………54
完全無議決権株式 ………58
監督委員 …………………55

き

機関 ………………………55
機関設計の柔軟化 ………56
期間損益 …………………174
機関投資家 ………………34, 175
企業 ………………………57
企業会計原則 ……………56
企業価値 …………………56
企業結合会計 ……………136
企業統治 …………………76
企業買収 …………………57
企業防衛 …………………57
議決権 ……………………58
（書面による）議決権行使 …115
議決権行使の歪曲化 ……37
議決権拘束契約 …………58
議決権信託 ………………58
議決権制限株式 …………58
議決権代理行使（委任状）の
　勧誘 ……………………59
議決権の代理行使 ………59

あ

議決権の不統一行使………59
危険な約束 ………………178
擬似外国会社………………60
擬似発起人の責任…………60
基準日………………………60
擬制商人……………………16
寄附（会社の）……………12
寄附行為……………………13
基本的商行為………………16
期末填補責任………………60
義務償還株式………………110
記名株券……………………25
記名式新株予約権付社債…61
記名社債……………………61
キャッシュ・アウト
　マージャー………………61
キャッシュ・フロー計算書…82
キャピタル・ゲイン………35
吸収合併……………………62
吸収合併契約………………22
吸収合併の効果……………62
吸収合併の手続……………62
吸収合併無効の訴え………63
吸収分割……………………63
吸収分割契約………………63
吸収分割の効果……………63
吸収分割の手続……………63
吸収分割無効の訴え………63
休眠会社……………………64
共益権………………………85
競業避止
　（事業譲渡会社の）……86
競業避止義務（取締役の）…161
強行法規性…………………147
強制転換条項付株式………64
業績連動型役員報酬 ………118
協定…………………………64
共同株式移転………………29
共同企業……………………57
共同支配人…………………64
共同訴訟参加………………137
共同代表取締役……………65
共同分割……………………65
競売（株式の）……………114
強迫…………………………37
業務監査……………………65
業務執行（権）……………65
業務執行権又は代表権の
　消滅の訴え………………66
業務執行社員………………66
業務執行取締役……………66
業務執行に関する検査役……66

業務担当取締役……………66
虚偽文書行使等の罪………67
拒否権付株式………………67
金庫株………………………67
金銭配当……………………67
禁反言 …………………153, 173
金融債………………………100

く

組合…5, 14, 57, 75, 97, 138, 183,
　192
クラウン・ジュエル………68
クラス・ボーティング ……160
グリーンメール……………68
繰延資産……………………68

け

経営委任……………………69
経営管理……………………69
経営者支配…………………69
経営判断の原則……………69
(法人格の) 形骸化…………179
計算書類……………………70
継続企業の前提……………76
継続性の原則………………70
契約自由の原則……………71
契約による株式譲渡の制限…70
決算公告……………………71
欠損…………………………71
原価主義……………………71
原価法………………………71
現金合併……………………61
権限（会計監査人の）……7
権限（監査役の）…………53
権限（執行役の）…………91
検索の抗弁権………………145
検査役………………………72
減益差益 …………………72, 95
現実取引 ……………………135
原始定款 ……………………147
建設利息の配当……………72
減損会計……………………
限定付適正意見 ……………8
現物出資……………………72
現物出資説…………………24
現物配当……………………72
権利外観理論………………173
権利株………………………73
権利濫用……………………143
権利濫用（株主の）………48

こ

公開会社……………………73
公開買付け…………………73
公信の原則…………………132
口座管理機関………………74
（顧客・参加者）口座簿…78, 84
（振替）口座簿……………176
合資会社……………………74
公示催告……………………74
公証人の認証 ………………192
公序良俗……………………71
公示力………………………152
構成員課税…………………169
公正な会計慣行……………75
合同会社……………………75
合同行為……………………75
交付金合併…………………61
交付時説……………………26
公平誠実義務 ……………99, 155
合弁企業……………………75
公募…………………………76
公募時価発行………………20
合名会社……………………76
ゴーイング・コンサーン…76
コーポレート・ガバナンス…76
ゴールデン・パラシュート…77
子会社………………………6
子会社調査権………………77
子会社による親会社株式の
　取得………………………77
顧客口座簿…………………78
国外犯………………………78
個人企業……………………57
固定資産……………………78
固定負債……………………78
誤認行為の責任……………79
５％ルール…………………33
個別株主通知………………79
個別注記表…………………79
個別法………………………71
コマーシャル・ペーパー …143
固有権………………………79
御用総会屋…………………134
混合株………………………80
コンプライアンス体制……80
コンメンダ…………………80

さ

債券…………………………99
債権者集会…………………81
債権者保護手続……………81

財産価格てん補責任 ……… 174	自己取引（取締役の）……… 163	社債管理者（社債管理会社）
財産出資 ……………………… 104	資産 ………………………………… 89	……………………………………… 98
財産引受 ………………………… 81	事実行為 ………………………… 65	社債契約 ………………………… 99
財産法 …………………………… 82	事実上の取締役 ………………… 90	社債券 …………………………… 99
財産目録 ………………………… 82	事前警告型 …………………… 195	社債権者集会 …………………… 99
再調達価額 ……………………… 85	事前防衛策 …………………… 195	社債原簿 ……………………… 100
最低資本金制度 ………………… 82	事前免責契約 ………………… 129	社債原簿管理人 ……………… 100
財務上の特約 …………………… 82	失権手続 ………………………… 90	社債等振替法 …………………… 98
財務諸表 ………………………… 82	失権予告付催告 ………………… 90	社債の売出発行 ……………… 100
財務制限条項 …………………… 82	執行役 …………………………… 90	社債の合同発行 ……………… 101
債務の株式化 ………………… 150	執行役員 ………………………… 90	社債の質入れ ………………… 101
裁量棄却 ………………………… 83	執行役の権限 …………………… 91	社債の種類 …………………… 101
詐害行為取消権 ……… 103, 129	執行役の責任 …………………… 91	社債の償還 …………………… 101
詐欺（罪） ………………… 37, 67	執行役の選任・退任 …………… 91	社債の譲渡 …………………… 102
先入先出法 ……………………… 71	実質株主名簿 …………………… 91	社債のシリーズ発行 ………… 102
先買権者 ………………………… 83	失念株 …………………………… 92	社債の振替 …………………… 102
錯誤 ……………………………… 37	質問権 ………………………… 160	社債の募集 …………………… 102
作成時説 ………………………… 26	指定買取人 ……………………… 83	社債の銘柄統合 ……………… 103
三角合併 ………………………… 83	シナジー ………………………… 92	社債の利払い ………………… 103
三角株式交換 …………………… 83	資本（金） ……………………… 92	社債発行会社の弁済等の
参加者 …………………………… 84	資本確定の原則 ………………… 93	取消しの訴え ……………… 103
参加者口座簿 …………………… 84	資本金（の額）の減少 ………… 93	社債申込証 …………………… 103
参加的優先株 …………………… 84	資本（の額）の増加 …………… 93	社団性（会社の） ……………… 14
（合併条件）算定理由書 ……… 23	資本（金額）減少無効の	シャンシャン総会 …………… 103
（株式移転条件）算定理由書 … 29	訴え ………………………………… 94	収益還元方式 ………………… 172
（株式交換条件）算定理由書 … 32	資本充実・維持の原則 ………… 94	従業員持株制度 ……………… 104
（分割条件）算定理由書 …… 177	資本充実責任 …………………… 94	重要財産委員会制度 ………… 155
残余財産の分配 ………………… 84	資本準備金 ……………………… 94	授権資本制度 ………………… 104
残余財産分配請求権 …………… 85	資本準備金減少差益 … 95, 112	出資 …………………………… 104
	資本剰余金 ……………………… 95	出資の払戻し ……… 74, 76, 105
し	資本多数決 ……………………… 95	出資の履行 …………………… 105
自益権 …………………………… 85	資本取引 …………… 93, 95, 109	出資返還禁止原則 ……………… 94
時価主義（時価法） …………… 85	資本の空洞化 ……… 37, 77, 88	受動的監視義務 ……………… 161
時価発行 ………………………… 76	資本不変の原則 ………………… 95	取得条項付株式 ……………… 105
事業 ……………………………… 86	締約代理商 ……………………… 17	取得条項付新株予約権 ……… 105
事業譲渡会社の競業避止 ……… 86	指名委員会 ……………………… 96	取得請求権付株式 …………… 105
事業の譲渡 ……………………… 86	シャーク・リペラント ………… 96	受認者義務 …………………… 162
事業の賃貸 ……………………… 86	社員 ……………………………… 96	主要目的ルール ……………… 106
事業報告 ………………………… 87	社員権 …………………………… 41	種類株式 ……………………… 106
事業持株会社 ………………… 187	社員権否認論 …………………… 38	種類株主総会 ………………… 107
自己株式処分差益 …… 95, 112	社員論 …………………………… 38	種類株主総会の運営
自己株式処分の差止 ………… 182	社員資本等変動計算書 ………… 41	（招集・議事） ……………… 107
自己株式処分不存在確認の	社員の加入 ……………………… 97	種類株主総会の決議 ………… 107
訴え ……………………………… 87	社員の責任 ……………………… 97	種類株主総会の権限 ………… 107
自己株式処分無効の訴え ……… 87	社員の退社 ……………………… 97	種類株主の拒否権 ……………… 67
自己株式の質受け ……………… 88	社外監査役 ……………………… 97	種類創立総会 ………………… 108
自己株式の取得 ………………… 88	社外取締役 ……………………… 98	準株券廃止会社 ………………… 26
自己株式の処分 ………………… 88	社債 ……………………………… 98	準共有 …………………………… 35
自己株式の保有 ………………… 88	社債, 株式等の振替に関する	純資産価額方式 ……………… 172
自己機関制 …………………… 115	法律（社債等振替法・株式	純資産額 ……………………… 108
自己資本 ………………………… 89	等決済合理化法）…………… 98	準事務管理 ……………………… 92
事後設立 ………………………… 89		純粋持株会社 ………………… 187

索引

準則主義 ……………………108
準備金 ………………………109
準備金（の額）の減少 ……109
準備金（の額）の増加 ……109
準物権契約……………………36
小会社 ………………………139
償還株式 ……………………110
消却義務 ……………………110
償却原価法 …………………110
商業帳簿 ……………………82
消極的公示力 ………………152
常勤監査役 …………………110
商行為 ………………16, 17, 111
商号権（商号使用権・
　商号専用権)………………111
商事会社 ……………………111
少数株主権 …………………143
譲渡（株式の) ………………36
譲渡（社債の) ………………102
譲渡（新株引受権の)………117
譲渡（新株予約権の)………121
譲渡（持分の) ………………188
譲渡制限株式 ………………111
譲渡担保（株式の) …………36
使用人兼務執行役 …………111
使用人兼務取締役 …………112
商法特例法 …………………30
常務会 ………………………112
剰余金 ………………………112
剰余金の資本（準備金）
　組入れ……………………113
剰余金の処分 ………………113
剰余金の配当 ………………113
剰余金配当請求権 …………114
剰余金分配 …………………3
将来効 ………………………136
奨励金 ………………………104
ショート・フォーム・
　マージャー ………………197
職務代行者 …………………114
所在不明株主の
　株式売却制度 ……………114
除権決定………………………74
処分価額………………………85
除名の訴え …………………115
書面投票制度 ………………115
所有と経営の一致 …………115
所有と経営の分離 …………115
人格権…………………………38
人格合一説 …………………24
新株発行 ……………………116
新株発行の差止 ……………182

新株発行不存在確認の訴え
　……………………………116
新株発行無効の訴え ………116
新株引受権 …………………117
新株引受権の譲渡 …………117
新株引受権の振替 …………117
新株予約権 …………………118
新株予約権買取請求権 ……118
新株予約権原簿 ……………118
新株予約権証券 ……………119
新株予約権付社債 …………119
（記名式）新株予約権付
　社債…………………………61
新株予約権付社債券 ………119
新株予約権付社債の譲渡 …120
新株予約権付社債の振替 …120
新株予約権の行使 …………120
新株予約権の買入れ ………120
新株予約権の取得 …………105
新株予約権の消却 …………121
新株予約権の承継 …………121
新株予約権の譲渡 …………121
新株予約権の譲渡制限 ……121
新株予約権の発行 …………122
新株予約権の振替 …………122
新株予約権発行の差止 ……122
新株予約権発行不存在確認の
　訴え………………………122
新株予約権発行無効の
　訴え………………………123
新株予約権無償割当て ……123
新事業創出促進法 …………124
真実性の原則 ………………124
新設合併 ……………………124
新設合併契約 …………………22
新設合併の効果 ……………125
新設合併の手続 ……………125
新設合併無効の訴え ………125
新設分割 ……………………125
新設分割計画 ………………125
新設分割の効果 ……………126
新設分割の手続 ……………126
新設分割無効の訴え ………126
信託型 ………………………195
人的会社 ……………………126
人的分割 ……………………126
信用出資 ……………………104
心裡留保………………………37

す

随意償還株式 ………………110
スーパー・マジョリティ

条項……………………………96
スクイーズ・アウト ………127
スタッガード・ボード ……96
ステークホルダー …………127
ストック・オプション ……127
スピンオフ …………………128

せ

清算 …………………………128
清算会社 ……………………128
清算型倒産処理手続 ………169
清算人 ………………………128
清算人会 ……………………129
清算人代理 …………………129
清算持分会社の財産処分の
　取消の訴え………………129
政治献金（会社の) …………12
誠実義務（株主の) …………48
整備法 ………………………20
整理（会社の) ………………17
責任（会計監査人の)………8
責任（監査役の) ……………54
責任（擬似発起人の) ………60
責任（執行役の) ……………91
責任（社員の) ………………97
責任限定契約 ………………129
責任財産限定特約 …………185
責任の減免（取締役の)……162
積極的公示力 ………………152
絶対的記載事項 ……………148
説明義務（取締役等の)……160
設立行為 ……………………130
設立時取締役 ………………130
設立時発行株式 ……………130
設立時募集株式 ……………130
設立時役員等の
　選任・解任………………131
設立中の会社 ………………131
設立登記 ……………………131
設立取消の訴え ……………131
設立に関する調査 …………132
設立費用 ……………………132
設立無効の訴え ……………132
善意取得 ……………119, 132, 194
全員出席総会 ………………133
全額払込主義 ………………133
全額払込制 …………………133
善管注意義務（取締役の)…162
潜在的社団性 ………………3
選定 …………………142, 157
選任（会計監査人の)………8
選任（監査役の) ……………54

208 索引

選任（執行役の）……………91
選任（設立時役員等の）……131
選任（取締役の）……………162
全部取得条項付種類株式…133

そ

総会検査役 ………………134
総会参与権 ………………134
総会屋 ……………………134
総額引受け ………………134
総額引受主義 ……………93
総株主通知 ………………135
相互保有株式 ……………37
(株券) 喪失登録制度 ……25
贈収賄罪 …………………135
総数引受主義 ……………93
相続（株式の）……………36
相対的記載事項 …………148
相対的無効 ………………164
相場操縦 …………………135
創立総会 …………………135
遡及的効力（遡及効）……136
組織再編行為 ……………136
組織再編行為に関する
　会計処理 ………………136
組織変更 …………………136
組織変更計画 ……………137
組織変更無効の訴え ……137
訴訟参加 …………………137
疎明 ………………………144
損益共通契約 ……………138
損益計算書 ………………138
損益取引 ……………93, 109
損益分配 …………………138
損益法 ……………………138
損失処理 …………………113

た

大会社 ……………………139
対価の柔軟化 ……………140
第三者機関制 ……………115
第三者に対する責任
　（取締役の）……………163
第三者割当 ………………140
退任 …………33, 74, 76, 97
(合併) 貸借対照表 ………23
貸借対照表 ………………140
退職慰労金 ………………140
対世的効力（対世効）……141
退任（会計監査人の）……8
退任（監査役の）…………54
退任（執行役の）…………91

退任（取締役の）…………162
代表（権）…………………141
代表権の消滅の訴え ……66
代表権の濫用 ……………141
代表執行役 ………………141
代表清算人 ………………142
代表取締役 ………………142
代用自己株式 ……………142
代理 ………………………141
代理行使（議決権の）……59
蛸配当 ……………………3
妥当性監査 ………………150
棚卸資産 …………………71
他人資本 …………………89
単位株 ……………………142
短期社債 …………………143
単元株 ……………………143
単元株式数 ………………143
単元未満株式 ……………143
単独株主権 ………………143
担保付社債 ………………144
担保提供命令 ……………144

ち

中会社 ……………………139
中間配当 …………………144
忠実義務（取締役の）……162
調査委員 …………………144
(会計) 帳簿閲覧 …………9
直接金融 …………………145
直接責任 …………………145
直接損害 …………………163
直接無限責任 ……………145
直接有限責任 ……………146

つ

追記情報 …………………8
通常決議 …………………175
通常の新株発行 …………146
通謀虚偽表示 ……………37

て

TOB ………………………73
低価主義（低価法）………147
定款 ………………………157
定款自治 …………………147
定款による株式譲渡の
　制限 ……………………148
定款の記載事項 …………148
定款の作成 ………………149
定款の認証 ………………149
定款の変更 ………………149

定時株主総会・
　臨時株主総会 …………149
ディスクロージャー ……150
敵対的企業買収 …………57
敵対的買収…2, 77, 96, 179, 184, 195
敵対的買収者 ……………68
適法性監査 ………………150
手代 ………………………170
デット・エクイティ・
　スワップ ………………150
転換予約権付株式 ………151
電子公告制度 ……………151
電子公告制度調査機関 …151
電子投票制度 ……………151
店頭市場 …………………35

と

同一性説 …………………152
投下資本回収 ……33, 76, 148
登記（会社の）……………17
登記の効力 ………………152
登記の嘱託 ………………153
当事者申請主義 …………153
投資ファンド ……………5
謄写請求権 ………………9
頭数多数決 ………………148
登録機関 …………………153
登録質 ……………………153
特殊株主 …………………134
特殊な決議 ………………153
特殊の新株発行 …………154
特定事業連動株式 ………157
特定目的会社 ……………154
独任制 ……………………51, 53
特別決議 …………………155
特別支配会社 ……………155
特別清算 …………………155
特別取締役 ………………155
特別背任罪 ………………156
特別利害関係人 …………156
匿名組合 ……………80, 156
独立評価委員会 …………195
特例有限会社 ……………156
トラッキング・ストック …157
取締役（委員会設置会社の）…2
取締役 ……………………157
取締役（登記簿上の）……173
(名目的) 取締役 ……161, 186
(表見) 取締役 ……………173
取締役会
　（委員会設置会社の）……3

索 引 209

取締役会 ……………………157	**は**	**ふ**
取締役会決議の瑕疵 ………157	パーチェス法 ………………168	（株式）不可分の原則 ………40
取締役会と代表取締役の	パーティション ……………168	負債 …………………………174
関係 ……………………158	媒介代理商……………………17	不実登記の効力 ……………152
取締役会の議事 ……………157	売却益 ………………………35	不実の登記 …………………174
取締役会の議事録 …………158	（株式）配当 …………………39	付従性 ………………………145
取締役会の決議 ……………159	配当可能利益 ………………177	（株券）不所持制度 …………27
取締役会の権限 ……………159	配当還元方式 ………………172	不足額てん補責任 …………174
取締役会の招集 ……………159	配当規制 ……………………201	附属明細書 …………………175
取締役・監査役の選任に	配当金支払請求権 …………114	普通決議 ……………………175
関する種類株式 ………160	配当財産 ……………………168	ブックビルディング方式 …175
取締役等の説明義務 ………160	端株 …………………………169	物上代位権 ……………36, 197
取締役（執行役）の	白紙委任状 …………………59	物的会社 ……………………126
違法行為の差止 ………160	破産手続 ……………………169	物的分割 ……………………126
取締役の会社に対する	パス・スルー ………………169	不提訴理由（書）……………175
責任 ……………………160	派生機関説 …………………158	不適正意見 …………………8
取締役の監視義務 …………161	発行可能株式総数 …………169	不統一行使（議決権の）……59
取締役の競業避止義務 ……161	発行時説 ……………………26	不当利得 ……………………92
取締役の責任の減免 ………162	（株式）払込責任免脱罪 ……39	不法行為能力（会社の）……17
取締役の善管注意義務・	払込担保責任 ………………170	ブラック・ショールズ・
忠実義務 ………………162	払込取扱金融機関 …………170	モデル …………………176
取締役の選任・退任 ………163	払込金保管証明 ……………170	振替株式 ……………………176
取締役の第三者に対する	番頭・手代 …………………170	振替機関 ……………………176
責任 ……………………163	**ひ**	振替口座簿 …………………176
取締役の報酬 ………………163	非按分型分割 ………………171	振替社債 ……………………102
取締役の利益相反取引	B/S ………………………140	振替新株引受権 ……………117
（自己取引）……………163	P/L ………………………138	振替新株予約権 ……………122
トレッドウェイ委員会 ……165	引当金 ………………………171	振替新株予約権付社債 ……120
問屋 …………………………145	引受け（株式の）……………37	（株式）振替制度 ……………40
名板貸 ………………………165	引受担保責任 ………………171	プロ株主 ……………………134
内部者取引	非公開株式の評価 …………172	分割交付金 …………………177
（インサイダー取引）……165	非参加的優先株………………84	分割条件算定理由書 ………177
な	ビジネス・ジャッジメント・	分割比率 ……………………38
内部統制システム …………165	ルール …………………69	分割報告書 …………………177
馴合取引 ……………………135	非訟 …………………………172	分配可能額 …………………177
に	非常財産目録…………………82	**へ**
20％基準 ……………………51	非設権証券性 ………………25	平均原価法 …………………71
二段階課税 ……………5, 169	必要機関 ……………………56	閉鎖会社 ……………………73
入社契約 ……………………130	一株一議決権の原則 ………172	並立機関説 …………………158
任意機関………………………56	100％減資 …………………172	ペーパーレス化
任意償還 ……………………101	評価益 ………………………23	（有価証券の）…………191
任意積立金 …………………166	（株式等）評価差額金 ………34	変態設立事項 ………………178
任意的記載事項 ……………148	評価損 ………………………72	ベンチャー・キャピタル …178
の	表見支配人 …………………173	ベンチャー企業 ……………178
能動的監視義務 ……………161	表見責任 ……………………173	**ほ**
能力外（ウルトラ・ヴァイレス）	表見代表執行役 ……………173	ポイズンピル ………………179
の理論 …………………167	表見代表取締役 ……………173	報酬委員会 …………………179
のれん ………………………167	表見取締役 …………………173	法人格の形骸化 ……………179
	非累積的優先株 ……………199	法人格の濫用 ………………179
	日割配当 ……………………174	

索引

は（続き）

- 法人格否認の法理 …………179
- 法人無限責任社員 …………180
- 法人理論（法人学説）………180
- 法定責任 ……………………163
- 法律行為 …………………65, 75
- 法律による株式譲渡の制限 …………………180
- 法令遵守体制 ………………80
- 保管振替機関 ………………181
- （株券）保管振替制度 ………27
- 補欠監査役 …………………181
- 補欠取締役 …………………181
- 補欠役員 ……………………181
- 募集株式の発行 ……………181
- 募集株式発行の差止 ………182
- 募集設立 ……………………182
- 補助参加 ……………………137
- 補助商 ………………………16
- 発起設立 ……………………182
- 発起人 ………………………182
- 発起人組合 …………………183
- 発起人の権限 ………………183
- 発起人の責任 ………………183
- 発起人の特別利益 …………184
- 発起人の報酬 ………………184
- 補填義務 ……………………184
- ホワイト・ナイト …………184

ま

- マネジメント・バイアウト …5

み

- 見せ金 ………………………185
- みなし解散 …………………64
- みなし大会社 ………………139
- 民事会社 ……………………111

む

- 無因証券 ……………………99
- 無額面株式 …………………20
- 無過失責任 ………19, 161, 175
- 無記名券 ……………………25
- 無記名式新株予約権付社債 …61
- 無記名社債 …………………61
- 無限定適正意見 ……………8
- 無限責任 ……………………185
- 無権代理無効 ………………164
- 無担保社債 …………………144

め

- 名義書換 ……………………186
- 名義書換代理人 ……………49

め（続き）

- 名目的取締役 ………………186
- 明瞭性の原則 ………………186
- 免責約款 ……………………185

も

- 申込み（株式の）……………1
- （株式）申込証 ……………40
- （社債）申込証 ……………103
- 申込証拠金 …………………187
- 目論見書 ……………………187
- 持株会 ………………………1
- 持株会社 ……………………187
- 持分 …………………………188
- 持分会社 ……………………188
- 持分均一主義 ………………189
- 持分単一主義 ………………188
- 持分の譲渡 …………………188
- 持分の払戻し ……33, 97, 105
- 持分プーリング法 …………189
- 持分不均一主義 ……………189
- 持分複数主義 ………………188
- モラルハザード ……………77

や

- 役員 …………………………190
- 役員解任の訴え（役員解任請求権）……………190
- 役員賞与 ……………………190
- 役員等責任査定決定に対する異議の訴え ………………191
- 役員賠償責任保険 …………191
- 野党総会屋 …………………134
- 八幡製鉄所政治献金事件 …13
- 有因証券 ……………………99
- 有価証券 …25, 40, 119, 165, 191, 194, 196
- 有価証券（株式・社債）のペーパーレス化 ……………191
- 有価証券報告書 ……………201
- 有限会社 ……………………192
- 有限責任 ……………………185
- 有限責任事業組合 …………192
- 優先株 ………………………193
- 有利発行 ……………………193

よ

- 要因性 ………………………25
- 要式性 ………………………25
- 横滑り監査役 ………………193
- 与党総会屋 …………………134
- 予備株券 ……………………194

ら

- ライツプラン ………………195
- （法人格の）濫用 …………179

り

- 利益供与（株主の権利行使に関する利益供与の禁止）…195
- 利益供与罪 …………………196
- 利益準備金 …………………196
- 利益剰余金 …………………196
- 利益処分 ……………………113
- 利益相反取引（取締役の）…163
- 利益配当 ……………113, 196
- 利益配当請求権 ……………114
- 利札 …………………………196
- 略式合併 ……………………197
- 略式株式交換 ………………197
- 略式質 ………………………197
- 略式組織再編行為 …………197
- 略式分割 ……………………198
- 流動資産 ……………………198
- 流動負債 ……………………198
- 両罰規定 ……………………198
- 臨時株主総会 ………………149
- 臨時計算書類 ………………199

る

- 類似業種比準方式 …………172
- 類似商号規制 ………………199
- 累積的優先株 ………………199
- 累積投票制度 ………………200

れ

- 劣後株 ………………………200
- レバレッジド・バイアウト（LBO）………………………200
- 連結計算書類 ………………201
- 連結子会社 …………………201
- 連結配当 ……………………201
- 労務出資 ……………………104

わ

- 割当て（株式の）……………1
- 割当自由の原則 ……………202
- 割当日 ………………………202
- 割当比率 ……………………23
- 割増償還 ……………………101